职业教育文化基础课通用教材

基础语文（上）

（第2版）

主　编　庞念念　宋　应
副主编　贺晓瑾　安艺文　邹陕红

北京航空航天大学出版社

内容简介

《基础语文(上)(第2版)》是根据五年制高职学生的学习特点和各专业学习需要编写而成的。本书编者贯彻素质教育精神,并探索新的教学方法,将模块教学(阅读与鉴赏、应用文写作、语言表达与运用三大模块)与能力培养紧密结合,力求突出职业学院培养学生综合能力和职业素质的教育特色。

为方便教学,本教材配有习题集(978-7-5124-3701-2)供广大师生选用。

本教材具有很强的实用性,既可作为五年制高职院校各专业的公共基础课教材,也可供相关人员学习参考使用。

图书在版编目(CIP)数据

基础语文. 上 / 庞念念,宋应主编. -- 2版. -- 北京 : 北京航空航天大学出版社, 2022.4

ISBN 978-7-5124-3700-5

Ⅰ. ①基… Ⅱ. ①庞… ②宋… Ⅲ. ①大学语文课—高等职业教育—教材 Ⅳ. ①H19

中国版本图书馆 CIP 数据核字(2022)第007718号

基础语文(上)(第2版)

主 编 庞念念 宋 应

副主编 贺晓瑾 安艺文 邹陕红

策划编辑 周世婷 责任编辑 冯 颖

*

北京航空航天大学出版社出版发行

北京市海淀区学院路37号(邮编100191) http://www.buaapress.com.cn

发行部电话:(010)82317024 传真:(010)82328026

读者信箱:goodtextbook@126.com 邮购电话:(010)82316936

北京时代华都印刷有限公司印装 各地书店经销

*

开本:787×1 092 1/16 印张:11 字数:282千字

2022年5月第2版 2022年5月第1次印刷 印数:2 000册

ISBN 978-7-5124-3700-5 定价:36.00元

第2版前言

《基础语文(上)(第2版)》教材结合五年制高职教育的培养目标,从培养高素质技能人才的实际需要出发,注重学生知识、能力和素质的全面发展,重视对学生实践能力的培养,是一本实用性强、适用于五年制高职公共基础课的教材。

本教材的编写依照"科学定位,适应学生,注重实用,强调能力,打造特色,适当延伸"的原则,贯彻素质教育精神,探索新的教学方法,注重基础知识的系统性,注重提高学生的语言素养和人文素养,力求体现高职语文课程的功能目标,实现模块教学(阅读与鉴赏、应用文写作、语言表达与运用三大模块)与能力培养的有机结合,突出职业院校培养学生综合能力和职业素养的教育特色。

本书有以下特点:

一、内容全面。选文时注重文章经典性、时代性、艺术性、可读性的结合,同时注重对学生的道德、责任、审美等素质的培养。知识选取宽而浅,重在示范,突出实践。

二、突出实用。注重打好语文基本功的同时,侧重与教材内容相关的知识点的转移和延伸,以拓宽视野,扩大知识面。

本书选文新颖,编排科学合理,注重学生的文化积淀,引导学生掌握自学的方法;同时,切合五年制高职的教学实际,实用性强,适合五年制高职教师和学生使用。

编写组的教师都有多年语文教学一线经验,在编写过程中不断讨论并修改编写方案,最终成稿。本教材由庞念念、宋应任主编,贺晓瑾、安艺文、邹陕红任副主编,联合拟定提纲和编写思路后,编写组成员统一分工完成初稿。模块一(阅读与鉴赏)由宋应、贺晓瑾编写,模块二(应用文写作)由安艺文、邹陕红编写,模块三(语言表达与运用)由庞念念编写,全书由庞念念统稿。

四川航天职业技术学院为本套教材的编写提供了全部必要的支持,基础教学部主任王立波、副主任赖秦超自始至终对教材编写工作予以关怀和支持,在此致以由衷的感谢。

编写过程中,编写组成员查阅、参考了大量书籍和期刊等相关资料,在此特向相关作者表示深切、诚挚的谢意。

最后,因编者水平有限,教材若存在不周之处,恳请专家和老师们不吝指正。

编　者

2022 年 1 月

目　　录

阅 读 与 鉴 赏

第一单元　现代文鉴赏

故都的秋[①]

郁达夫

作者简介

郁达夫(1896—1945 年),原名郁文,字达夫,曾化名赵廉,浙江富阳人。中国现代著名小说家、散文家、诗人、革命烈士。代表作有《沉沦》《故都的秋》《迟桂花》等。

秋天,无论在什么地方的秋天,总是好的;可是啊,北国的秋,却特别地来得清,来得静,来得悲凉。我的不远千里,要从杭州赶上青岛,更要从青岛赶上北平来的理由,也不过想饱尝一尝这"秋",这故都的秋味。

江南,秋当然也是有的,但草木凋得慢,空气来得润,天的颜色显得淡,并且又时常多雨而少风;一个人夹在苏州上海杭州,或厦门香港广州的市民中间,混混沌沌地过去,只能感到一点点清凉,秋的味,秋的色,秋的意境与姿态,总看不饱,尝不透,赏玩不到十足。秋并不是名花,也并不是美酒,那一种半开、半醉的状态,在领略秋的过程上,是不合适的。

不逢北国之秋,已将近十年了。在南方每年到了秋天,总要想起陶然亭[②]的芦花,钓鱼台[③]的柳影,西山[④]的虫唱,玉泉[⑤]的夜月,潭柘寺[⑥]的钟声。在北平即使不出门去吧,就是在皇城人海之中,租人家一椽[⑦]破屋来住着,早晨起来,泡一碗浓茶,向院子一坐,你也能看得到很高很高的碧绿的天色,听得到青天下驯鸽的飞声。从槐树叶底,朝东细数着一丝一丝漏下来的日光,或在破壁腰中,静对着像喇叭似的牵牛花(朝荣)的蓝朵,自然而然地也能感觉到十分的秋意。说到了牵牛花,我以为以蓝色或白色者为佳,紫黑色次之,淡红色最下。最好,还要在牵牛花底,教长着几根疏疏落落的尖细且长的秋草,使作陪衬。

北国的槐树,也是一种能使人联想起秋来的点缀。像花而又不是花的那一种落蕊,早晨起来,会铺得满地。脚踏上去,声音也没有,气味也没有,只能感出一点点极微细极柔软的触觉。扫街的在树影下一阵扫后,灰土上留下来的一条条扫帚

①本文保留作者的用法,与现代汉语用法有差异。　②陶然亭:位于北京城南,亭名出自白居易诗句"更待菊黄家酿熟,共君一醉一陶然"。　③钓鱼台:在北京阜成门外三里河,玉渊潭公园北面。　④西山:北京西郊群山的总称,是京郊名胜。　⑤玉泉:指玉泉山,是西山东麓支脉。　⑥潭柘寺:在北京西山,相传"寺址本在青龙潭上,有古柘千章,寺以此得名。"　⑦一椽:一间屋。椽,放在房檩上架着木面板或瓦的木条。

的丝纹，看起来既觉得细腻，又觉得清闲，潜意识下并且还觉得有点儿落寞[①]，古人所说的梧桐一叶而天下知秋[②]的遥想，大约也就在这些深沉的地方。

秋蝉的衰弱的残声，更是北国的特产；因为北平处处全长着树，屋子又低，所以无论在什么地方，都听得见它们的啼唱。在南方是非要上郊外或山上去才听得到的。这嘶叫的秋蝉，在北平可和蟋蟀耗子一样，简直像是家家户户都养在家里的家虫。

还有秋雨哩，北方的秋雨，也似乎比南方下得奇，下得有味，下得更像样。

在灰沉沉的天底下，忽而来一阵凉风，便息列索落的下起雨来了。一层雨过，云渐渐地卷向了西去，天又晴了，太阳又露出脸来了，着[③]着很厚的青布单衣或夹袄的都市闲人，咬着烟管，在雨后的斜桥影里，上桥头树底去一立，遇见熟人，便会用了缓慢悠闲的声调，微叹着互答着的说：

"唉，天可真凉了——"（这了字念得很高，拖得很长。）

"可不是吗？一层秋雨一层凉啦！"

北方人念阵字，总老像是层字，平平仄仄起来[④]，这念错的歧韵，倒来得正好。

北方的果树，到秋天，也是一种奇景。第一是枣子树；屋角，墙头，茅房边上，灶房门口，它都会一株株的长大起来。像橄榄又像鸽蛋似的这枣子颗儿，在小椭圆形的细叶中间，显出淡绿微黄的颜色的时候，正是秋的全盛时期，等枣树叶落，枣子红完，西北风就要起来了，北方便是尘沙灰土的世界，只有这枣子，柿子，葡萄，成熟到八九分的七八月之交，是北国的清秋的佳日，是一年之中最好也没有的 Golden Days[⑤]。

有些批评家说，中国的文人学士，尤其是诗人，都带着很浓厚的颓废色彩，所以中国的诗文里，颂赞秋的文字特别的多。但外国的诗人，又何尝不然？我虽则外国诗文念得不多，也不想开出账来，做一篇秋的诗歌散文钞[⑥]，但你若去一翻英德法意等诗人的集子，或各国的诗文的 Anthology 来[⑦]，总能够看到许多关于秋的歌颂和悲啼。各著名的大诗人的长篇田园诗或四季诗里，也总以关于秋的部分，写得最出色而最有味。足见有感觉的动物，有情趣的人类，对于秋，总是一样的特别能引起深沉，幽远，严厉，萧索的感触来的。不单是诗人，就是被关闭在牢狱里的囚犯，到了秋天，我想也一定能感到一种不能自已的深情；秋之于人，何尝有国别，更何尝有人种阶级的区别呢？不过在中国，文字里有一个"秋士"[⑧]的成语，读本里又有着很普遍的欧阳子的《秋声》[⑨]与苏东坡的《赤壁赋》等，就觉得中国的文人，与秋的关系特别深了。可是这秋的深味，尤其是中国的秋的深味，非要在北方，才感

①落寞：冷落，寂寞。 ②梧桐一叶而天下知秋：《淮南子，说山》："以小明大，见叶落而知岁之将暮。"《太平御览》卷二十四引作"一叶落而知天下秋"。 ③着：穿（衣）。 ④平平仄仄起来：意即推敲起字的韵律来。 ⑤Golden Days：英语中指"黄金般的日子"。 ⑥钞：同"抄"。 ⑦Anthology：英语中指"选集"。 ⑧秋士：古时指到了暮年仍不得志的知识分子。 ⑨欧阳子的《秋声》：指欧阳修的《秋声赋》。

受得到底。

南国之秋,当然也是有它的特异的地方的,譬如廿四桥的明月,钱塘江的秋潮,普陀山的凉雾,荔枝湾[①]的残荷等等,可是色彩不浓,回味不永。比起北国的秋来,正像是黄酒之与白干,稀饭之与馍馍,鲈鱼之与大蟹,黄犬之与骆驼。

秋天,这北国的秋天,若留得住的话,我愿把寿命的三分之二折去,换得一个三分之一的零头。

1934年8月,在北平

名家点评

中国现代著名小说家、散文家、诗人、革命烈士郁达夫的自我生命正如那故都秋色的悲凉凄清,他对生命的感伤也正如他对故都秋意的感伤,作家的生命体验投射在故都的秋意之中,形成了互映互照的互文性表达。虽然映入郁达夫眼帘的秋色各有动人的神韵,但哪里的秋色都不及北平故都之秋更能与作家形成生命情绪上的默契与对应,凡是能与自己形成生命对应和无言交流的景观,在作家心中都是最令人心动神摇的风景,都足以成为作家生命的知己和至交。只要注意到郁达夫的自我生命情绪体验以及他曾览遍天下秋色但何以又独钟故都之秋,读者就会明白《故都的秋》并非在一般层面上的写景抒情,其特别之处在于故都之秋的"清、静、悲凉"与作家的生命情感体验形成了互文性的映照,正视这种特别之处,更能让读者抵达作家写作的意识底蕴和作品的真境。

——滕玮

在《故都的秋》整篇文章之中,蕴含着一种孤独、忧郁的心态。这种心态的描写与作者的人生经历有着十分密切的关系,作者向往的是一种"深刻厚重"的生命形态,而"故都的秋"正是这种生命形态的象征,这种生命虽然形态悲凉,但是富有内涵。

——曾国繁

①荔枝湾:位于广州城西。

荷塘月色

朱自清

作者简介

朱自清(1898—1948年),原名自华,号秋实,后改名自清,字佩弦,江苏扬州人。现代杰出的散文家、诗人、学者、民主战士。主要作品有《春》《踪迹》《背影》《欧游杂记》《伦敦杂记》等。

这几天心里颇不宁静。今晚在院子里坐着乘凉,忽然想起日日走过的荷塘,在这满月的光里,总该另有一番样子吧。月亮渐渐地升高了,墙外马路上孩子们的欢笑,已经听不见了;妻在屋里拍着闰儿①,迷迷糊糊地哼着眠歌。我悄悄地披了大衫,带上门出去。

沿着荷塘,是一条曲折的小煤屑路。这是一条幽僻的路;白天也少人走,夜晚更加寂寞。荷塘四面,长着许多树,蓊蓊郁郁②的。路的一旁,是些杨柳,和一些不知道名字的树。没有月光的晚上,这路上阴森森的,有些怕人。今晚却很好,虽然月光也还是淡淡的。

路上只我一个人,背着手踱③着。这一片天地好像是我的;我也像超出了平常的自己,到了另一个世界里。我爱热闹,也爱冷静;爱群居,也爱独处。像今晚上,一个人在这苍茫的月下,什么都可以想,什么都可以不想,便觉是个自由的人。白天里一定要做的事,一定要说的话,现在都可不理。这是独处的妙处,我且受用这无边的荷香月色好了。

曲曲折折的荷塘上面,弥望④的是田田⑤的叶子。叶子出水很高,像亭亭的舞女的裙。层层的叶子中间,零星地点缀着些白花,有袅娜⑥地开着的,有羞涩地打着朵儿的;正如一粒粒的明珠,又如碧天里的星星,又如刚出浴的美人。微风过处,送来缕缕清香,仿佛远处高楼上渺茫的歌声似的。这时候叶子与花也有一丝的颤动,像闪电般,霎时传过荷塘的那边去了。叶子本是肩并肩密密地挨着,这便宛然有了一道凝碧的波痕。叶子底下是脉脉⑦的流水,遮住了,不能见一些颜色;而叶子却更见风致⑧了。

月光如流水一般,静静地泻在这一片叶子和花上。薄薄的青雾浮起在荷塘里。

①闰儿:指朱闰生,朱自清第二子。 ②蓊蓊(wěng)郁郁:形容树木茂盛的样子。 ③踱(duó):慢慢地走。 ④弥望:满眼。弥,满。 ⑤田田:形容荷叶相连的样子。汉乐府《江南》中有“莲叶何田田”之句。 ⑥袅娜(niǎo nuó):柔美的样子。 ⑦脉脉(mò):这里形容水没有声音,好像饱含深情的样子。 ⑧风致:美的姿态。

叶子和花仿佛在牛乳中洗过一样；又像笼着轻纱的梦。虽然是满月，天上却有一层淡淡的云，所以不能朗照；但我以为这恰是到了好处——酣眠固不可少，小睡也别有风味的。月光是隔了树照过来的，高处丛生的灌木，落下参差的斑驳的黑影，峭楞楞如鬼一般；弯弯的杨柳的稀疏的倩影，却又像是画在荷叶上。塘中的月色并不均匀；但光与影有着和谐的旋律，如梵婀玲[①]上奏着的名曲。

荷塘的四面，远远近近，高高低低都是树，而杨柳最多。这些树将一片荷塘重重围住；只在小路一旁，漏着几段空隙，像是特为月光留下的。树色一例是阴阴的，乍看像一团烟雾；但杨柳的丰姿[②]，便在烟雾里也辨得出。树梢上隐隐约约的是一带远山，只有些大意罢了。树缝里也漏着一两点路灯光，没精打采的，是渴睡人的眼。这时候最热闹的，要数树上的蝉声与水里的蛙声；但热闹是它们的，我什么也没有。

忽然想起采莲的事情来了。采莲是江南的旧俗，似乎很早就有，而六朝时为盛；从诗歌里可以约略知道。采莲的是少年的女子，她们是荡着小船，唱着艳歌去的。采莲人不用说很多，还有看采莲的人。那是一个热闹的季节，也是一个风流的季节。梁元帝《采莲赋》里说得好：

> 于是妖童媛女[③]，荡舟心许；鹢首[④]徐回，兼传羽杯[⑤]；櫂[⑥]将移而藻挂，船欲动而萍开。尔其纤腰束素[⑦]，迁延顾步[⑧]；夏始春余，叶嫩花初，恐沾裳而浅笑，畏倾船而敛裾[⑨]。

可见当时嬉游的光景了。这真是有趣的事，可惜我们现在早已无福消受了。

于是又记起，《西洲曲》里的句子：

> 采莲南塘秋，莲花过人头；低头弄莲子，莲子清如水。

今晚若有采莲人，这儿的莲花也算得“过人头”了；只不见一些流水的影子，是不行的。这令我到底惦着江南了。——这样想着，猛一抬头，不觉已是自己的门前；轻轻地推门进去，什么声息也没有，妻已睡熟好久了。

1927年7月，北京清华园

名家点评

与作品的意境、基调相一致，诗人运用了近三十个各种类型的叠词，这些叠词渲染出一种雅而不俗的语言氛围，产生了独特的表情达意的效果。如描写荷花荷叶，运用了“曲曲折折”“田田”“亭亭”“层层”“一粒粒”“缕缕”“密密”“脉脉”等叠词，准确而又传神地描写出倾注诗人

---

①梵婀玲：violin，小提琴的音译。 ②丰姿：风度、仪态，一般指美好的姿态。也写作“风姿”。 ③妖童媛女：俊俏的少年和美丽的少女。妖，艳丽。媛，女子。 ④鹢首(yì shǒu)：船头。古代画鹢鸟于船头。 ⑤羽杯：古代饮酒用的耳杯。又称羽觞、耳杯。 ⑥櫂(zhào)：船桨。 ⑦纤腰束素：出自“腰如束素，齿如含贝”(宋玉《登徒子好色赋》)，形容女子腰肢细柔。 ⑧迁延顾步：形容走走退退，不住地回视自己的动作，有顾影自怜之意。 ⑨敛裾(jū)：这里是提着衣襟的意思。裾，衣襟。

主观思想的美的形象。其中一些从古典诗词中选用的描写香草美人的叠词，大大浓化了妙若美女的荷花形象的情态和风韵，与作品的内在抒情取得了和谐的契合，使描写语言有一种典雅的美，清丽的美。

——选自吴周文《谈〈荷塘月色〉》

记念刘和珍君[①]

鲁　迅

作者简介

鲁迅(1881—1936年),原名周樟寿,字豫山、豫亭,后改为豫才,浙江绍兴人(祖籍河南省正阳县)。近现代文学家、教育家、思想家和革命家,1898年去南京求学时改名为周树人。1918年为《新青年》写稿时开始使用笔名"鲁迅"。

一

中华民国十五年[②]三月二十五日,就是国立北京女子师范大学为十八日在段祺瑞执政府[③]前遇害的刘和珍杨德群[④]两君开追悼会的那一天,我独在礼堂外徘徊,遇见程君[⑤],前来问我道,"先生可曾为刘和珍写了一点什么没有?"我说"没有"。她就正告[⑥]我,"先生还是写一点罢;刘和珍生前就很爱看先生的文章。"

这是我知道的,凡我所编辑的期刊,大概是因为往往有始无终之故罢,销行[⑦]一向就甚为寥落[⑧],然而在这样的生活艰难中,毅然预定了《莽原》[⑨]全年的就有她。我也早觉得有写一点东西的必要了,这虽然于死者毫不相干,但在生者,却大抵只能如此而已。倘使我能够相信真有所谓"在天之灵",那自然可以得到更大的安慰,——但是,现在,却只能如此而已。

可是我实在无话可说。我只觉得所住的并非人间。四十多个青年的血,洋溢在我的周围,使我艰于呼吸视听,那[⑩]里还能有什么言语?长歌当哭[⑪],是必须在痛定之后的。而此后几个所谓学者文人[⑫]的阴险的论调,尤使我觉得悲哀。我已经出离愤怒了。我将深味这非人间的浓黑的悲凉;以我的最大哀痛显示于非人间,使它们快意于我的苦痛,就将这作为后死者的菲薄[⑬]的祭品,奉献于逝者的灵前。

①选自《华盖集续编》(《鲁迅全集》第3卷,人民文学出版社1981年版)。记念,现在写作"纪念"　②中华民国十五年:1926年。　③段祺瑞执政府:1924年第二次"直奉战争",直系军阀失败,奉系军阀推段祺瑞为北洋政府临时执政。段祺瑞(1865—1936年),北洋军阀皖系首领,曾经几度把持北洋军阀的中央政权,1926年4月被冯玉祥驱逐下台。　④杨德群:湖南湘阴清溪乡(今属湖北汨罗)人,北京女子师范大学国文系预科学生,遇害时年仅24年。　⑤程君:指程毅志,湖北孝感人,北京女子师范大学教育系学生。　⑥正告:此处不是"严正告诉"之意,而是"郑重劝告"之意。　⑦销行(xíng):(货物)销售。　⑧寥落:稀少。　⑨《莽原》:鲁迅编辑的一种文艺刊物。　⑩那:这里表示反问,现在写作"哪"。　⑪长歌当(dàng)哭:意思是用写文章来代替哭泣。长歌,引吭高歌,这里指写文章。当,当作。　⑫几个所谓学者文人:指陈西滢等。　⑬菲薄(fěi bó):微薄。

二

真的猛士，敢于直面惨淡的人生[①]，敢于正视淋漓的鲜血。这是怎样的哀痛者和幸福者？然而造化又常常为庸人设计，以时间的流驶，来洗涤旧迹，仅使留下淡红的血色和微漠[②]的悲哀。在这淡红的血色和微漠的悲哀中，又给人暂得偷生，维持着这似人非人的世界。我不知道这样的世界何时是一个尽头！

我们还在这样的世上活着；我也早觉得有写一点东西的必要了。离三月十八日也已有两星期，忘却的救主快要降临了罢[③]，我正有写一点东西的必要了。

三

在四十余被害的青年之中，刘和珍君是我的学生。学生云者[④]，我向来这样想，这样说，现在却觉得有些踌躇了，我应该对她奉献我的悲哀与尊敬。她不是"苟活到现在的我"的学生，是为了中国而死的中国的青年。

她的姓名第一次为我所见，是在去年夏初杨荫榆[⑤]女士做女子师范大学校长，开除校中六个学生自治会职员的时候。其中的一个就是她；但是我不认识。直到后来，也许已经是刘百昭率领男女武将，强拖出校[⑥]之后了，才有人指着一个学生告诉我，说：这就是刘和珍。其时我才能将姓名和实体联合起来，心中却暗自诧异。我平素想，能够不为势利所屈，反抗一广有羽翼的校长的学生，无论如何，总该是有些桀骜[⑦]锋利的，但她却常常微笑着，态度很温和。待到偏安于宗帽胡同，赁[⑧]屋授课之后，她才始来听我的讲义，于是见面的回数就较多了，也还是始终微笑着，态度很温和。待到学校恢复旧观，往日的教职员以为责任已尽，准备陆续引退的时候，我才见她虑及母校前途，黯然至于泣下。此后似乎就不相见。总之，在我的记忆上，那一次就是永别了。

四

我在十八日早晨，才知道上午有群众向执政府请愿的事；下午便得到噩耗，说卫队居然开枪，死伤至数百人，而刘和珍君即在遇害者之列。但我对于这些传说，竟至于颇为怀疑。我向来是不惮[⑨]以最坏的恶意，来推测中国人的，然而我还不

---

①直面惨淡的人生：百对着反动派统治下悲惨凄凉的黑暗现实。"直面"和下句的"正视"，都表示正面注视、绝不回避的意思。　②微漠：依稀，淡薄。　③忘却的救主快要降临了罢：这是讽刺的说法。意思是有些人快要忘记这件事了吧。　④云者：助词，表示提顿，以引起下文。　⑤杨荫榆：江苏无锡人。1924年开始任国立北京女子师范大学校长，依附北洋军阀势力，迫害进步学生，镇压学生运动。后因参加抗日活动，被日寇杀害。　⑥刘百昭率领男女武将，强拖出校：刘百昭，当时任教育部专门教育司司长兼北京艺术专门学校校长。女师大学生反对校长杨荫榆，教育总长章士钊派亲信刘百昭雇用男女流氓殴打学生，并把学生强行拖出学校。　⑦桀骜(jié ào)：比喻一个人性情倔强，不被驯顺。　⑧赁(lìn)：租。　⑨不惮(dàn)：不怕。

料,也不信竟会下劣凶残到这地步。况且始终微笑着的和蔼的刘和珍君,更何至于无端在府门前喋血呢?

然而即日证明是事实了,作证的便是她自己的尸骸。还有一具,是杨德群君的。而且又证明着这不但是杀害,简直是虐杀,因为身体上还有棍棒的伤痕。

但段政府就有令,说她们是"暴徒"!

但接着就有流言,说她们是受人利用的。

惨象,已使我目不忍视了;流言,尤使我耳不忍闻。我还有什么话可说呢?我懂得衰亡民族之所以默无声息的缘由了。沉默呵,沉默呵!不在沉默中爆发,就在沉默中灭亡。

五

但是,我还有要说的话。

我没有亲见;听说,她,刘和珍君,那时是欣然前往的。自然,请愿而已,稍有人心者,谁也不会料到有这样的罗网。但竟在执政府前中弹了,从背部入,斜穿心肺,已是致命的创伤,只是没有便死。同去的张静淑[①]君想扶起她,中了四弹,其一是手枪,立仆;同去的杨德群君又想去扶起她,也被击,弹从左肩入,穿胸偏右出,也立仆。但她还能坐起来,一个兵在她头部及胸部猛击两棍,于是死掉了。

始终微笑的和蔼的刘和珍君确是死掉了,这是真的,有她自己的尸骸为证;沉勇而友爱的杨德群君也死掉了,有她自己的尸骸为证;只有一样沉勇而友爱的张静淑君还在医院里呻吟。当三个女子从容地转辗于文明人所发明的枪弹的攒射[②]中的时候,这是怎样的一个惊心动魄的伟大呵!中国军人的屠戮[③]妇婴的伟绩,八国联军的惩创[④]学生的武功,不幸全被这几缕血痕抹杀了。

但是中外的杀人者却居然昂起头来,不知道个个脸上有着血污……

六

时间永是流驶,街市依旧太平,有限的几个生命,在中国是不算什么的,至多,不过供无恶意的闲人以饭后的谈资,或者给有恶意的闲人作"流言"的种子。至于此外的深的意义,我总觉得很寥寥[⑤],因为这实在不过是徒手的请愿。人类的血战前行的历史,正如煤的形成,当时用大量的木材,结果却只是一小块,但请愿是不在其中的,更何况是徒手。

①张静淑:湖南长沙人,北京女子师范大学教育系学生。受伤后经医治,幸得不死。 ②攒(cuán)射:集中射击。 ③屠戮(lù):杀害。 ④惩创:惩创,惩治。 ⑤寥寥:极小。

然而既然有了血痕了，当然不觉要扩大。至少，也当浸渍了亲族，师友，爱人的心，纵使时光流驶，洗成绯红，也会在微漠的悲哀中永存微笑的和蔼的旧影。陶潜说过，“亲戚或余悲，他人亦已歌，死去何所道，托体同山阿。”[①]倘能如此，这也就够了。

七

我已经说过：我向来是不惮以最坏的恶意来推测中国人的。但这回却很有几点出于我的意外。一是当局者竟会这样地凶残，一是流言家竟至如此之下劣，一是中国的女性临难竟能如是之从容。

我目睹中国女子的办事，是始于去年的，虽然是少数，但看那干练坚决，百折不回的气概，曾经屡次为之感叹。至于这一回在弹雨中互相救助，虽殒身不恤[②]的事实，则更足为中国女子的勇毅，虽遭阴谋秘计，压抑至数千年，而终于没有消亡的明证了。倘要寻求这一次死伤者对于将来的意义，意义就在此罢。

苟活者在淡红的血色中，会依稀看见微茫的希望；真的猛士，将更奋然而前行。

呜呼，我说不出话，但以此记念刘和珍君！

四月一日。

名家点评

《记念刘和珍君》是一篇传统文章，具有永久的价值和魅力。可以引导学生接受鲁迅的思想感情的熏陶，感受鲁迅刚正的性格、澎湃的激情、高度的正义感和疾恶如仇的精神，也可以学习过去那个年代的学生的社会责任感、勇敢精神。

——徐江

《记念刘和珍君》在鲁迅的散文中无疑是抒情的双璧之一，文章针对现实的批判和赞颂，既有战斗性也有抒情性。文章藏匿锋芒，深化思绪于曲折的层次中，思绪在曲折的逻辑中出奇制胜地推演，就成了鲁迅杂文的一大创造。《记念刘和珍君》的抒情就这样带上了杂文的特点。

——孙绍振

---

①“亲戚或余悲……”：陶渊明《挽歌·其四》。 ②殒身不恤（yǔn shēn bú xù）：牺牲生命也不顾惜。

胡同文化

汪曾祺

作者简介

汪曾祺(1920—1997 年),中国当代作家、散文家、戏剧家,京派作家的代表人物,被誉为“抒情的人道主义者,中国最后一个纯粹的文人,中国最后一个士大夫。”

北京城像一块大豆腐,四方四正。城里有大街,有胡同。大街、胡同都是正南正北,正东正西。北京人的方位意识极强。过去拉洋车的,逢转弯处都高叫一声“东去!”“西去!”以防碰着行人。老两口睡觉,老太太嫌老头子挤着她了,说“你往南边去一点”。这是外地少有的。街道如是斜的,就特别标明是斜街,如烟袋斜街、杨梅竹斜街。大街、胡同,把北京切成一个又一个方块。这种方正不但影响了北京人的生活,也影响了北京人的思想。

胡同原是蒙古语,据说原意是水井,未知确否。胡同的取名,有各种来源。有的是计数的,如东单三条、东四十条。有的原是皇家储存物件的地方,如皮库胡同、惜薪司胡同(存放柴炭的地方),有的是这条胡同里曾住过一个有名的人物,如无量大人胡同、石老娘(老娘是接生婆)胡同。大雅宝胡同原名大哑巴胡同,大概胡同里曾住过一个哑巴。王皮胡同是因为有一个姓王的皮匠。王广福胡同原名王寡妇胡同。有的是某种行业集中的地方。手帕胡同大概是卖手帕的。羊肉胡同当初想必是卖羊肉的,有的胡同是像其形状的。高义伯胡同原名狗尾巴胡同。小羊宜宾胡同原名羊尾巴胡同。大概是因为这两条胡同的样子有点像羊尾巴、狗尾巴。有些胡同则不知道何所取义,如大绿纱帽胡同。

胡同有的很宽阔,如东总布胡同、铁狮子胡同。这些胡同两边大都是“宅门”,到现在房屋都还挺整齐。有些胡同很小,如耳朵眼胡同。北京到底有多少胡同?北京人说:有名的胡同三千六,没名的胡同数不清,通常提起“胡同”,多指的是小胡同。

胡同是贯通大街的网络。它距离闹市很近,打个酱油,约二斤鸡蛋什么的,很方便,但又似很远。这里没有车水马龙,总是安安静静的。偶尔有剃头挑子的“唤头”(像一个大镊子,用铁棒从当中擦过,便发出噌的一声)、磨剪子磨刀的“惊闺”(十几个铁片穿成一串,摇动作声)、算命的盲人(现在早没有了)吹的短笛的声音。这些声音不但不显得喧闹,倒显得胡同里更加安静了。

胡同和四合院是一体。胡同两边是若干四合院连接起来的。胡同、四合院,是北京市民的居住方式，也是北京市民的文化形态。我们通常说北京的市民文化，就是指的胡同文化。胡同文化是北京文化的重要组成部分，即便不是最主要的部分。

胡同文化是一种封闭的文化。住在胡同里的居民大都安土重迁，不大愿意搬家。有在一个胡同里一住住几十年的，甚至有住了几辈子的。胡同里的房屋大都很旧了，“地根儿”房子就不太好，旧房檩，断砖墙。下雨天常是外面大下，屋里小下。一到下大雨，总可以听到房塌的声音，那是胡同里的房子。但是他们舍不得“挪窝儿”——“破家值万贯”。

四合院是一个盒子。北京人理想的住家是“独门独院”。北京人也很讲究“处街坊”。“远亲不如近邻”。“街坊里道”的，谁家有点事，婚丧嫁娶，都得“随”一点“份子”，道个喜或道个恼，不这样就不合“礼数”。但是平常日子，过往不多，除了有的街坊是棋友，“杀”一盘；有的是酒友，到“大酒缸”（过去山西人开的酒铺，都没有桌子，在酒缸上放一块规成圆形的厚板以代酒桌）喝两“个”（大酒缸二两一杯，叫作“一个”）；或是鸟友，不约而同，各晃着鸟笼，到天坛城根、玉渊潭去“会鸟”（会鸟是把鸟笼挂在一处，既可让鸟互相学叫，也互相比赛），此外，“各人自扫门前雪，休管他人瓦上霜”。

北京人易于满足，他们对生活的物质要求不高。有窝头，就知足了。大腌萝卜，就不错。小酱萝卜，那还有什么说的。臭豆腐滴几滴香油，可以待姑奶奶。虾米皮熬白菜，嘿！我认识一个在国子监当过差，伺候过陆润庠、王垿等祭酒的老人，他说：“哪儿也比不了北京。北京的熬白菜也比别处好吃，——五味神在北京。”五味神是什么神？我至今考查不出来。但是北京人的大白菜文化却是可以理解的。北京人每个人一辈子吃的大白菜摞起来大概有北海白塔那么高。

北京人爱瞧热闹，但是不爱管闲事。他们总是置身事外，冷眼旁观。北京是民主运动的策源地，“民国”以来，常有学生运动。北京人管学生运动叫作“闹学生”。学生示威游行，叫作“过学生”。与他们无关。

北京胡同文化的精义是“忍”，安分守己、逆来顺受。老舍《茶馆》里的王利发说“我当了一辈子的顺民”，是大部分北京市民的心态。

我们楼里有个小伙子，为一点事，打了开电梯的小姑娘一个嘴巴。我们都很生气，怎么可以打一个女孩子呢！我跟两个上了岁数的老北京（他们是“搬迁户”，原来是住在胡同里的）说，大家应该主持正义，让小伙子当众向小姑娘认错，这二位同志说：“叫他认错？门儿也没有！忍着吧！——‘穷忍着，富耐着，睡不着眯着’！”“睡不着眯着”这话实在太精彩了！睡不着，别烦躁，别起急，眯着，北京人，真有你的！

北京的胡同在衰败，没落。除了少数“宅门”还在那里挺着，大部分民居的房屋都已经很残破，有的地基柱甚至已经下沉，只有多半截还露在地面上。有些四合院门外还保存已失原形的拴马桩、上马石,记录着失去的荣华。有打不上水来的井眼、磨圆了棱角的石头棋盘,供人凭吊。西风残照,衰草离披,满目荒凉,毫无生气。

看看这些胡同的照片,不禁使人产生怀旧情绪,甚至有些伤感。但是这是无可奈何的事。在商品经济大潮的席卷之下,胡同和胡同文化总有一天会消失的。也许像西安的虾蟆陵,南京的乌衣巷,还会保留一两个名目,使人怅望低徊。

再见吧,胡同。

南州六月荔枝丹

贾祖璋

作者简介

贾祖璋(1901—1988年),著名科普作家,浙江海宁人。在20世纪30年代,著有《中国植物图鉴》等。他1931年在商务印书馆出版的《鸟类概论》是我国最早的一部现代鸟类学著作。他创作了大量的科普作品,新中国成立前曾出版《鸟与文学》《动物珍话》《生活素描》等,新中国成立后出版的有《生物学碎锦》。贾祖璋的科普作品大多以绚烂多彩的生物为写作对象,把丰富的科学知识、历史知识和文学知识融为一体,有着相当高的思想性、科学性、艺术性。

幼年时只知道荔枝干的壳和肉都是棕褐色的。上了小学,老师讲授白居易的《荔枝图序》,读到"壳如红缯,膜如紫绡,瓤肉莹白如冰雪,浆液甘酸如醴酪"时,实在无法理解,荔枝哪里会是红色的!荔枝肉像冰雪那样洁白,不是更可怪吗?向老师提出疑问,老师也没有见过鲜荔枝,无法说明白,只好不了了之。假如是现在,老师纵然没有见过鲜荔枝,也可以找出科学的资料,给有点钻牛角尖的小学生解释明白吧。

白居易用比喻的笔法来描写荔枝的形态,的确也有不足之处。缯是丝织物,丝织物光亮滑润,荔枝壳却是粗糙的。用果树学的术语来说,荔枝壳表面有细小的块状裂片,好像龟甲,特称龟裂片。裂片中央有突起部分,有的尖锐如刺,这叫作片峰。裂片大小疏密,片峰尖平,都因品种的不同而各异。

成熟的荔枝,大多数是深红色或紫色。生在树头,从远处当然看不清它壳面的构造,只有红色映入眼帘,因而把它比做"绛囊""红星""珊瑚珠",都很逼真。至于整株树以至成片树林,那就成为"飞焰欲横天""红云几万重"的绚丽景色了。荔枝的成熟期,广东是四月下旬到七月,福建是六月下旬到八月,都以七月为盛期,"南州六月荔枝丹"指的是阴历六月,正当阳历七月。荔枝也有淡红色的,如广东产的"三月红"和"桂绿"等。又有黄荔,淡黄色而略带淡红。

荔枝呈心脏形、卵圆形或圆形,通常蒂部大,顶端稍小。蒂部周围微微突起,称为果肩;有的一边高,一边低。顶端叫果顶,浑圆或尖圆。两侧从果顶到蒂部有一条沟,叫作缝合线,显隐随品种而不同。旧记载中还有一些稀奇的品种,如细长如指形的"龙牙"、圆小如珠的"珍珠",因为缺少经济价值,现在已经绝种了。

荔枝大小,通常是直径三四厘米,重十多克到二十多克。六十年代①,广东调查得知,有鹅蛋荔和丁香大荔,重达四五十克。还有四川合江产的“楠木叶”,《四川果树良种图谱》说它重十九克左右,《中国果树栽培学》则说大的重六十克。

所谓“膜如紫绡”,是指壳内紧贴壳的内壁的白色薄膜。说它“如紫绡”,是把壳内壁的花纹误作膜的花纹了。明代徐勃有一首《咏荔枝膜》诗,描写吃荔枝时把壳和膜扔在地上,好似“盈盈荷瓣风前落,片片桃花雨后娇”,是夸张的说法。

荔枝的肉大多数白色半透明,说它“莹白如冰雪”,完全正确。有的则微带黄色。从植物学的观点看,它不是果肉,而是种子外面的一层膜发育而成的,应称作假种皮。真正的果肉倒是前面说的连同果壳扔掉的那一层膜。荔枝肉的细胞壁特别薄,所以入口一般都不留渣滓。味甜微酸,适宜于生食。有的纯甜。早熟品种则酸味较强。荔枝晒干或烘干,肉就成红褐色,完全失去洁白的面貌。

荔枝不耐贮藏,正如白居易说的:“一日而色变,二日而香变,三日而味变,四五日外,色香味尽去矣。”现经研究证实,温度保持在1 ℃～5 ℃,可贮藏三十天左右。还应进一步设法延长贮藏期,以利于长途运输,因为荔枝不耐贮藏,古代宫廷想吃荔枝,就要派人兼程飞骑从南方远送长安或洛阳,给人民造成许多痛苦。唐明皇为了宠幸杨贵妃,就干过这样的事,唐代杜牧诗云:“长安回望绣成堆,山顶千门次第开。一骑红尘妃子笑,无人知是荔枝来。”就是对这件事的嘲讽。

荔枝的核就是种子,长圆形,表面光滑,棕褐色,少数品种为绿色。优良的荔枝,种子发育不全,形状很小,有似丁香,也叫焦核。现在海南岛有无核荔枝,核就更加退化了。

荔枝花期是二月初到四月初,早晚随品种而不同。广东有双季荔枝,一年开花两次。又有四季荔枝,一年开花四次之多。花形小,绿白色或淡黄色,不耀眼。花分雌雄,仅极少数品种有完全花。雌雄花往往不同时开放,宜选择适当的品种混栽在一起,以增加授粉的机会。一个荔枝花序,生花可有一二千朵,但结实总在一百以下,所以有“荔枝十花一子”的谚语。荔枝花多,花期又长,是一种重要的蜜源植物。

荔枝原产于我国,是我国的特产。海南岛和廉江有野生的荔枝林,可为我国是

①六十年代:指20世纪60年代。

原产地的明证。据记载，南越王尉佗曾向汉高祖进贡荔枝，足见当时广东已有荔枝。它的栽培历史，就从那个时候算起，也已在二千年以上了。唐代对四川荔枝多有记述。自从蔡襄的《荔枝谱》(1059年)成书以后，福建荔枝也为人所重视。广西和云南也产荔枝，却很少有人说起。

古代讲荔枝的书，包括蔡襄的在内，现在知道的共有十三种，以记福建所产的为多，尚存八种；记载广东所产的仅存一种。清初陈鼎一谱，则对川、粤、闽三省所产都有记载。蔡谱不仅是我国，也是世界的果树志中，著作年代最早的一部。内容包括荔枝的产地、生态、功用、加工、运销以及有关荔枝的史事，并记载了荔枝的三十二个品种。其中"陈紫"一种现在在仍然广为栽培。"宋公荔枝"现名"宋家香"，有老树一株，尚生长在莆田宋氏祠堂里，依然每年开花结实。这株千年古树更足珍惜。

荔枝是亚热带果树，性喜温暖，所以成都、福州是它生长的北限。汉武帝曾筑扶荔宫，把荔枝移植到长安，没有栽活，迁怒于养护的人，竟然对他们施以极刑。宋徽宗时，福建"以小株结实者置瓦器中，航海至阙下，移植宣和殿"。徽宗写诗吹嘘说："密移造化出闽山，禁御新栽荔枝丹。"实际上不过当年成熟一次而已。明代文徵明有《新荔篇》诗，说常熟顾氏种活了几株，"仙人本是海山姿，从此江乡亦萌蘖。"但究竟活了多少年，并无下文。现在科学发达，使荔枝北移，将来也许不是完全不可有的事。

我国幅员广阔，不同地区有不同的特产。因地制宜，努力发展本地区的特产，是切合实际的做法。盛产荔枝的地区，应该大力发展荔枝的生产。苏轼有诗云："罗浮山下四时春，卢橘杨梅次第新。日啖荔枝三百颗，不辞长作岭南人。"但日啖三百颗，究竟能有几人呢？社会主义现代化的荔枝生产，应该能够逐步满足广大人民的生活需要。

获得教养的途径

赫尔曼·黑塞

作者简介

赫尔曼·黑塞(Hermann Hesse,1877—1962 年),德国作家。1923 年 46 岁入瑞士籍,诗人、小说家。1946 年获诺贝尔文学奖。被人称为"德国浪漫派最后的一个骑士"。主要作品有《彼得·卡门青特》《荒原狼》《东方之行》《玻璃球游戏》《黑塞说书》等。

一

真正的修养不追求任何具体的目的,一如所有为了自我完善而作出的努力,本身便有意义。对于"教养"(即精神和心灵完善)的追求,并非朝向某些狭隘目标的艰难跋涉,而是自我意识的增强和扩展,它使我们的生活更加丰富多彩,享受更多更大的幸福。因此,真正的修养一如真正的体育,既是完成又是激励,随处都可到达终点却从不停歇,永远都在半道上,都在与宇宙共振,生存于永恒之中。它的目的不在于提高这种或那种能力和本领,而在于帮助我们找到生活的意义,正确认识过去,以大无畏的精神迎接未来。

为获得真正的教养可以走不同的道路。最重要的途径之一,就是研读世界文学,就是逐渐熟悉掌握各国作家和思想家的作品,以及他们在作品中留给我们的思想、经验、象征、幻象和理想的巨大财富。这条路永无止境,任何人也不可能在什么时候将它走到头;任何人也不可能在什么时候将哪怕仅仅只是一个文化发达的民族的全部文学通通读完并有所了解,更不用说整个人类的文学了。然而,对思想家或作家的每一部杰作的深入理解,都会使你感到满足和幸福——不是因为获得了僵死的知识,而是因为有了鲜活的意识和理解。对于我们来说,问题不在于尽可能地多读和多知道,而在于自由地选择我们个人闲暇时能完全沉浸其中的杰作,领略人类所思、所求的广阔和丰盈,从而在自己与整个人类之间,建立起息息相通的生动联系,使自己的心脏随着人类心脏的跳动而跳动。这,归根到底是一切生活的意义,如果活着不仅仅为着满足那些赤裸裸的需要的话。读书绝不是要使我们"散心消遣",倒是要使我们集中心智;不是要用虚假的慰藉来麻痹我们,使我们对无意义的人生视而不见,而是正好相反,要帮助我们将自己的人生变得越来越充实、高尚,越来越有意义。

世界文学的辉煌殿堂对每一位有志者都敞开着,谁也不必对它收藏之丰富望洋兴叹，因为问题不在于数量。有的人一生中只读过十来本书，却仍然不失为真正的读书人。还有人见书便生吞下去，对什么都能说上几句，然而一切努力全都白费。因为教养得有一个可教养的客体作前提，那就是个性或人格。没有这个前提，教养在一定意义上便落了空，纵然能积累某些知识，也不会产生爱和生命。没有爱的阅读，没有敬重的知识，没有心的教养，是戕害性灵的最严重的罪过之一。

当今之世，对书籍已经有些轻视了。为数甚多的年轻人，似乎觉得舍弃愉快的生活而埋头读书，既可笑又不值得；他们认为人生太短促、太宝贵，却又挤得出时间一星期去泡六次咖啡馆，在舞池中消磨许多时光。是啊，"现实世界"的大学、工场、交易所和游乐地尽管那么生气蓬勃，可整天待在这些地方，难道就比我们一天留一两个小时去读古代哲人和诗人的作品，更能接近真正的生活吗？不错，读得太多可能有害，书籍可能成为生活的竞争对手。但是尽管如此，我仍然不反对任何人倾心于书。让我们每个人都从自己能够理解和喜爱的作品开始阅读吧！但单靠报纸和偶然得到的流行文学，是学不会真正意义上的阅读的，我们必须读杰作。杰作常常不像时髦读物那么适口，那么富于刺激性。杰作需要我们认真对待，需要我们在读的时候花力气、下功夫。

我们先得向杰作表明自己的价值，才会发现杰作的真正价值。

二

每一年，我们都看见成千上万的儿童走进学校，开始学写字母，拼读音节。我们总发现多数儿童很快就把会阅读当成自然而无足轻重的事，只有少数儿童才年复一年，十年又十年地对学校给予自己的这把金钥匙感到惊讶和痴迷，并不断加以使用。他们为新学会的字母而骄傲，继而又克服困难，读懂一句诗或一句格言，又读懂第一则故事，第一篇童话。当多数缺少天赋的人将自己的阅读能力很快就只用来读报上的新闻或商业版时，少数人仍然迷恋于字母和文字的特殊魅力（因为它们古时候都曾经是富有魔力的符箓和咒语）。这少数人就将成为读书家。他们儿时便在课本里发现了诗和故事。但在学会阅读技巧之后并不背弃它们，而是继续深入书的世界，一步一步地去发现这个世界是何等广大恢宏，何等气象万千和令人幸福神往！最初，他们把这个世界当成一所小小的美丽幼儿园，园内有金鱼池和种着郁金香的花坛；后来，幼儿园变成了城里的大公园，变成了城市和国家，变成了一个洲乃至全世界，变成了天上的乐园和地上的象牙海岸，永远以新的魅力吸引着他们，永远放射着异彩。昨天的花园、公园或原始密林，今天或明天将变为一座庙堂，一座有着无数殿宇和院落的庙堂；一切民族和时代的精神都聚集其中，都等待着新的召唤和复苏。对于每一位真正的阅读者来说，这无尽的书籍世界都会是不同的样子，每一个人还将在其中寻觅并且体验到他自己。这个从童话和印第安人故事出发，继续摸索着走向莎士比亚和但丁；那个从课本里第一篇描写星空的短文开始,走向开普勒或者爱因斯坦……通过原始密林的路有成千上万条,要达到的目的也有成千上万个,可没有一个是最后的终点,在眼前的终点后面,又将展现出一片片新的广阔的原野……

这儿还根本未考虑世界上的书籍在不断地增多!不,每一个真正的读书家都能将现有的宝藏再研究苦读几十年和几百年,并为之欣悦不已,即使世界上不再增加任何一本书。我们每学会一种新的语言,都会增长新的体验——而世界上的语言何其多啊!……可就算一个读者不再学任何新的语言,甚至不再去接触他以前不知道的作品,他仍然可以将他的阅读无休止地进行下去,使之更精、更深。每一位思想家的每一部著作,每一位诗人的每一个诗篇,过一些年都会对读者呈现出新的、变化了的面貌,都将得到新的理解,在他心中唤起新的共鸣。我年轻时初次读歌德的《亲和力》,只是似懂非懂,现在我大约第五次重读它了,它完全成了另一本书!这类经验的神秘和伟大之处在于:我们越是懂得精细、深入和举一反三地阅读,就越能看出每一部作品和每一个思想的独特性、个性和局限性,看出它全部的美和魅力正是基于这种独特性和个性;与此同时,我们却相信自己越来越清楚地看到,世界各民族的成千上万种声音都追求同一个目标,都以不同的名称呼唤着同一些神灵,怀着同一些梦想,忍受着同样的痛苦。在数千年来不计其数的语言和书籍交织成的斑斓锦缎中,在一些突然彻悟的瞬间,真正的读者会看见一个极其崇高的超现实的幻象,看见那由千百种矛盾的表情神奇地统一起来的人类的容颜。

像山那样思考

奥尔多·利奥波德

作者简介

奥尔多·利奥波德(Aldo Leopold，1887—1948 年)，美国作家，生态学家，环保主义先驱，被誉为“近代环保之父”。出版三部著作和五百多篇文章，《沙郡岁月》是其最重要的著作。

一声深沉的、骄傲的嗥叫，从一个山崖回响到另一个山崖，回响在山谷中，渐渐地消失在漆黑的夜色里。这是一种不驯服的、对抗性的悲鸣，是对世界上一切苦难的蔑视情感的迸发。

每一种活着的东西(大概还有很多死了的东西)，都会留意这声呼唤。对鹿来说，它是死亡的警告；对松林来说，它是半夜里在雪地上混战和流血的预言；对郊狼来说，是就要来临的拾遗的允诺；对牧牛人来说，是银行里赤字的坏兆头(指入不敷出)；对猎人来说，是狼牙抵制弹丸的挑战。然而，在这些明显而迫近的希望和恐惧之后，还隐藏着更加深刻的含义，这个含义只有这座山自己才知道。只有山长久地存在着，从而能够客观地聆听狼的嗥叫。

不过，那些不能辨别其隐藏的含义的人也都知道这声呼唤的存在，因为在所有有狼的地区都能感到它，而且，正是它把有狼的地方与其他地方区别开来的。它使那些在夜里听到狼叫，白天去察看狼的足迹的人毛骨悚然。即使看不到狼的踪迹，也听不到狼的声音，它也暗含在许多小小的事件中的：深夜里一匹驮马的嘶鸣，滚动的岩石的嘎啦声，逃跑的鹿的砰砰声，道路上云杉的阴影。只有不堪教育的初学者才感觉不到狼是否存在，认识不到山对狼怀有一种秘密。

我自己对这一点的认识，是从我看见一只狼死去的那一天开始的。当时我们正在一个高高的峭壁上吃午饭。峭壁下面，一条湍急的河蜿蜒流过。我们看见一只雌鹿——当时我们是这样认为——正在涉过这条急流，它的胸部淹没在白色的水中。当它爬上岸朝向我们，并摇晃着它的尾巴时，我们才发觉我们错了：这是一只狼。另外还有六只显然是正在发育的小狼也从柳树丛中跑了出来，它们喜气洋洋地摇着尾巴，嬉戏着搅在一起。它们确确实实是一群就在我们的峭壁之下的空地上蠕动和互相碰撞着的狼。

在那个年代里，我们还从未听说过会放过打死一只狼的机会那种事。在一秒钟之内，我们就把枪弹上了膛，而且兴奋的程度高于准确：怎样往一个陡峭的山坡下瞄准,总是不大清楚的。当我们的来复枪膛空了时,那只狼已经倒了下来,一只小狼正拖着一条腿,进入到那无动于衷的静静的岩石中去。

当我们到达那只老狼的所在时,正好看见在它眼中闪烁着的、令人难受的、垂死时的绿光。这时,我察觉到,而且以后一直是这样想,在这双眼睛里,有某种对我来说是新的东西,是某种只有它和这座山才了解的东西。当时我很年轻,而且正是不动扳机就感到手痒的时期。那时,我总是认为,狼越少,鹿就越多,因此,没有狼的地方就意味着是猎人的天堂。但是,在看到这垂死的绿光时,我感到,无论是狼,或是山,都不会同意这种观点。

自那以后,我亲眼看见一个州接一个州地消灭了它们所有的狼。我看见过许多刚刚失去了狼的山的样子,看见南面的山坡由于新出现的弯弯曲曲的鹿径而变得皱皱巴巴。我看见所有可吃的灌木和树苗都被吃掉,先变成无用的东西,然后则死去。我看见每一棵可吃的、失去了叶子的树只有鞍角那么高。这样一座山看起来就好像什么人给了上帝一把大剪刀,并禁止了所有其他的活动。结果,那原来渴望着食物的鹿群的饿殍,和死去的艾蒿丛一起变成了白色,或者就在高于鹿头的部分还留有叶子的刺柏下腐烂掉。这些鹿是因其数目太多而死去的。

我现在想,正像当初鹿群在对狼的极度恐惧中生活着那样,那一座山将要在对它的鹿的极度恐惧中生活。而且,大概就比较充分的理由来说,当一只被狼猎杀的公鹿在两三年内就可得到替补时,一片被太多的鹿拖疲惫了的草原,可能在几十年里都得不到复原。

牛群也是如此,清除了其牧场上的狼的牧牛人并未意识到,他取代了狼的调整牛群数目以适应其牧场大小的工作。他不知道像山那样来思考。正因为如此,我们才有了尘暴,河水把未来冲刷到大海去。

我们大家都在为安全、繁荣、舒适、长寿和平静而奋斗着。鹿用轻快的四肢奋斗着,牧牛人用套圈和毒药奋斗着,政治家用笔,而我们大家则用机器、选票和美金。所有这一切带来的都是同一种东西:我们这一时代的和平。用这一点去衡量成就,全部是很好的,而且大概也是客观思考所不可缺少的,不过,太多的安全似乎产生的仅仅是长远的危险。也许,这也就是梭罗的名言潜在的含义。这个世界的启示在荒野。大概,这也是狼的嗥叫中隐藏的内涵,它已被群山所理解,却还极少为人类所领悟。

沙漠里的奇怪现象

竺可桢

作者简介

竺可桢(1890—1974 年),字藕舫,浙江上虞人。我国卓越的科学家和教育家,当代著名气象学家、地理学家和物候学家,我国近代地理学的奠基人。主要著作有《物候学》《竺可桢文集》《竺可桢科普创作选集》《竺可桢日记》《气象学大全》等。

古代亲身到过沙漠的人,如晋僧法显①、唐僧玄奘②,都把沙漠说得十分可怕,人们对它也就产生了恐惧的心理。法显著《佛国记》说,沙漠里有很多恶鬼和火热的风,人一遇见就要死亡。沙漠是这样荒凉,空中看不见一只飞鸟,地上看不到一只走兽。举目远看净是沙,弄得人认不出路,只是循着从前死人死马的骨头向前走。玄奘《大唐西域记》卷十二也说,东行入大流沙,沙被风吹,永远流动着,过去人马走踏过的脚印,不久就为沙所盖,所以人多迷路。

沙漠真像法显和玄奘所说的那样可怕吗?新中国成立以来,我们的地质部、石油部、中国科学院的工作人员已经好几次横穿新疆塔克拉玛干大戈壁③,并没有什么鬼怪离奇的东西阻挡了他们的行进,这是什么缘故呢?

试想法显出发时,只有七个和尚结队同行,而走了不久,就有人不胜其苦开了小差,有人病死途中,最后只留下他一人。玄奘也是单枪匹马深入大戈壁,所谓孙行者、猪八戒、沙和尚等随从人员,那是小说《西游记》中的神话人物,那时既无大队骆驼带了大量清水、食品跟上来,更谈不到汽车、飞机来支援,当然就十分困苦了。

沙漠里真有魔鬼吗?在那时人们的知识水平看起来,确像是有魔鬼在作怪。

①法显(约 337—422 年):东晋高僧,俗姓龚,平阳武阳(今山西襄垣)人,3 岁出家。公元 399 年,62 岁的法显从长安出发西行求法,西渡流沙,越葱岭至天竺(印度),历时 14 年,游历 29 国,历尽艰险,于 412 年 75 岁时回国。法显是中国佛教史上的名僧,卓越的佛教革新人物,是中国第一位到海外取经求法的大师,杰出的旅行家和翻译家。一生翻译了大量佛经,另撰有《佛国记》,记录了他的行程及见闻。 ②玄奘(602—664 年):唐代著名高僧,俗称唐僧。本姓陈,洛州缑氏(今河南偃师)人,10 岁进入佛门。627 年(贞观三年)离开长安西行,历经沙漠、雪山等艰危之地到达天竺,游学取经。19 年后,于 645 年带着大量佛经回到长安。玄奘在中国佛教史上是一位有多重贡献的高僧,译出经、论七十五部、凡一千三百三十五卷。著有《大唐西域记》,记述了沿途各国的自然地理及政治经济状况。 ③塔克拉玛干大戈壁:位于新疆南部,在塔里木盆地中部,主要是流动沙丘。整个沙漠东西长 1 000 余千米,南北宽 400 多千米,总面积 337 600 平方千米。它占全国沙漠面积的 47.3%,是中国最大的沙漠,在世界各大沙漠中排名第六。酷暑时最高温度达 67.2 ℃,昼夜温差达 40 ℃以上,蒸发量高于降水量,被称之为“死亡之海”,维吾尔语的意思是“进去出不来”。

但是人们掌握了自然规律以后,便可把这种光怪陆离的现象说清楚。这种现象在大戈壁的夏天中午是常见的。当人们旅行得渴不可耐的时候,忽然看见一个很大的湖,里面蓄着碧蓝的清水,看来并不很远。当人们欢天喜地向大湖奔去的时候,这蔚蓝的湖却总有那么一个距离,所谓"可望而不可即。"阿拉伯人是对沙漠广有经验的民族,阿拉伯语中称这一现象为"魔鬼的海"。这一魔鬼的幻术到了19世纪初叶,才被法国数学家和水利工程师孟奇所戳穿。孟奇随拿破仑的军队到埃及去和英国争夺殖民地,当时法国士兵见到这"魔鬼的海"极为惊奇,就去问孟奇。孟奇深深思考以后,便指出:沙漠中地面被太阳晒得酷热,贴近地面的一层空气温度就比上面一两米的温度高许多。这样由于光线折光和反射的影响,人们产生一种错觉,空中的乔木看来像倒栽在地面上,蔚蓝的天空倒映在地上,便看成是汪洋万顷的湖面了。若是近地面的空气温度低而上层高,短距离内相差七至八摄氏度,像平直的海边地区有时所遇见的那样,那便可把地平线下寻常所见不到的岛屿、人物统统倒映在天空中,成为空中楼阁,又叫作海市蜃楼。

在沙漠里不但光线会作怪,声音也会作怪。玄奘相信这是魔鬼在迷人,直到如今,住在沙漠中的人们还有相信的。群众把会发出声音的沙地称为"鸣沙"。现在宁夏回族自治区中卫市沙坡头区靠黄河有一个地方名叫鸣沙山,即沙坡头地方,科学院和铁道部等机关在这里设有治沙站。站的后面便是腾格里沙漠[①]。沙漠在此处已紧逼黄河河岸,沙高约一百米,沙坡面南坐北,中呈凹形,有很多泉水涌出,这块沙地向来是人们崇拜的对象。据说,每逢农历端阳节,男男女女便在鸣沙山上聚会,然后纷纷顺着山坡翻滚下来。这时候沙便发出轰隆的巨响,像打雷一样。两年前我和五六个同志曾经走到这鸣沙山顶上慢慢滚下来,果然听到隆隆之声,好像远处汽车在行走似的。据一些专家的意见,只要沙漠面部的沙子是细沙而干燥,含有大量石英,被太阳晒得火热后,经风的吹拂或人马的走动,沙粒移动摩擦起来,便会发出声音,这便是鸣沙。古人说:"见怪不怪,其怪自败。"沙漠里的一切怪异现象,其实都是可以用科学道理来说明的。

①腾格里沙漠:中国第四大沙漠,位于内蒙古和甘肃省境内,面积约3万平方千米。沙漠中部、南部和北部洼地里,有大量植被。1958年开始进行治沙工作,营造防护林带成百条,封沙育草,使通过沙漠的包兰铁路通行无阻,是中国治沙科学上的一项巨大成就。

读《伊索寓言》

钱钟书

作者简介

钱钟书(1910—1998年),原名仰先,字哲良,后改名钟书,字默存,号槐聚,江苏无锡人,作家、文学研究家。代表作有《围城》《写在人生边上》《管锥编》等。

比我们年轻的人,大概可以分作两种。第一种是和我们年龄相差得极多的小辈,我们能够容忍这种人,并且会喜欢而给予保护;我们可以对他们卖老,我们的年长只增添了我们的尊严。还有一种是比我们年轻得不多的后生,这种人只会惹我们的厌恨以至于嫉妒,他们已失掉尊敬长者的观念,而我们的年龄又不够引起他们对老弱者的怜悯;我们非但不能卖老,还要赶着他们学少,我们的年长反使我们吃亏。这两种态度是到处看得见的。譬如一个近三十的女人,对于十八九岁女孩子的相貌,还肯说好,对于二十三四岁的少女们,就批判得不留情面了。所以小孩子总能讨大人的喜欢,而大孩子跟小孩子之间就免不了时常冲突。一切人事上的关系,只要涉到年辈资格先后的,全证明了这个分析的正确。

从整个历史来看,古代相当于人类的小孩子时期。先前是幼稚的,经过几千百年的长进,慢慢地到了现代。时代愈古,愈在前,它的历史愈短;时代愈在后,他积的阅历愈深,年龄愈多。所以我们反是我们祖父的老辈,上古三代反不如现代的悠久古老。这样,我们的信而好古的态度,便发生了新意义。我们思慕古代不一定是尊敬祖先,也许只是喜欢小孩子,并非为敬老,也许是卖老。没有老头子肯承认自己是衰朽顽固的,所以我们也相信现代一切,在价值上、品格上都比古代进步。

这些感想是偶尔翻看《伊索寓言》引起的。是的,《伊索寓言》大可看得。它至少给予我们三种安慰。第一,这是一本古代的书,读了可以增进我们对于现代文明的骄傲。第二,它是一本小孩子读物,看了愈觉得我们是成人了,已超出那些幼稚的见解。第三呢,这部书差不多都是讲禽兽的,从禽兽变到人,你看这中间需要多少进化历程!我们看到这许多蝙蝠、狐狸等的举动言论,大有发迹后访穷朋友、衣锦还故乡的感觉。但是穷朋友要我们帮助,小孩子该我们教导,所以我们看了《伊索寓言》,也觉得有好多浅薄的见解,非加以纠正不可。

例如蝙蝠的故事:蝙蝠碰见鸟就充作鸟,碰见兽就充作兽。人比蝙蝠就聪明多了。他会把蝙蝠的方法反过来施用:在鸟类里偏要充兽,表示脚踏实地;在兽类里偏要充鸟,表示高超出世。向武人卖弄风雅,向文人装作英雄;在上流社会里他是又穷又硬的平民,到了平民中间,他又是屈尊下顾的文化份子:这当然不是蝙蝠,这只是——人。

蚂蚁和促织的故事:一到冬天,蚂蚁出晒米粒;促织饿得半死,向蚂蚁借粮。蚂蚁说:"在夏天唱歌作乐的是你,到现在挨饿,活该!"这故事应该还有下文。据柏拉图《对话篇·菲德洛斯》说,促织进化,变成诗人。照此推论,坐看着诗人穷饿、不肯借钱的人,前身无疑是蚂蚁了。促织饿死了,本身就做蚂蚁的粮食;同样,生前养不活自己的大作家,到了死后偏有一大批人靠他生活,譬如,写回忆怀念文字的亲戚和朋友,写研究论文的批评家和学者。

狗和它自己影子的故事:狗衔肉过桥,看见水里的影子,以为是另一只狗也衔着肉;因而放弃了嘴里的肉,跟影子打架,要抢影子衔的肉,结果把嘴里的肉都丢了。这篇寓言的本意是戒贪得,但是我们现在可以应用到旁的方面。据说每个人需要一面镜子,可以常常自照,知道自己是个什么东西。不过,能自知的人根本不用照镜子;不自知的东西,照了镜子也没有用——譬如这只衔肉的狗,照镜以后,反害他大叫大闹,空把自己的影子,当作攻击狂吠的对象。可见有些东西最好不要对镜自照。

天文家的故事:天文家仰面看星象,失足掉在井里,大叫"救命";他的邻居听见了,叹气说:"谁叫他只望着高处,不管地下呢!"只向高处看,不顾脚下的结果,有时是下井,有时是下野或下台。不过,下去以后,决不说是不小心掉下去的,只说有意去做下属的调查和工作。譬如这位天文家就有很好的借口:坐井观天。真的,我们就是下去以后,眼睛还是向上看的。

乌鸦的故事:上帝要捡最美丽的鸟作禽类的王,乌鸦把孔雀的长毛披在身上,插在尾巴上,到上帝前面去应选,果然为上帝挑中,其他鸟类大怒,把它插上的毛羽都扯下来,依然现出乌鸦的本相。这就是说:披着长头发的,未必就真是艺术家;反过来说,秃顶无发的人,当然未必是学者或思想家,寸草也不生的头脑,你想还会产生什么旁的东西?这个寓言也不就此结束,这只乌鸦借来的羽毛全给人家拔去,现了原形,老羞成怒,提议索性大家把自己天生的毛羽也拔个干净,到那时候,大家光着身子,看真正的孔雀、天鹅等跟乌鸦有何分别。这个遮羞的方法至少人类是常用的。

牛跟蛙的故事:母蛙鼓足了气,问小蛙道:"牛有我这样大么?"小蛙答说:"请你不要胀了,当心肚子爆裂!"这母蛙真是笨坯!她不该跟牛比伟大的,她应该跟牛比娇小。所以我们每一种缺陷都有补偿,吝啬说是经济,愚蠢说是诚实,卑鄙说是灵活,无才便说是德。因此世界上没有自认为一无可爱的女人,没有自认为百不如人的男子。这样,彼此各得其所,当然不会相安无事。

老婆子和母鸡的故事:老婆子养只母鸡,每天下一个蛋。老婆子贪心不足,希望它一天下两个蛋,加倍喂她。从此鸡愈吃愈肥,不下蛋了——所以戒之在贪。伊索错了! 他该说:大胖子往往是小心眼。

狐狸和葡萄的故事:狐狸看见藤上一颗颗已熟的葡萄,用尽方法,弄不到嘴只好放弃,安慰自己说:“这葡萄也许还是酸的,不吃也罢!”他就是吃到了,还要说:“这葡萄果然是酸的。”假如他是一只不易满足的狐狸,这句话他对自己说,因为现实终“不够理想”。假如他是一只很感满意的狐狸,这句话他对旁人说,因为诉苦经可以免得旁人来分甜头。

驴子跟狼的故事:驴子见狼,假装腿上受伤,对狼说:“脚上有刺,请你拔去了,免得你吃我时舌头被刺。”狼信以为真,专心寻刺,被驴子踢伤逃去,因此叹气说:“天派我做送命的屠夫的,何苦做治病的医生呢!”这当然幼稚得可笑,他不知道医生也是屠夫的一种。

这几个例可以证明《伊索寓言》是不宜做现代儿童读物的。卢梭在《爱弥儿》(Emile)卷二里反对小孩子读寓言,认为有坏心术,举狐狸骗乌鸦嘴里的肉一则为例,说小孩子看了,不会同情被骗的乌鸦,反会羡慕善骗的狐狸。要是真这样,不就证明小孩子的居心本来欠好吗? 小孩子该不该读寓言,全看我们成年人在造成一个什么世界、一个什么社会,给小孩子长大了来过活。卢梭认为寓言会把纯朴的小孩子教得复杂了,失去了天真,所以要不得。我认为寓言要不得,因为它把纯朴的小孩子教得愈简单了,愈幼稚了,以为人事里是非的分别、善恶的果报,也像在禽兽中间一样的公平清楚,长大了就处处碰壁上当。缘故是,卢梭是原始主义者,主张复古,而我是相信进步的人——虽然并不像寓言里所说的苍蝇,坐在车轮的轴心上,嗡嗡地叫道:“车子的前进,都是我的力量。”

宇宙的边疆

卡尔·爱德华·萨根

作者简介

卡尔·爱德华·萨根(Carl Edward Sagan,1934—1996 年),美国天文学家、天体物理学家、科幻作家。主要作品有《宇宙联结》《宇宙》《布卢卡的脑》《被遗忘前辈的阴影》《暗淡蓝点》《数以十亿计的星球》等。

宇宙现在是这样,过去是这样,将来也永远是这样。只要一想起宇宙,我们就难以平静——我们心情激动,感叹不已,如同回忆起许久以前的一次悬崖失足那样令人晕眩战栗。我们知道我们在探索最深奥的秘密。

宇宙的大小和年龄不是一般人所能理解的。我们的小小行星只不过是无限永恒的时空中的一个有限世界。从宏观来看,人类所关心的大多数问题都可以说是无关紧要的,甚至是微不足道的。但是,我们人类朝气蓬勃,勇敢好学,前途无量。几千年来,我们对宇宙及我们在宇宙中所处的地位做出了最惊人的和出乎意料的发现。人类对宇宙的探索,回想起来是很令人兴奋的。这些探索活动提醒我们:好奇是人类的习性,理解是一种乐趣,知识是生存的先决条件。因为我们在这个宇宙中只不过是晨空中飞扬的一粒尘埃,所以,我们认为,人类的未来取决于我们对这个宇宙的了解程度。

我们探索宇宙的时候,既要勇于怀疑,又要富于想象。想象经常能够把我们带领到崭新的境界,没有想象,我们就到处碰壁。怀疑可以使我们摆脱幻想,还可以检验我们的推测。宇宙神秘非常,它有典雅的事实,错综的关系,微妙的机制。

地球的表面就是宇宙汪洋之滨。我们现有的知识大部分是从地球上获得的。近来,我们已经开始向大海涉足,当然,海水才刚刚没及我们的脚趾,充其量也只不过溅湿我们的踝节。海水是迷人的。大海在向我们召唤。我们的本能告诉我们,我们是在这个大海里诞生的。我们还乡心切。虽然我们的夙望可能会冒犯“天神”,但是我相信我们并不是在做无谓的空想。

因为宇宙辽阔无垠,所以那些我们所熟悉的适用于地球的量度单位——米、英里等等已经没有意义。我们用光速来量度距离。一束光每秒钟传播 18.6 万英里,约 30 万千米,也就是 7 倍于地球的周长。一束光从太阳传播到地球用 8 分钟的时间,因此我们可以说,太阳离我们 8 光分。一束光在一年之内约穿过 10 万亿千米(相当于 6 万亿英里)的空间,这个长度单位——光在 1 年里所通过的距离——称为 1 光年。光年不是度量时间的单位,而是度量距离的极大单位。

地球是宇宙中的一个地方,但绝不是唯一的地方,也不是一个典型的地方。任何行星、恒星或星系都不可能是典型的,因为宇宙中的大部分是空的。唯一典型的地方在广袤、寒冷的宇宙真空之中,在星际空间永恒的黑夜里。那是一个奇特而荒芜的地方。相比之下,行星、恒星和星系就显得特别稀罕而珍贵。

假如我们被随意搁置在宇宙之中,我们附着或旁落在一个行星上的机会只有 10^{33} 分之一(10^{33},在 1 之后接 33 个 0)。在日常生活当中,这样的机会是“令人羡慕的”。可见天体是多么宝贵。

从一个星系际的优越地位上,我们可以看到无数模糊纤细的光须像海水的泡沫一样遍布在空间的浪涛上,这些光须就是星系。其中有些是孤独的徘徊者,大部分则群集在一起,挤做一团,在大宇宙的黑夜里不停地飘荡。展现在我们面前的就是我们所见到的极其宏伟壮观的宇宙。我们隶属于这些星云,我们所见到的星云离地球 80 亿光年,处在已知宇宙的中心。

星系是由气体、尘埃和恒星群(上千亿个恒星)组成的,每个恒星对某人来说都可能是一个太阳。在星系里有恒星、行星,也可能有生物、智能生命和宇宙间的文明。但是从远处着眼,星系更多地使人想起一堆动人的发现物——贝壳,或许是珊瑚——大自然在宇宙的汪洋里创造的永恒的产物。

宇宙间有若干千亿(10^{33})个星系。每个星系平均由 1000 亿个恒星组成。在所有星系里,行星的数量跟恒星的总数大概一样多,即 $10^{11} \times 10^{11} = 10^{22}$。在这样庞大的数量里,难道只有一个普通的恒星——太阳——是被有人居住的行星伴随着吗?为什么我们这些隐藏在宇宙中某个被遗忘角落里的人类就这样幸运呢?我认为,宇宙里很可能到处都充满着生命,只是我们人类尚未发现而已。我们的探索才刚刚开始。80 亿光年以外嵌着银河系的星系团催迫着我们去探索。探索太阳和地球就更不用说了。我们确信,有人居住的这个行星只不过是一丁点儿的岩石和金属,它靠着反射太阳光而发出微光。在这样的大距离里,它已经消失得无影无踪。

但是,这个时候,我们的旅程只到达地球上的天文学所通称的“本星系群”。本星系群宽达数百万光年,大约由 20 个子星系组成,是一个稀疏、模糊而又实实在在的星系团。其中的一个星系是 M31,从地球上看,这个星系位于仙女星座。跟其他旋涡星系一样,它是一个由恒星、气体和尘埃组成的巨大火轮。M31 有两个卫星,它通过引力——跟使我待在坐椅上相同的物理学定律——将矮椭圆星系束缚在一起。整个宇宙中的自然法则都是一样的。我们现在离地球 200 万光年。

M31 以外是另一个非常相似的星系,也就是我们自己的星系。它的旋涡臂缓慢地转动着——每 2.5 亿年旋转一周。现在,我们离地球 4 万光年,我们正处于密集的银河中心。但是,假如我们希望找到地球的话,就必须将方向扭转到银河系的边远地带,扭转到接近遥远的旋涡臂边缘的模糊的地方。

我们印象最深刻的是,恒星即使在两个旋臂之间,也像流水一样漂浮在我们的四周——气势磅礴的自身发光的星球,有些虽然像肥皂泡一样脆弱,却又大得可以容得下1万个太阳或1万亿个地球;有些小如一座城池,但密度却比铅大100万亿倍。有些恒星跟太阳一样是孤独的;多数恒星有伴侣,通常是成双成对,互相环绕。但是那些星团不断地从三星系逐渐转化成由数十个恒星组成的松散的星团,再转化成由百万个恒星组成的璀璨夺目的大球状星团。有些双星紧靠在一起,星体物质在它们之间川流不息,多数双星都像木星与太阳一样分离开来。有些恒星——超新星——的亮度跟它们所在的整个星系的亮度一样;有些恒星——黑洞——在几千米以外就看不到了。有些恒星的光彩长年不减;有些恒星闪烁不定,或以匀称的节奏闪烁着。有些恒星稳重端庄地转动着,有些恒星狂热地旋转着,弄得自己面目全非,成了扁圆形。多数恒星主要是以可见光或红外光放出光芒;其他恒星也是X光或射电波的光源。发蓝光的恒星是年轻的星,会发热;发黄光的恒星是常见的星,它们已经到了中年;发红光的恒星常常是垂死的老年星;而发白光或黑光的恒星则已奄奄一息。银河里大约有4000亿个各种各样的恒星,它们的运转既复杂又巧妙。对于所有这些恒星,地球上的居民到目前为止比较了解的却只有一个。

每个星系都是太空中的一个岛屿,它们与其邻居隔光年之距遥遥相望,我可以想象,在无数星球上的生物对宇宙的模糊认识是如何产生的:它们在开始的时候都以为,除了它们自己小小的行星以及它们周围的那些区区可数的恒星以外,再也没有其他的星星了。我们是在与世隔绝的情况下成长起来的,我们对宇宙的正确认识是逐渐形成的。

有些恒星可能被数百万个没有生物的由岩石构成的小星球所包围,这些小星球是在它们演化的某个初级阶段冻结而成的行星系。大概许多恒星都有跟我们类似的行星系:在外围具有由大气环所包围的行星和冰冻卫星,而在接近中心处则有温热的、天蓝色的、覆盖着云的小星球。在一些行星上可能已经有高级动物,他们也许正在从事某种巨大的工程建设来改造他们的行星世界,他们是我们宇宙中的兄弟姐妹。他们跟我们的差别很大吗?他们的形状、生物化学、神经、生态、历史、政治、科学、技术、艺术、音乐、宗教、哲学等方面的情况如何?也许有一天我们会知道的。

我们现在已经回到了我们的后院——离地球1光年的地方。包围着我们的太阳的是一群巨大的雪球,这些雪球由冰块、岩石和有机分子组成:它们就是彗核。每当恒星经过的时候都对它们产生一定的引力作用,最后迫使它们当中的一个雪球倾倒到内太阳系。由于太阳热的作用,冰块被蒸发,于是就出现了美丽的彗尾。

我们现在来到我们星系的行星上。这些星球相当之大，它们都是太阳的俘获物。由于重力作用，它们被迫做近似圆周的运动。它们的热量主要来自太阳。冥王星覆盖着甲烷冰，它唯一的伙伴是它的巨大卫星卡戎。冥王星是被太阳照亮的，因为太阳离它很远，从漆黑的天空中看上去，太阳只不过是一个明亮的光点。巨大的气体星球海王星、天王星、土星——太阳系的宝石——和木星都分别有一个冰冻卫星做伴相随。在气体行星及其冰冻卫星的内侧就是充满岩石的温暖的内太阳系。例如，在那里有红色行星——火星。在火星上有高耸的火山、巨大的裂谷、席卷火星的大沙暴，并且，完全可能还有一些初级形态的生物。所有太阳系的行星都绕着太阳运转。太阳是离我们最近的一个恒星，它是一个令人恐怖的氢气和氦气的热核反应堆，它的强光照耀着整个太阳系。

经过一番漫游之后，我们终于回到了我们这个弱小的浅蓝色星球。宇宙汪洋茫无际涯，范围之大，难以想象，而这个星球仅是其中之一，完全淹没于宇宙汪洋之中，它的存在可能仅仅对我们有意义。地球是我们的家，我们的母亲，人类是在这里诞生和成长的，是在这里成熟起来的。正是在这个星球上，我们激发了探索宇宙的热情；也正是在这里，我们正在痛苦和不安之中掌握我们自己的命运。

人类有幸来到地球这个行星上。这里有充满氧气的蓝天，有碧波荡漾的海洋，有凉爽的森林，还有柔软的草地。这无疑是一个生机勃勃的星球。从整个宇宙来看，它不但景色迷人，天下稀有，而且到目前为止，在我们的行程所经历过的所有时空当中，只有这个行星上的人类开始对宇宙进行探索。必定有许多这样的星球散布在整个宇宙空间里，但是，我们对它们的探索从这里开始。我们有人类百万年来用巨大的代价积累起来的丰富知识。我们这个世界人才济济，人们勤学好问。我们的时代以知识为荣。我们是很幸运的。人类是宇宙的产物，现在暂时居住在叫作“地球”的星球上。人类返回家园的长途旅行已经开始。

谈生命

冰　心

作者简介

冰心(1900—1999 年),原名谢婉莹,现代著名女作家,儿童文学作家,翻译家,诗人。代表作有《春水》《繁星》等。

我不知道生命是什么,我只能说生命像什么。生命像向东流的一江春水,他从最高处发源 ,冰雪是他的前身。他聚集起许多细流,合成一股有力的洪涛,向下奔注,他曲折地穿过了悬崖峭壁,冲倒了层沙积土,挟卷着滚滚的沙石,快乐勇敢地流走,一路上他享受着他所遭遇的一切。有时候他遇到巉岩前阻,他愤激地奔腾了起来,怒吼着,回旋着,前波后浪地起伏催逼,直到冲倒了这危崖,他才心平气和地一泻千里。有时候他经过了细细的平沙,斜阳芳草里,看见了夹岸红艳的桃花,他快乐而又羞怯,静静地流着,低低地吟唱着,轻轻地度过这一段浪漫的行程。有时候他遇到暴风雨,这激电,这迅雷,使他的心魂惊骇,疾风吹卷起他,大雨击打着他,他暂时浑浊了,扰乱了,而雨过天晴,又加给他许多新生的力量。有时候他遇到了晚霞和新月,向他照耀,向他投影,清冷中带些幽幽的温暖;这时他只想休憩,只想睡眠,而那股前进的力量,仍催逼着他向前走……终于有一天,他远远地望见了大海,啊！他已经到了行程的终结,这大海,使他屏息,使他低头,她多么辽阔,多么伟大！多么光明,又多么黑暗！大海庄严地伸出臂儿来接引他,他一声不响地流入她的怀里。他消融了,归化了,说不上快乐,也没有悲哀！也许有一天,他再从海上蓬蓬的雨点中升起,飞向西来,再形成一道江流,再冲倒两旁的石壁,再来寻夹岸的桃花。然而我不敢说来生,也不敢信来生！生命像一棵小树,他从地底聚集起许多生力,在冰雪下伸展,在早春润湿的泥土中,勇敢快乐地破壳出来。他也许长在平原上、岩石上、城墙上,只要他抬头看见了天,啊！看见了天！他便伸出嫩叶来吸收空气,承受日光,在雨中吟唱,在风中跳舞。他也许受着大树的荫遮,也许受着大树的覆压,而他青春生长的力量,终使他穿枝拂叶地挣脱了出来,在烈日下挺立抬头！他遇着骄奢的春天,他也许开出满树的繁花,蜂蝶围绕着他飘翔喧闹,小鸟在他枝头欣赏唱歌,他会听见黄莺清吟,杜鹃啼血,也许还听见枭鸟的怪鸣。他长到最茂盛的中年,他伸展出他如盖的浓荫,来荫庇树下的幽花芳草,他结出累累的果实,来呈现大地无尽的甜美与芳馨。秋风起了,他的叶子,由浓绿吹到绯红，秋阳下他又有一番庄严灿烂，不是开花的骄傲，也不是结果的快乐，而是成功后的宁静和怡悦！终于有一天，冬天的朔风，把他的黄叶干枝，卷落吹抖，他无力地在空中旋舞，在根下呻吟，大地庄严地伸出臂儿来接引他，他一声不响地落在她的怀里。他消融了，归化了，他说不上快乐，也没有悲哀！也许有一天，他再从地下的果仁中，破裂了出来，又长成一棵小树，再穿过丛莽的严遮，再来听黄莺的歌唱。然而我不敢说来生，也不敢信来生。宇宙是一个大生命，我们是宇宙大气中之一息。江流入海，叶落归根，我们是大生命中之一滴，大生命中之一叶。在宇宙的大生命中，我们是多么卑微，多么渺小，而一滴一叶的活动生长合成了整个宇宙的进化运行。要记住：不是每一道江流都能入海，不流动的便成了死湖；不是每一粒种子都能成树，不生长的便成了空壳！生命中不是永远快乐，也不是永远痛苦，快乐和痛苦是相生相成的。好比水道要经过不同的两岸，树木要经过常变的四时。在快乐中我们要感谢生命，在痛苦中我们也要感谢生命。快乐固然兴奋，苦痛又何尝不美丽？我曾读到一个警句，是“愿你生命中有够多的云翳，来造成一个美丽的黄昏。”世界、国家和个人的生命中的云翳没有比今天再多的了。

我的空中楼阁

李乐薇

作者简介

李乐薇(1930—),祖籍江苏南京,中国台湾当代散文作家。代表作有《我的空中楼阁》《书呆子的智慧》等。

山如眉黛,小屋恰似眉梢的痣一点。

十分清新,十分自然,我的小屋玲珑地立于山脊一个柔和的角度上。

世界上有很多已经很美的东西,还需要一些点缀,山也是。小屋的出现,点破了山的寂寞,增加了风景的内容。山上有了小屋,好比一望无际的水面飘过一片风帆,辽阔无边的天空掠过一只飞雁,是单纯的底色上一点灵动的色彩,是山川美景中的一点生气、一点情调。

小屋点缀了山,什么来点缀小屋呢?那是树!

山上有一片纯绿色的无花树;花是美丽的,树的美丽也不逊于花。花好比人的面庞,树好比人的姿态。树的美在于姿势的清健或挺拔,苗条或婀娜,在于活力,在于精神!

有了这许多树,小屋就有了许多特点。树总是轻轻摇动着。树的动,显出小屋的静;树的高大,显出小屋的小巧;而小屋的别致出色,乃是由于满山皆树,为小屋布置了一个美妙的绿的背景。

小屋后面有一棵高过屋顶的大树,细而密的枝叶伸展在小屋的上面,美而浓的树荫把小屋笼罩起来。这棵树使小屋给予人另一种印象,使小屋显得含蓄而有风度。

换个角度,近看改为远观,小屋却又变换位置,出现在另一些树的上面,这个角度是远远地站在山下看。首先看到的是小屋前面的树,那些树把小屋遮掩了,只在树与树之间露出一些建筑的线条,一角活泼翘起的屋檐,一排整齐的图案式的屋瓦。一片蓝,那是墙;一片白,那是窗。我的小屋在树与树之间若隐若现,凌空而起,姿态翩然。本质上,它是一幢房屋;形式上,却像鸟一样,蝶一样,憩于枝头,轻灵而自由!

小屋之小,是受了土地的限制。论"领土",只有有限的一点。在有限的土地上,房屋比土地小,花园比房屋小,花园中的路又比花园小,这条小路是我袖珍型的花园的大道。和“领土”相对的是“领空”，论“领空”却又是无限的，足以举目千里，足以俯仰天地，左顾有山外青山，右盼有绿野阡陌。适于心灵散步，眼睛旅行，也就是古人说的游目骋怀。这个无限大的“领空”，是我开放性的院子。

有形的围墙围住一些花，有紫藤、月季、喇叭花、圣诞红之类。天地相连的那一道弧线，是另一重无形的围墙，也围住一些花，那些花有朵状、有片状，有红、有白，有绚烂，也有飘落。也许那是上帝玩赏的牡丹或芍药，我们叫它云或霞。

空气在山上特别清新，清新的空气使我觉得呼吸的是香！

光线以明亮为好，小屋的光线是明亮的，因为屋虽小，窗很多。例外的只有破晓或入暮，那时山上只有一片微光，一片柔静，一片宁谧。小屋在山的怀抱中，犹如在花蕊中一般，慢慢地花蕊绽开了一些，好像层山后退了一些。山是不动的，那是光线加强了，是早晨来到了山中。当花瓣微微收拢，那就是夜晚来临了。小屋的光线既富于科学的时间性，也富于浪漫的文学性。

山上的环境是独立的、安静的。身在小屋享受着人间的清福，享受着充足的睡眠，以及一天一个美梦。

出入的环境要道，是一条类似苏花公路的山路，一边傍山，一边面临稻浪起伏的绿海和那高高的山坡。山路和山坡不便于行车，然而便于我行走。我出外，小屋是我快乐的起点；我归来，小屋是我幸福的终站。往返于快乐与幸福之间，哪儿还有不好走的路呢？我只觉得出外时身轻如飞，山路自动地后退；归来时带几分雀跃的心情，一跳一跳就跳过了那些山坡。我替山坡起了个名字，叫幸福的阶梯，山路被我唤做空中走廊！

我把一切应用的东西当作艺术，我在生活中的第一件艺术品——就是小屋。

白天它是清晰的,夜晚它是朦胧的。每个夜幕深垂的晚上,山下亮起灿烂的万家灯火,山上闪出疏落的灯光。山下的灯把黑暗照亮了,山上的灯把黑暗照淡了,淡如烟,淡如雾,山也虚无,树也缥缈。小屋迷于雾失楼台的情景中,它不再是清晰的小屋,而是烟雾之中、星点之下、月影之侧的空中楼阁!

这座空中楼阁占了地利,可以省去许多室内设计和其他的装饰。

虽不养鸟,每天早晨有鸟语盈耳。

无需挂画,门外有幅巨画——名叫自然。

米洛斯的维纳斯①

清冈卓行(日本)

作者简介

清冈卓行(1922—2006),日本当代诗人,小说家。代表作有诗集《冰凝的火焰》《日常》《四季写生》,评论集《废墟中捡到的镜子》《生的变化》等。

我欣赏着米洛斯的维纳斯,一个奇怪的念头忽地攫住我的心——她为了如此秀丽迷人,必须失去双臂。也就是说,使人不能不感到,这座丧失了双臂的雕像中,人们称为美术作品命运的、同创作者毫无关系的某些东西正出神入化②地烘托着作品。

据说,这座用帕罗斯岛产的大理石雕刻而成的维纳斯像,是19世纪初叶米洛斯岛的一个农人在无意中发掘出来的,后被法国人购下,搬进了巴黎的罗浮宫③博物馆。那时候,维纳斯就把她那条玉臂巧妙地遗忘在故乡希腊的大海或是陆地的某个角落里,或者可以说是遗忘在俗世人间的某个秘密场所。不,说得更为正确些,她是为了自己的丽姿,无意识地隐藏了那两条玉臂,为了漂向更远更远的国度,为了超越更久更久的时代。对此,我既感到这是一次从特殊转向普遍的毫不矫揉造作的飞跃,也认为这是一次借舍弃部分来获取完整的偶然追求。

我并不是想在这里玩弄标新立异之说。我说的是我的实际感受。毋庸赘言,米洛斯的维纳斯显示了高贵典雅同丰满诱人的惊人的调和。可以说,她是一个美的典型。无论是她的秀颜,还是从她那丰腴④的前胸延向腹部的曲线,或是她的脊背,不管你欣赏哪儿,无处不洋溢着匀称的魅力,使人百看不厌。而且,和这些部分相比较,人们会突然觉察到,那失去了的双臂正浓浓地散发着一种难以准

①选自《当代世界名家随笔》(上海教育出版社,1996年版)。米洛斯的维纳斯,又称"米洛斯的阿佛洛狄忒",大理石雕,高204厘米,相传是古希腊艺人雕刻的。在希腊神话中,阿佛洛狄忒是爱与美的女神,罗马神话中称维纳斯,掌管人类爱情、婚姻、生育以至一切动植物的生长繁殖,生于海中,以美丽著称。其雕像于1820年发现于希腊米洛斯岛,为半裸全身像,面容俊美,身材匀称,衣衫滑落至髋部,双臂残缺,仍展示出女性特有的曲线美,显得端庄而妩媚。收藏于巴黎罗浮宫博物馆。
②出神入化:形容技艺达到绝妙的境界。　③罗浮宫:法国故宫,在巴黎市中心,占地约18万平方米。1793年起辟为国家博物馆和艺术品陈列馆。　④丰腴:丰满。

确描绘的神秘气氛，或者可以说，正深深地孕育着具有多种多样可能性的生命之梦。换言之，米洛斯的维纳斯虽然失去了两条由大理石雕刻成的美丽臂膊，却出乎意料地获得了一种不可思议的抽象的艺术效果，向人们暗示着可能存在的无数双秀美的玉臂。尽管这艺术效果一半是由偶然所产生，然而这却是向着无比神妙的整体美的奋然一跃呀！人们只要一度被这神秘气氛所迷，必将暗自畏惧两条一览无余的胳膊会重新出现在这座雕像上。哪怕那是两条如何令人销魂的玉臂！

因此，对我来说，关于复原米洛斯的维纳斯那两条已经丢失了的胳膊的方案，我只能认为全是些倒人胃口的方案，全是些奇谈怪论。当然，那些方案对丧失了的原形是做过客观推定的，所以，为复原所做的一切尝试，都是顺理成章[①]的。我只不过是自找烦恼而已。然而，人们对丧失了的东西已经有过一次发自内心的感动之后，恐怕再也不会被以前的、尚未丧失的往昔所打动了吧。因为在这里成为问题的，已不是艺术效果上的数量的变化，而是质量的变化了。当艺术效果的高度本身已经迥然[②]不同之时，那种可以称为对欣赏品的爱的感动，怎能再回溯而上，转移到另一个不同对象上去呢？这一方是包孕着不尽梦幻的“无”，而那一方却是受到限制的、不充分的“有”，哪怕它是何等的精美绝伦[③]。

比如，也许她的左手掌上托着一只苹果，也许是被人柱像支托着，或者是擎着盾牌，抑或[④]是玉笏[⑤]？不，兴许根本不是那样，而是一座显露着入浴前或入浴后羞羞答答的娇姿的雕像。而且可以进一步驰骋想象——会不会其实她不是一座单身像，而是群像中的一个人物，她的左手搭放在恋人的肩头。人们从考证的角度，从想象的角度，提出形形色色的复原试案。我阅读着这方面的书籍，翻阅着书中的说明图，一种恐惧、空虚的感觉袭上心来。选择出来的任何一种形象，都如我方才所述，根本不能产生超越“丧失”的美感。如果发现了真正的原形，我对此无法再抱一丝怀疑而只能相信时，那我将怀着一腔怒火，否定掉那个真正的原形，而用的正是艺术的名义。

在这里从别的意义上讲，令人饶有兴趣的是，除了两条胳膊之外，其他任何部位都丧失不得。假定丧失的不是两条胳膊，而是其他的肉体部分，恐怕也就不会产生我在这篇文章中谈到的魅力了。譬如说，眼睛被捅坏了，鼻子缺落了，或是乳

①顺理成章：原指写作遵循事理，自成章法，后来多用来指说话、做事合乎情理，不违背常理。出自《朱子语类》卷十九：“文者，顺理而成章之谓也。” ②迥然：形容差别很大。 ③绝伦：独一无二，没有可以相比的。伦，同类、同等。 ④抑或：连词，表示选择关系。 ⑤笏：古代大臣朝见时手中拿的狭长板子，用玉、象牙、竹木制成，上面可以记事。也叫手板。

房被拧掉了，而两条胳膊却完好无损地安然存在着，那么，这座雕像兴许就不可能放射出变幻无穷的生命光彩了。

为什么丧失的部位必须是两条胳膊呢？这里我无意接受雕刻领域躯干像方面的美学理论。我只是想强调胳膊——说得更确切些，是手——在人的存在中所具有的象征意义。手，最深刻、最根本地意味着的东西是什么呢？当然，它有着实体和象征之间的一定程度的调和，但它是人同世界、同他人或者同自己进行千变万化交涉的手段。换言之，它是这些关系的媒介物，或者是这些千变万化交涉的原则性方式。正因为如此，一个哲学家所使用的"机械是手的延长"的比喻，才会那么动听，文学家竭力赞颂初次捏握情人手掌的幸福感受的述怀，才会拥有不可思议的严肃力量。不管是哪种场合，这都是极其自然的，极其富有人性的。而背负着美术作品命运的米洛斯的维纳斯那失去了的双臂，对这些比喻、赞颂来说，却是一种令人难以相信的讥讽。反过来，米洛斯的维纳斯正是丢失了她的双臂，才奏响了追求可能存在的无数双手的梦幻曲。

拓展阅读

1820 年，在爱琴海的米洛斯岛上，一个农夫刨地时挖出了一尊女神雕像，出土时的雕像分为上下两部分。农夫立刻报告了在岛上的法国领事。据说一名叫鸠尔·丢孟·都尔维尔的法国艺术爱好者，断定这就是罗马女神维纳斯的雕像。他随即赶到君士坦丁堡，向大使陈述详情，促使大使下了决心并派专人前去交易。不料这时农夫已将雕像卖给了一个希腊人，当法国人赶到岛上时已经是雕像装船的关头了。双方于是展开了激烈的争夺，在混战中，雕像的双臂被摔断了。最后几经周折，雕像终于顺利运抵巴黎，并陈列于罗浮宫特辟的专门展室中，与《蒙娜丽莎》油画、胜利女神雕像并称为罗浮宫三大镇馆之宝。后来人们发现这件作品出自古希腊雕刻家阿历山德罗斯之手，于是最初被称为"米洛斯的维纳斯"的这件雕像又多了一个来自古希腊的名字："米洛斯的阿芙洛狄忒"。

雕像表现出的女神身材端庄秀丽，肌肤丰腴，美丽的椭圆形面庞，希腊式挺直的鼻梁，平坦的前额和丰满的下巴，平静的面容，流露出希腊雕塑艺术鼎盛时期沿袭下来的传统。雕像的上半身为裸体，下半身围着宽松的裹裙，左腿微微提起，重心落在右腿上，头部和上身略向右侧，而面部则转向左前方，全身形成自然的"s"形曲线。丰腴饱满的躯体和端正大方的容貌，体现着青春、健美和充沛的生命力，展现出古典主义的理想美。

后来，雕塑家们受"米洛斯的维纳斯"影响，开始有意无意地在自己的创作中适当地"留白"，故意把人物中的某些部位略去不做，留给人们想象的空间。雕像所展现的健康体态也对人们的审美产生了深远影响。

咬文嚼字[①]

朱光潜

作者简介

朱光潜(1897—1986 年),字孟实,安徽桐城人,现当代著名美学家、文艺理论家、教育家、翻译家。主要著作有《悲剧心理学》《文艺心理学》《西方美学史》《谈美》等。

郭沫若先生的剧本《屈原》里婵娟骂宋玉说:“你是没有骨气的文人!”上演时他自己在台下听,嫌这话不够味,想在“没有骨气的”下面加“无耻的”三个字。一位演员提醒他把“是”改为“这”,“你这没有骨气的文人!”就够味了。他觉得“这”字改得很恰当。他研究这两种语法的强弱不同,以为“你是什么”只是单纯的叙述语,没有更多的意义,有时或许竟会“不是”;“你这什么”便是坚决的判断,而且还把必须有的附带语省略去了。根据这种见解,他把另一文里“你有革命家的风度”一句话改为“你这革命家的风度”。

这是炼字的好例,我们不妨借此把炼字的道理研究一番。那位演员把“是”改为“这”,确实改得好,不过郭先生如果记得《水浒》,就会明白一般民众骂人,都用“你这什么”式的语法。石秀骂梁中书说[②]:“你这与奴才做奴才的奴才!”杨雄醉骂潘巧云说[③]:“你这贱人! 你这淫妇! 你这你这大虫口里流涎! 你这你这……”一口气就骂了六个“你这”。看这些实例,“你这什么”倒不仅是“坚决的判断”,而且是带有极端憎恶的惊叹语,表现着强烈的情感。“你是什么”便只是不带情感的判断,纵有情感也不能在文字本身上见出。不过它也不一定就是“单纯的叙述语,没有更多的含义”。《红楼梦》里茗烟骂金荣说[④]:“你是个好小子,出来动一动你茗大爷!”这里“你是”含有假定语气,也带一点“你不是”的讥刺意味,如果改成“你这好小子!”语气就完全不对了。由此可知“你这”式语法,并非在任何情形之下都比“你是”式语法都来得更有力。其次,郭先生援例把“你有革命家的风度”改为“你这革命家的风度”,似乎改得并不很妥。一、“你这”式语法大半表示深恶痛嫉,在赞美时便不适宜。二、“是”在逻辑上是连接词,相当于等号;“有”的性质完全不同,在“你有革命家的风度”一句中,风度是动词的宾词;在“你这革命家的风度”中,风度便变成主词,和“你(的)”平行,根本不成一句话。

①本文写于抗日战争后期,后收入 1946 年出版的《谈文学》论文集,今见录于《朱光潜美学文集》第二卷。 ②石秀:梁山泊英雄一百〇八人之一,绰号“拼命三郎”。梁中书:宋朝北京大名府留守司留守,太师蔡京的女婿。 ③杨雄:梁山泊英雄一百〇八人之一,绰号“病关索”。潘巧云:杨雄之妻。 ④茗烟:贾宝玉贴身书童。金荣:贾府亲戚,顽童。

这番话不免啰唆，但是我们原在咬文嚼字，非这样锱铢必较不可。咬文嚼字有时是一个坏习惯，所以这个成语的含义通常不很好。但是在文学，无论阅读或写作，我们必须有一字不肯放松的谨严。文学借文字表现思想情感；文字上面有含糊，就显得思想还没有透彻，情感还没有凝练。咬文嚼字，在表面上像只是斟酌文字的分量，实际上就是调整思想和情感。从来没有一句话换一个说法而意味仍完全不变。例如《史记》李广射虎一段[①]："（李广）见草中石，以为虎而射之，中石没镞，视之，石也。因更复射之，终不能入石矣"这本是一段好文章，王若虚在《史记辨惑》里说它"凡多三石字"[②]，当改为"以为虎而射之，没镞，既知其为石，因更复射，终不能入。"或改为"尝见草中有虎，射之，没镞；视之，石也"。在表面上似乎改得简洁些，却实在远不如原文。见"草中石，以为虎"并非"见草中有虎"。原文"视之，石也"有发现错误而惊讶的意味，改为"既知其为石"便失去这意味。原文"终不能复入石矣"有失望而放弃得很斩截的意味，改为"终不能入"便觉索然无味。这种分别，稍有文字敏感的人细心玩索一番，自会明白。

一般人根本不了解文字和情感的密切关系，以为更改一两个字不过是要文字顺畅些或是漂亮些。其实更动了文字，就同时更动了思想情感，内容和形式是相随而变的。姑举一个人人皆知的实例。韩愈在月夜里听见贾岛吟诗[③]，有"鸟宿池边树，僧推月下门"两句，劝他把"推"字改为"敲"字。这段文字因缘古今传为美谈，今人要把咬文嚼字的意思说得好听一点，都说"推敲"。古今人也都赞赏"敲"字比"推"字下得好，其实这不仅是文字上的分别，同时也是意境上的分别。"推"固然显得鲁莽一点，但是它表示孤僧步月归寺，门原来是他自己掩的，于今他"推"。他须自掩自推，足见寺里只有他孤零零的一个和尚。在这冷寂的场合，他有兴致出来步月，兴尽而返，独往独来，自在无碍，也自有一副胸襟气度。"敲"就显得他拘礼些，也就显得寺里有人应门。仿佛是乘月夜访友，他自己不甘寂寞，那寺里即使不是热闹场合，至少也有一些温暖的人情。比较起来，"敲"的空气没有"推"的那么冷寂。就上句"鸟宿池边树"看来，"推"似乎比"敲"要调和些。"推"可以无声，"敲"就不免剥啄有声。惊起了宿鸟，打破了岑（cén）寂，也似乎平添了搅扰。所以我很怀疑韩愈的修改是否真如古今所称赏的那么妥当。究竟哪一种意境是贾岛当时在心里玩索而要表现的，只有他自己知道。如果他想到"推"而下"敲"字，或是想到"敲"而下"推"字，我认为那是不可能的事。所以问题不在"推"字和"敲"字哪一个比较恰当，而在哪一种境界是他当时所要说的，而且与全诗调和的。在文字上"推敲"，骨子里实在是在思想情感上"推敲"。

---

①李广：西汉名将，善骑射，驻守边塞时，匈奴数年不敢攻扰，被称为"飞将军"。后随大将军卫青攻匈奴，以迷失道路被责，后自杀。　②王若虚：金王朝文学家，官至翰林直学士。论文主张辞达理顺，于诗反对模拟雕琢。著《五经辨惑》等十余种，对汉、宋儒者注经及史书、古文的字句疵病，颇有见解。　③贾岛：中唐诗人，为韩愈所赏识。诗的风格和孟郊相近，有"郊寒岛瘦"之说。"鸟宿池边树，僧敲月下门"二句，出自他的《题李凝幽居》一诗。

无论是阅读或是写作,字的难处在意义的确定与控制。字有直指的意义,有联想的意义。比如说"烟",它直指的意义,见过燃烧体冒烟的人都会明白。只是它的联想的意义迷离不易捉摸,它可以让人联想到燃烧弹、鸦片烟榻、庙里焚香、"一川烟水""杨柳万条烟""烟光凝而暮山紫"①"蓝田日暖玉生烟"②……种种境界。直指的意义载在字典,有如月轮,明显而确实;联想的意义是文字在历史过程上所累积的种种关系,有如轮外月晕,晕外霞光,其浓淡大小随人随时随地而各各不同,变化莫测。科学的文字越限于直指的意义就越精确,文学的文字有时却必须顾到联想的意义,尤其是在诗方面。直指的意义易用,联想的意义却难用,因为前者是固定的,后者是游离的;前者偏于类型,后者偏于个性。既是游离的、个别的,它就不易控制,而且它可以使意蕴丰富,也可以使意义含糊甚至支离。比如说苏东坡的《惠山烹小龙团》诗里三、四两句"独携天上小团月,来试人间第二泉","天上小团月"是由"小龙团"茶联想起来的,如果你不知道这个关联,原文就简直不通;如果你不了解明月照着泉水和清茶泡在泉水里那一点共同的清沁肺腑的意味,也就失去原文的妙处。这两句诗的妙处就在不即不离、若隐若现之中。它比用"惠山泉水泡小龙团茶"一句话来得较丰富。也来得较含混有蕴藉。难处就在于含混中显得丰富。由"独携小龙团,来试惠山泉"变成"独携天上小团月,来试人间第二泉",这是点铁成金。文学之所以为文学,就在这一点生发上面。

这是一个善用联想意义的例子。联想意义也是最易误用而生流弊。联想起于习惯,习惯老是喜欢走熟路,熟路抵抗力最低,引诱性最大,一人走过,人人就都跟着走,越走就越平滑俗滥,没有一点新奇的意味。字被人用得太滥也是如此。从前作诗文的人都依《文料触机》《幼学琼林》《事类统编》之类书籍,要找词藻典故,都到那里去乞灵。美人都是"柳腰桃面""王嫱、西施",才子都是"学富五车,才高八斗";谈风景必是"春花秋月",叙离别不外"柳岸灞桥";做买卖都有"端木遗风",到现在用铅字排印书籍还是"付梓""杀青"。像这样例子举不胜举。它们是从前人所谓的"套语",我们所谓的"滥调"。一件事物发生时立即使你联想到一些套语滥调,而你也就安于套语滥调,毫不斟酌地使用它们,并且自鸣得意。这就是近代文艺心理学家所说的"套板反应"③。一个人的心理习惯如果老是倾向"套板反应",就根本与文艺无缘。因为就作者说,"套板反应"和创造的动机是仇敌;就读者说,它引不起新鲜而真切的情趣。一个作者在用字和用词上离不掉"套版反应",在运思布局上面,甚至在整个人生态度方面也就难免如此。不过习惯力量的深度常非我们的意料所及。沿着习惯去做,总比新创更省力。人生来有惰性,常

①烟光凝而慕山紫:见王勃《滕王阁序》。 ②蓝田日暖玉生烟:见李商隐《锦瑟》。 ③"套板反应":朱光潜在《文学上的低级趣味(上):关于作品内容》一文中说:"许多关于自然的描写都没有情感上的绝对必要,只是相习成风,人家盲目地说这才美,自己也就跟着相信这真是美。这种心理学家所谓的'套板反应',是一切低级趣味的病根。"这段文字与本文的话可参照互释。

使我们不知不觉地一滑就滑到“套板反应”里去。你如果随便在报章杂志或是尺牍宣言里面挑一段文章来分析，你就会发现那里面的思想情感和语言大半都由“套板反应”起来的。韩愈谈他自己做古文，“惟陈言之务去”[①]，这是一句最紧要的经验。语言跟着思维情感走，你不肯用俗滥的语言，自然也就不肯用俗滥的思想情感，你遇事就会朝深一层去想，你的文章也就是真正是“作”出来的，不致落入下乘。

以上只是随便举实例，说明咬文嚼字的道理。例子举不尽，道理也说不完。我希望读者从这粗枝大叶的讨论中，可以领略运用文字所应有的谨严精神。本着这个精神，你随处留心玩索，无论是阅读或写作，就会逐渐养成创作和欣赏都必需的好习惯。你不能懒，不能粗心，不能受一时兴会所生的幻觉迷惑而轻易自满。文学是艰苦的事，只有刻苦自励，推陈翻新，时时求思想情感和语文的精炼与吻合，你才会逐渐达到艺术的完美。

①惟陈言之务去：见韩愈《答李翊书》。

我的母亲

老　舍

作者简介

老舍(1899—1966年),原名舒庆春,字舍予,生于北京。现当代小说家、戏剧家,杰出的语言大师、人民艺术家。代表作有《骆驼祥子》《茶馆》《龙须沟》《四世同堂》等。

母亲的娘家是北平德胜门外,土城儿外边,通大钟寺的大路上的一个小村里。村里一共有四五家人家,都姓马。大家都种点不十分肥美的地,但是与我同辈的兄弟们,也有当兵的,作木匠的,作泥水匠的和当巡察的。他们虽然是农家,却养不起牛马,人手不够的时候,妇女便也须下地作活。

对于姥姥家,我只知道上述的一点。外公外婆是什么样子,我就不知道了,因为他们早已去世。至于更远的族系与家史,就更不晓得了;穷人只能顾眼前的衣食,没有功夫谈论什么过去的光荣;"家谱"这字眼,我在幼年就根本没有听说过。

母亲生在农家,所以勤俭诚实,身体也好。这一点事实却极重要,因为假若我没有这样的一位母亲,我以为我恐怕也就要大大的打个折扣了。

母亲出嫁大概是很早,因为我的大姐现在已是六十多岁的老太婆,而我的大外甥女还长我一岁啊。我有三个哥哥,四个姐姐,但能长大成人的,只有大姐,二姐,三姐,三哥与我。我是"老"儿子。生我的时候,母亲已有四十一岁,大姐二姐已都出了阁。

由大姐与二姐所嫁入的家庭来推断,在我生下之前,我的家里,大概还马马虎虎的过得去。那时候定婚讲究门当户对,而大姐丈是作小官的,二姐丈也开过一间酒馆,他们都是相当体面的人。

可是,我,我给家庭带来了不幸:我生下来,母亲晕过去半夜,才睁眼看见她的老儿子——感谢大姐,把我揣在怀中,致未冻死。

一岁半,我把父亲"克"死了。

兄不到十岁,三姐十二三岁,我才一岁半,全仗母亲独力抚养了。父亲的寡姐跟我们一块儿住,她吸鸦片,她喜摸纸牌,她的脾气极坏。为我们的衣食,母亲要给人家洗衣服,缝补或裁缝衣裳。在我的记忆中,她的手终年是鲜红微肿的。白天,她洗衣服,洗一两大绿瓦盆。她做事永远丝毫也不敷衍,就是屠户们送来的黑如铁的布袜,她也给洗得雪白。晚间,她与三姐抱着一盏油灯,还要缝补衣服,一直到半夜。她终年没有休息，可是在忙碌中她还把院子屋中收拾得清清爽爽。桌椅都是旧的，柜门的铜活久已残缺不全，可是她的手老使破桌面上没有尘土，残破的铜活发着光。院中，父亲遗留下的几盆石榴与夹竹桃，永远会得到应有的浇灌与爱护，年年夏天开许多花。

哥哥似乎没有同我玩耍过。有时候，他去读书；有时候，他去学徒；有时候，他也去卖花生或樱桃之类的小东西。母亲含着泪把他送走，不到两天，又含着泪接他回来。我不明白这都是什么事，而只觉得与他很生疏。与母亲相依为命的是我与三姐。因此，她们做事，我老在后面跟着。她们浇花，我也张罗着取水；她们扫地，我就撮土……从这里，我学得了爱花，爱清洁，守秩序。这些习惯至今还被我保存着。

有客人来，无论手中怎么窘，母亲也要设法弄一点东西去款待。舅父与表哥们往往是自己掏钱买酒肉食，这使她脸上羞得飞红，可是殷勤地给他们温酒做面，又给她一些喜悦。遇上亲友家中有喜丧事，母亲必把大褂洗得干干净净，亲自去贺吊——份礼也许只是两吊小钱。到如今如我的好客的习性，还未全改，尽管生活是这么清苦，因为自幼儿看惯了的事情是不易改掉的。

姑母常闹脾气。她单在鸡蛋里找骨头。她是我家中的阎王。直到我入了中学，她才死去，我可是没有看见母亲反抗过。“没受过婆婆的气，还不受大姑子的吗？命当如此！”母亲在非解释一下不足以平服别人的时候，才这样说。是的，命当如此。母亲活到老，穷到老，辛苦到老，全是命当如此。她最会吃亏。给亲友邻居帮忙，她总跑在前面：她会给婴儿洗三——穷朋友们可以因此少花一笔“请姥姥”钱——她会刮痧，她会给孩子们剃头，她会给少妇们绞脸……凡是她能做的，都有求必应。但是吵嘴打架，永远没有她。她宁吃亏，不逗气。当姑母死去的时候，母亲似乎把一世的委屈都哭了出来，一直哭到坟地。不知道哪里来的一位侄子，声称有承继权，母亲便一声不响，教他搬走那些破桌子烂板凳，而且把姑母养的一只肥母鸡也送给他。

可是，母亲并不软弱。父亲死在庚子闹“拳”的那一年。联军入城，挨家搜索财物鸡鸭，我们被搜两次。母亲拉着哥哥与三姐坐在墙根，等着“鬼子”进门，街门是开着的。“鬼子”进门，一刺刀先把老黄狗刺死，而后入室搜索。他们走后，母亲把破衣箱搬起，才发现了我。假若箱子不空，我早就被压死了。皇上跑了，丈夫死了，鬼子来了，满城是血光火焰，可是母亲不怕，她要在刺刀下，饥荒中，保护着儿女。北平有多少变乱啊，有时候兵变了，街市整条的烧起，火团落在我们院中。有时候内战了，城门紧闭，铺店关门，昼夜响着枪炮。这惊恐，这紧张，再加上一家饮食的筹划，儿女安全的顾虑，岂是一个软弱的老寡妇所能受得起的？可是，在这种时候，母亲的心横起来，她不慌不哭，要从无办法中想出办法来。她的泪会往心中落！这点软而硬的个性，也传给了我。我对一切人与事，都取和平的态度，把吃亏看作当然的。但是,在做人上,我有一定的宗旨与基本的法则,什么事都可将就,而不能超过自己划好的界限。我怕见生人,怕办杂事,怕出头露面;但是到了非我去不可的时候,我便不得不去,正像我的母亲。从私塾到小学,到中学,我经历过起码有廿位教师吧,其中有给我很大影响的,也有毫无影响的,但是我的真正的教师,把性格传给我的,是我的母亲。母亲并不识字,她给我的是生命的教育。

当我在小学毕了业的时候,亲友一致地愿意我去学手艺,好帮助母亲。我晓得我应当去找饭吃,以减轻母亲的勤劳困苦。可是,我也愿意升学。我偷偷地考入了师范学校——制服,饭食,书籍,宿处,都由学校供给。只有这样,我才敢对母亲提升学的话。入学,要交十元的保证金。这是一笔巨款!母亲作了半个月的难,把这巨款筹到,而后含泪把我送出门去。她不辞劳苦,只要儿子有出息。当我由师范毕业,而被派为小学校长,母亲与我都一夜不曾合眼。我只说了句:“以后,您可以歇一歇了!”她的回答只有一串串的眼泪。我入学之后,三姐结了婚。母亲对儿女是都一样疼爱的,但是假若她也有点偏爱的话,她应当偏爱三姐,因为自父亲死后,家中一切的事情都是母亲和三姐共同撑持的。三姐是母亲的右手。但是母亲知道这右手必须割去,她不能为自己的便利而耽误了女儿的青春。当花轿来到我们的破门外的时候,母亲的手就和冰一样的凉,脸上没有血色——那是阴历四月,天气很暖。大家都怕她晕过去。可是,她挣扎着,咬着嘴唇,手扶着门框,看花轿徐徐地走去。不久,姑母死了。三姐已出嫁,哥哥不在家,我又住学校,家中只剩母亲自己。她还须自晓至晚的操作,可是终日没人和她说一句话。新年到了,正赶上政府倡用阳历,不许过旧年。除夕,我请了两小时的假。由拥挤不堪的街市回到清炉冷灶的家中。母亲笑了。及至听说我还须回校,她愣住了。半天,她才叹出一口气来。到我该走的时候,她递给我一些花生,“去吧,小子!”街上是那么热闹,我却什么也没看见,泪遮迷了我的眼。今天,泪又遮住了我的眼,又想起当日孤独的过那凄惨的除夕的慈母。可是慈母不会再候盼着我了,她已入了土!

儿女的生命是不依顺着父母所设下的轨道一直前进的,所以老人总免不了伤心。我廿三岁,母亲要我结了婚,我不要。我请来三姐给我说情,老母含泪点了头。我爱母亲,但是我给了她最大的打击。时代使我成为逆子。廿七岁,我上了英国。为了自己,我给六十多岁的老母以第二次打击。在她七十大寿的那一天,我还远在异域。那天,据姐姐们后来告诉我,老太太只喝了两口酒,很早的便睡下。她想念她的幼子,而不便说出来。

七七抗战后,我由济南逃出来。北平又像庚子那年似的被鬼子占据了,可是母亲日夜惦念的幼子却跑西南来。母亲怎样想念我,我可以想象得到,可是我不能回去。每逢接到家信,我总不敢马上拆看,我怕,怕,怕,怕有那不祥的消息。人即使活到八九十岁,有母亲便可以多少还有点孩子气。失了慈母便像花插在瓶子里，虽然还有色有香，却失去了根。有母亲的人，心里是安定的。我怕，怕，怕家信中带来不好的消息，告诉我已是失了根的花草。

去年一年，我在家信中找不到关于老母的起居情况。我疑虑，害怕。我想象得到，如有不幸，家中念我流亡孤苦，或不忍相告。母亲的生日是在九月，我在八月半写去祝寿的信，算计着会在寿日之前到达。信中嘱咐千万把寿日的详情写来，使我不再疑虑。十二月二十六日，由文化劳军的大会上回来，我接到家信。我不敢拆读。就寝前，我拆开信，母亲已去世一年了！

生命是母亲给我的。我之所以能长大成人，是母亲的血汗灌养的。我之所以能成为一个不十分坏的人，是母亲感化的。我的性格、习惯，是母亲传给的。她一世未曾享过一天福，临死还吃的是粗粮。唉！还说什么呢？心痛！心痛！

白发苏州

余秋雨

作者简介

余秋雨(1946—),文化史学者、散文家、艺术理论家,浙江余姚人。代表作有《文化苦旅》《霜冷长河》《山居笔记》等。

前些年,美国刚刚庆祝过建国二百周年。洛杉矶奥运会的开幕式把他们两个世纪的历史表演得辉煌壮丽。前些天,澳大利亚又在庆祝他们的二百周年,海湾里千帆竞发,确实也激动人心。

与此同时,我们的苏州城,却悄悄地过了自己两千五百周年的生日。时间之长,简直有点让人发晕。

入夜,苏州人穿过两千五百年的街道,回到家里,观看美国和澳大利亚国庆的电视转播。窗外,古城门藤葛垂垂,虎丘塔隐入夜空。

在清理河道,说要变成东方的威尼斯。这些河道船楫如梭的时候,威尼斯还是荒原一片。

苏州是我常去之地。海内美景多得是,惟苏州,能给我一种真正的休憩。柔婉的言语,姣好的面容,精雅的园林,幽深的街道,处处给人以感官上的宁静和慰藉。现实生活常常搅得人心志烦乱,那么,苏州无数的古迹会让你熨帖着历史定一定情怀。有古迹必有题咏，大多是古代文人超迈的感叹，读一读，那种鸟瞰历史的达观又能把你心头的皱褶慰抚得平平展展。看得多了，也便知道，这些文人大多也是到这里休憩来的。他们不想在这儿创建伟业，但在事成事败之后，却愿意到这里来走走。苏州，是中国文化宁谧的后院。

做了那么长时间的后院，我有时不禁感叹，苏州在中国文化史上的地位是不公平的。历来很有一些人，在这里吃饱了，玩足了，风雅够了，回去就写鄙薄苏州的文字。京城史官的眼光，更是很少在苏州停驻。直到近代，吴侬软语与玩物丧志同义。

理由是简明的：苏州缺少金陵王气。这里没有森然殿阙，只有园林。这里摆不开战场，徒造了几座城门。这里的曲巷通不过堂皇的官轿，这里的民风不崇拜肃杀的禁令。这里的流水太清，这里的桃花太艳，这里的弹唱有点撩人。这里的小食太甜，这里的女人太俏，这里的茶馆太多，这里的书肆太密，这里的书法过于流利，这里的绘画不够苍凉遒劲，这里的诗歌缺少易水壮士低哑的喉音。

于是，苏州，背负着种种罪名，默默地端坐着，迎来送往，安分度日。却也不愿重整衣冠，去领受那份王气。反正已经老了，去吃那种追随之苦作甚？

说来话长，苏州的委屈，两千多年前已经受了。

当时正是春秋晚期，苏州一带的吴国和浙江的越国打得难分难解。其实吴、越本是一家，两国的首领都是外来的冒险家。先是越王勾践把吴王阖闾打死，然后又是继任的吴王夫差击败勾践。勾践利用计谋卑怯称臣，实际上发愤图强，终于在十年后卷土重来，成了春秋时代最后一个霸主。这事在中国差不多人所共知，原是一场分不清是非的混战，可惜后人只欣赏勾践的计谋和忍耐，嘲笑夫差的该死。千百年来，勾践的首府会稽，一直被称颂为“报仇雪耻之乡”，那么苏州呢，当然是亡国亡君之地。

细想吴越混战，最苦的是苏州百姓。吴越间打的几次大仗，有两次是野外战斗，一次在嘉兴南部，一次在太湖洞庭山，而第三次，则是勾践攻陷苏州，所遭惨状一想便知。早在勾践用计期间，苏州人也连续遭殃。勾践用煮过的稻子上贡吴国，吴国用以撒种，颗粒无收，灾荒由苏州人民领受；勾践怂恿夫差享乐，亭台楼阁建造无数，劳役由苏州人民承担。最后，亡国奴的滋味，又让苏州人民品尝。

传说勾践计谋中还有重要一项，就是把越国的美女西施进献给夫差，诱使夫差荒淫无度，慵理国事。计成，西施却被家乡来的官员投沉江中，因为她已与“亡国”二字相连，霸主最为忌讳。

苏州人心肠软，他们不计较这位姑娘给自己带来过多大的灾害，只觉得她可怜，真真假假地留着她的大量遗迹来纪念。据说今日苏州西郊灵岩山顶的灵岩寺，便是当初西施居住的所在，吴王曾名之“馆娃宫”。灵岩山是苏州一大胜景，游山时若能遇到几位热心的苏州老者,他们还会细细告诉你,何处是西施洞,何处是西施迹,何处是玩月池,何处是吴王井,处处与西施相关。正当会稽人不断为报仇雪耻的传统而自豪的时候,他们派出的西施姑娘却长期地躲避在对方的山巅。你做王他做王,管它亡不亡,苏州人不大理睬。这也就注定了历代帝王对苏州很少垂盼。

苏州人甚至还不甘心于西施姑娘被人利用后又被沉死的悲剧。明代梁辰鱼(苏州东邻昆山人)作《烷纱记》,让西施完成任务后与原先的情人范蠡泛舟太湖而隐遁。这确实是善良的,但这么一来,又产生了新的麻烦。这对情人既然原先已经爱深情笃,那么西施后来在吴国的奉献就太与人性相背。

前不久一位苏州作家给我看他的一部新作,写勾践灭吴后,越国正等着女英雄西施凯旋,但西施已经真正爱上了自己的夫君吴王夫差,甘愿陪着他一同流放边荒。

又有一位江苏作家更是奇想妙设,写越国隆重欢迎西施还乡的典礼上,人们看见,这位女主角竟是怀孕而来。于是,如何处置这个还未出生的吴国孽种,构成了一场政治、人性的大搏战。许多怪诞的境遇,接踵而来。

可怜的西施姑娘,到今天,终于被当作一个人,一个女性,一个妻子和母亲,让后人细细体谅。

我也算一个越人吧,家乡曾属会稽郡管辖。无论如何,我钦佩苏州的见识和度量。

吴越战争以降,苏州一直没有发出太大的音响。千年易过,直到明代,苏州突然变得坚挺起来。

对于遥远京城的腐败统治,竟然是苏州人反抗得最为厉害。先是苏州织工大暴动,再是东林党人反对魏忠贤,朝廷特务在苏州逮捕东林党人时,遭到苏州全城的反对。柔婉的苏州人这次是提着脑袋、踏着血泊冲击,冲击的对象,是皇帝最信任的“九千岁”。“九千岁”的事情，最后由朝廷主子的自然更替解决，正当朝野上下齐向京城欢呼谢恩的时候，苏州人只把五位抗争时被杀的普通市民，立了墓碑，葬在虎丘山脚下，让他们安享山色和夕阳。

这次浩荡突发，使整整一部中国史都对苏州人另眼相看。这座古城怎么啦？脾性一发让人再也认不出来，说他们含而不露，说他们忠奸分明，说他们报效朝廷，苏州人只笑一笑，又去过原先的日子。园林依然这样纤巧，桃花依然这样灿烂。明代的苏州人，可享受的东西多得很。他们有一大批才华横溢的戏曲家，他们有盛况空前的虎丘山曲会，他们还有了唐伯虎和仇英的绘画。到后来，他们又有了一个金圣叹。

如此种种，又让京城的文化官员皱眉。轻柔悠扬，潇洒倜傥，放浪不驯，艳情漫漫，这似乎又不是圣朝气象。就拿那个名声最坏的唐伯虎来说吧，自称江南第一才子，也不干什么正事，也看不起大小官员，风流落拓，高高傲傲，只知写诗作画，不时拿几幅画到街上出卖。

不炼金丹不坐禅，
不为商贾不耕田，
闲来写幅青山卖，
不使人间造孽钱。

这样过日子，怎么不贫病而死呢！然而苏州人似乎挺喜欢他，亲亲热热叫他唐解元，在他死后把桃花庵修葺保存，还传播一个“三笑”故事让他多一桩艳遇。

唐伯虎是好是坏我们且不去论他。无论如何，他为中国增添了几页非官方文化。人品、艺品的平衡木实在让人走得太累，他有权利躲在桃花丛中做一个真正的艺术家。中国这么大，历史这么长，有几个才子型、浪子型的艺术家怕什么？深紫的色彩层层涂抹，够沉重了，涂几笔浅红淡绿，加几分俏皮洒泼，才有活气，才有活活泼泼的中国文化。

真正能够导致亡国的远不是这些才子艺术家。你看大明亡后，唯有苏州才子金圣叹哭声震天，他因痛哭而被杀。

近年苏州又重修了唐伯虎墓，这是应该的，不能让他们老这么委屈着。

一切都已过去了，不提也罢。现在我只困惑，人类最早的城邑之一，会不会、应不应淹没在后生晚辈的竞争之中？

山水还在，古迹还在，似乎精魂也有些许留存。最近一次去苏州，重游寒山寺，撞了几下钟，因俞樾题写的诗碑而想到曲园。曲园为新开，因有平伯先生等后人捐赠，原物原貌，适人心怀。曲园在一条狭窄的小巷里，由于这个普通门庭的存在，苏州一度成为晚清国学重镇。当时的苏州十分沉静，但无数的小巷中，无数的门庭里，藏匿着无数厚实的灵魂。正是这些灵魂，千百年来，以积聚久远的固执，使苏州保存了风韵的核心。

漫步在苏州的小巷中是一种奇特的经验。一排排鹅卵石,一级级台阶,一座座门庭,门都关闭着,让你去猜想它的蕴藏,猜想它以前、很早以前的主人。想得再奇也不要紧,两千五百年的时间,什么事情都可能发生。

如今的曲园,辟有一间茶室。巷子太深,门庭太小,茶客不多。但一听他们的谈论,却有些怪异。阵阵茶香中飘出一些名字,竟有戴东原、王念孙、焦理堂、章太炎、胡适之。茶客上了年纪,皆操吴侬软语,似有所争执,又继以笑声。几个年轻的茶客听着吃力,呷一口茶,清清嗓子,开始高声谈论陆文夫的作品。

未几,老人们起身了,他们在门口拱手作揖,转过身去,消失在狭狭的小巷里。

我也沿着小巷回去。依然是光光的鹅卵石,依然是座座关闭的门庭。

我突然有点害怕,怕哪个门庭突然打开,涌出来几个人:再是长髯老者,我会既满意又悲凉;若是时髦青年,我会既高兴又不无遗憾。

该是什么样的人?我一时找不到答案。

囚绿记

陆 蠡

作者简介

陆蠡(1908—1942年),原名陆考原,学名陆圣泉,字圣泉。现代著名散文家、作家、革命家、翻译家。代表作有《海星》《囚绿记》《竹刀》等。

这是去年夏间的事情。

我住在北平的一家公寓里。我占据着高广不过一丈的小房间,砖铺的潮湿的地面,纸糊的墙壁和天花板,两扇木格子嵌玻璃的窗,窗上有很灵巧的纸卷帘,这在南方是少见的。

窗是朝东的。北方的夏季天亮得快,早晨五点钟左右太阳便照进我的小屋,把可畏的光线射个满室,直到十一点半才退出,令人感到炎热。这公寓里还有几间空房子,我原有选择的自由的,但我终于选定了这朝东房间,我怀着喜悦而满足的心情占有它,那是有一个小小理由的。

这房间靠南的墙壁上,有一个小圆窗,直径一尺左右。窗是圆的,却嵌着一块六角形的玻璃,并且左下角是打碎了,留下一个大孔隙,手可以随意伸进伸出。圆窗外面长着常春藤。当太阳照过它繁密的枝叶,透到我房里来的时候,便有一片绿影。我便是欢喜这片绿影才选定这房间的。当公寓里的伙计替我提了随身小提箱,领我到这房间来的时候,我瞥见这绿影,感觉到一种喜悦,便毫不犹疑地决定下来,这样了截爽直使公寓里伙计都惊奇了。

绿色是多宝贵的啊!它是生命,它是希望,它是慰安,它是快乐。我怀念着绿色把我的心等焦了。我欢喜看水白,我欢喜看草绿。我疲累于灰暗的都市的天空和黄漠的平原,我怀念着绿色,如同涸辙的鱼盼等着雨水!我急不暇择的心情即使一枝之绿也视同至宝。当我在这小房中安顿下来,我移徙小台子到圆窗下,让我面朝墙壁和小窗。门虽是常开着,可没人来打扰我,因为在这古城中我是孤独而陌生的。但我并不感到孤独。我忘记了困倦的旅程和已往的许多不快的记忆。我望着这小圆洞,绿叶和我对语。我了解自然无声的语言,正如它了解我的语言一样。

我快活地坐在我的窗前。度过了一个月,两个月,我留恋于这片绿色。我开始了解渡越沙漠者望见绿洲的欢喜,我开始了解航海的冒险家望见海面飘来花草的茎叶的欢喜。人是在自然中生长的,绿是自然的颜色。

我天天望着窗口常春藤的生长。看它怎样伸开柔软的卷须,攀住一根缘引它的绳索,或一茎枯枝;看它怎样舒开折叠着的嫩叶,渐渐变青,渐渐变老。我细细观赏它纤细的脉络,嫩芽,我以揠苗助长的心情,巴不得它长得快,长得茂绿。下雨的时候,我爱它淅沥的声音,婆娑的摆舞。

忽然有一种自私的念头触动了我。我从破碎的窗口伸出手去,把两枝浆液丰富的柔条牵进我的屋子里来,教它伸长到我的书案上,让绿色和我更接近,更亲密。我拿绿色来装饰我这简陋的房间,装饰我过于抑郁的心情。我要借绿色来比喻葱茏的爱和幸福,我要借绿色来比喻猗郁的年华。我囚住这绿色如同幽囚一只小鸟,要它为我作无声的歌唱。

绿的枝条悬垂在我的案前了。它依旧伸长,依旧攀缘,依旧舒放,并且比在外边长得更快。我好像发现了一种"生的欢喜",超过了任何种的喜悦。从前我有个时候,住在乡间的一所草屋里,地面是新铺的泥土,未除净的草根在我的床下茁出嫩绿的芽苗,蕈菌在地角上生长,我不忍加以剪除。后来一个友人一边说一边笑,替我拨去这些野草,我心里还以为可惜,倒怪他多事似的。

可是每天早晨,我起来观看这被幽囚的"绿友"时,它的尖端总朝着窗外的方向。甚至于一枚细叶,一茎卷须,都朝原来的方向。植物是多固执啊!它不了解我对它的爱抚,我对它的善意。我为了这永远向着阳光生长的植物不快,因为它损害了我的自尊心。可是我囚系住它,仍旧让柔弱的枝叶垂在我的案前。

它渐渐失去了青苍的颜色,变成柔绿,变成嫩黄;枝条变成细瘦,变成娇弱,好像病了的孩子。我渐渐不能原谅我自己的过失,把天空底下的植物移锁到暗黑的室内;我渐渐为这病损的枝叶可怜,虽则我恼怒它的固执,无亲热,我仍旧不放走它。魔念在我心中生长了。

我原是打算七月尾就回南去的。我计算着我的归期,计算这"绿囚"出牢的日子。在我离开的时候,便是它恢复自由的时候。

卢沟桥事件发生了。担心我的朋友电催我赶速南归。我不得不变更我的计划,在七月中旬,不能再留连于烽烟四逼中的旧都,火车已经断了数天,我每日须得留心开车的消息。终于在一天早晨候到了。临行时我珍重地开释了这永不屈服于黑暗的囚人。我把瘦黄的枝叶放在原来的位置上,向它致诚意的祝福,愿它繁茂苍绿。

离开北平一年了。我怀念着我的圆窗和绿友。有一天,得重和它们见面的时候,会和我面生吗?

我有一个梦想

马丁·路德·金

作者简介

马丁·路德·金(Martin Luther King, Jr, 1929—1968 年),美国黑人民权运动领袖,1964 年获诺贝尔和平奖。1968 年 4 月 4 日遇刺身亡,终年 39 岁。自 1986 年起,美国政府将每年 1 月的第 3 个星期一(马丁·路德·金的诞辰为 1 月 15 日)定为全国纪念日。

一百年前,一位伟大的美国人签署了《解放黑奴宣言》。今天我们就是在他的雕像前集会。这一庄严宣言犹如灯塔的光芒,给千百万在那摧残生命的不义之火中受煎熬的黑奴带来了希望。它之到来犹如欢乐的黎明,结束了束缚黑人的漫漫长夜。

然而一百年后的今天,我们必须正视黑人还没有得到自由这一悲惨的事实。一百年后的今天,在种族隔离的镣铐和种族歧视的枷锁下,黑人的生活备受压榨;一百年后的今天,黑人仍生活在物质充裕的海洋中一个穷困的孤岛上;一百年后的今天,黑人仍然蜷缩在美国社会的角落里,并且意识到自己是故土家园中的流亡者。今天我们在这里集会,就是要把这种骇人听闻的情况公之于众。

就某种意义而言,今天我们是为了要求兑现诺言而汇集到我们国家的首都来的。我们共和国的缔造者草拟宪法和独立宣言时,曾以气壮山河的词句向每一个美国人许下了诺言,他们承诺给予所有的人以不可剥夺的生存、自由和追求幸福

的权利。

就有色公民而论,美国显然没有实践她的诺言。美国没有履行这项神圣的义务,只是给黑人开了一张空头支票,支票上盖着“资金不足”的戳子后便退了回来。但是我们不相信正义的银行已经破产,我们不相信,在这个国家巨大的机会之库里已没有足够的储备。因此今天我们要求将支票兑现——这张支票将给予我们宝贵的自由和正义的保障。

我们来到这个圣地也是为了提醒美国,现在是非常急迫的时刻。现在绝非侈谈冷静下来或服用渐进主义的镇静剂的时候。现在是实现民主的诺言的时候。现在是从种族隔离的荒凉阴暗的深谷攀登种族平等的光明大道的时候,现在是把我们的国家从种族不平等的流沙中拯救出来,置于兄弟情谊的磐石上的时候,现在是向上帝所有的儿女开放机会之门的时候。

如果美国忽视时间的迫切性和低估黑人的决心,那么,这对美国来说,将是致命伤。自由和平等的爽朗秋天如不到来,黑人义愤填膺的酷暑就不会过去。1963年并不意味着斗争的结束,而是开始。有人希望,黑人只要撒撒气就会满足;如果国家安之若素,毫无反应,这些人必会大失所望的。黑人得不到公民的权利,美国就不可能有安宁或平静;正义的光明的一天不到来,叛乱的旋风就将继续动摇这个国家的基础。

但是对于等候在正义之宫门口的心急如焚的人们,有些话我是必须说的。在争取合法地位的过程中,我们不要采取错误的做法。我们不要为了满足对自由的渴望而抱着敌对和仇恨之杯痛饮。我们斗争时必须永远举止得体,纪律严明。我们不能容许我们的具有崭新内容的抗议蜕变为暴力行动。我们要不断地升华到以精神力量对付物质力量的崇高境界中去。

现在黑人社会充满着了不起的新的战斗精神,但是不能因此而不信任所有的白人。因为我们的许多白人兄弟已经认识到,他们的命运与我们的命运是紧密相连的,他们今天参加游行集会就是明证;他们的自由与我们的自由是息息相关的。我们不能单独行动。

当我们行动时,我们必须保证向前进。我们不能倒退。现在有人问热心民权运动的人:“你们什么时候才能满足?”

只要黑人仍然遭受警察难以形容的野蛮迫害,我们就绝不会满足。

只要我们在外奔波而疲乏的身躯不能在公路旁的汽车旅馆和城里的旅馆找到住宿之所,我们就绝不会满足。

只要黑人的基本活动范围只是从少数民族聚居的小贫民区转移到大贫民区,我们就绝不会满足。

只要密西西比仍然有一个黑人不能参加选举,只要纽约有一个黑人认为他投票无济于事,我们就绝不会满足。

不！我们现在并不满足，我们将来也不满足，除非正义和公正犹如江海之波涛，汹涌澎湃，滚滚而来。

我并非没有注意到，参加今天集会的人中，有些受尽苦难和折磨，有些刚刚走出窄小的牢房，有些由于寻求自由，曾在居住地惨遭疯狂的迫害和打击，并在警察暴行的旋风中摇摇欲坠。你们是人为痛苦的长期受难者。坚持下去吧，要坚决相信，忍受不应得的痛苦是一种赎罪。

让我们回到密西西比去，回到亚拉巴马去，回到南卡罗来纳去，回到佐治亚去，回到路易斯安那去，回到我们北方城市中的贫民区和少数民族居住区去，要心中有数，这种状况是能够也必将改变的。我们不要陷入绝望而不可自拔。

朋友们，今天我对你们说，在现在和未来，我们虽然遭受种种困难和挫折，我仍然有一个梦想。这个梦想是深深扎根于美国的梦想中的。

我梦想有一天，这个国家会奋起，真正实现其信条的真谛："我们认为这些真理是不言而喻的——人人生而平等。"

我梦想有一天，在佐治亚的红山上，昔日奴隶的儿子将能够和昔日奴隶主的儿子坐在一起，共叙兄弟情谊。

我梦想有一天，甚至连密西西比州这个正义匿迹，压迫成风的地方，也将变成自由和正义的绿洲。

我梦想有一天，我的四个孩子将在一个不是以他们的肤色，而是以他们的品格优劣来评价他们的国度里生活。

今天，我有一个梦想。

我梦想有一天，亚拉巴马州能够有所转变，尽管该州州长现在仍然满口异议，反对联邦法令，但有朝一日，那里的黑人男孩和女孩将能与白人男孩和女孩情同骨肉，携手并进。

我今天有一个梦想。

我梦想有一天，幽谷上升，高山下降，坎坷曲折之路成坦途，圣光披露，满照人间。

这就是我们的希望。我怀着这种信念回到南方。有了这个信念，我们将能从绝望之岭劈出一块希望之石。有了这个信念，我们将能把这个国家刺耳的争吵声，改变成为一支洋溢手足之情的优美交响曲。

有了这个信念，我们将能一起工作，一起祈祷，一起斗争，一起坐牢，一起维护自由；因为我们知道，终有一天，我们是会自由的。

在自由到来的那一天，上帝的所有儿女们将以新的含义高唱这支歌："我的祖国，美丽的自由之乡，我为您歌唱。您是父辈逝去的地方，您是最初移民的骄傲，让自由之声响彻每个山冈。"

如果美国要成为一个伟大的国家，这个梦想必须实现！让自由之声从新罕布什尔州的巍峨峰巅响起来！让自由之声从纽约州的崇山峻岭响起来！让自由之声从宾夕法尼亚州的阿勒格尼山的顶峰响起来！

让自由之声从科罗拉多州冰雪覆盖的落基山响起来！让自由之声从加利福尼亚州蜿蜒的群峰响起来！不仅如此，还要让自由之声从佐治亚州的石岭响起来！让自由之声从田纳西州的瞭望山响起来！

让自由之声从密西西比的每一座丘陵响起来！让自由之声从每一片山坡响起来！

当我们让自由之声响起来，让自由之声从每一个大小村庄、每一个州和每一个城市响起来时，我们将能够加速这一天的到来，那时，上帝的所有儿女，黑人和白人，犹太教徒和非犹太教徒，耶稣教徒和天主教徒，都将手携手，合唱一首古老的黑人灵歌："终于自由啦！终于自由啦！感谢全能的上帝，我们终于自由啦！"

就任北京大学校长之演说

蔡元培

作者简介

蔡元培(1868—1940年),浙江绍兴人,原籍浙江诸暨,现代教育家,1917—1928年任北京大学校长。教育论著有《蔡元培教育文选》《蔡元培教育论著选》等。

五年前,严几道[①]先生为本校校长时,余方服务教育部,开学日曾有所贡献于同校。诸君多自预科[②]毕业而来,想必闻知。士别三日,刮目相见,况时阅数载[③],诸君较昔当必为长足[④]之进步矣。予今长斯校,请更以三事为诸君告。

一曰抱定宗旨[⑤]。诸君来此求学,必有一定宗旨,欲知宗旨之正大与否,必先知大学之性质。今人肄业[⑥]专门学校,学成任事,此固势所必然。而在大学则不然,大学者,研究高深学问者也。外人每指摘[⑦]本校之腐败,以求学于此者,皆有做官发财思想,故毕业预科者,多入法科,入文科者甚少,入理科者尤少,盖以法科为干禄之终南捷径也[⑧]。因做官心热,对于教员,则不问其学问之浅深,唯问其官阶之大小。官阶大者,特别欢迎,盖为将来毕业有人提携[⑨]也。现在我国精于政法者,多入政界,专任教授者甚少,故聘请教员,不得不聘请兼职之人,亦属不得已之举。究之外人指摘之当否,姑不具论。然弭谤[⑩]莫如自修,人讥我腐败,而我不腐败,问心无愧[⑪],于我何惧(损)?果欲达其做官发财之目的,则北京不少专门学校,入法科者尽可肄业于法律学堂,入商科者亦可投考商业学校,又何必来此大学?所以诸君须抱定宗旨,为求学而来。入法科者,非为做官;入商科者,非为致富。宗旨既定,自趋正轨,诸君肄业于此,或三年,或四年,时间不为不多,苟能爱惜光阴,孜孜[⑫]求学,则其造诣,容有底止[⑬]。若徒志在做官发财,宗旨既乖[⑭],趋向自异。平时则放荡冶游[⑮],考试则熟读讲义,不问学问之有无,唯争分数之多寡;试验既终,书

①严几道:即严复(1853—1921年),几道是他的字,近代启蒙思想家、翻译家,京师大学堂改名为北京大学后的第一任校长。②预科:当时北大设文、法、理、工科和预科。预科相当于北大的附属高中,学制为三年(后改两年),毕业后可免试升入本科。③况时阅数载:况且时间经过几年。阅,经过。④长(cháng)足:形容进展迅速。⑤抱定宗旨:抱定研究学问的宗旨。⑥肄业:在这里是就学的意思。肄,学习。⑦指摘:指出错误,加以批评。⑧盖以法科为干禄之终南捷径也:以,把。干禄,求取功名利禄。禄,古代官吏的俸给。终南捷径,比喻达到目的的便捷途径。⑨提携:比喻在事业上扶植后辈。⑩弭(mǐ)谤(bàng):禁止非议,制止指责议论。弭;消除,平息。⑪问心无愧:指没有做对不起别人的事。⑫孜孜:勤勉。⑬则其造诣,容有底止:学业达到某种程度。容有底止,前途可望。容有,或许能相当深。底止,深的意思。⑭若徒志在做官发财,宗旨既乖:徒,只、仅仅。乖,背离、违背。⑮冶游:同"游冶",四处游玩。

籍束之高阁[1],毫不过问,敷衍三四年,潦草塞(sè)责,文凭到手,即可借此活动于社会,岂非与求学初衷大相背驰乎?光阴虚度,学问毫无,是自误也。且辛亥之役,吾人之所以革命,因清廷官吏之腐败。即在今日,吾人对于当轴多不满意,亦以其道德沦丧[2]。今诸君苟不于此时植其基,勤其学,则将来万一因生计所迫,出而任事,担任讲席,则必贻误[3]学生;置身政界,则必贻误国家。是误人也。误己误人,又岂本心所愿乎?故宗旨不可以不正大。此余所希望于诸君者一也。

二曰砥砺[4]德行。方今风俗日偷[5],道德沦丧,北京社会,尤为恶劣,败德毁行之事[6],触目皆是,非根基深固,鲜[7]不为流俗所染。诸君肄业大学,当能束身自爱。然国家之兴替,视风俗之厚薄。流俗如此,前途何堪设想。故必有卓绝之士,以身作则,力矫颓俗[8]。诸君为大学学生,地位甚高,肩此重任,责无旁贷[9],故诸君不惟思所以感已,更必有以励人。苟德之不修,学之不讲[10],同乎流俗,合乎污世[11],己且为人轻侮,更何足以感人。然诸君终日伏首案前,营营攻苦,毫无娱乐之事,必感身体上之苦痛。为诸君计,莫如以正当之娱乐,易不正当之娱乐,庶于道德无亏[12],而于身体有益。诸君入分科时,曾填写愿书,遵守本校规则,苟中道而违之,岂非与原始之意相反乎?故品行不可以不谨严。此余所希望于诸君者二也。

三曰敬爱师友。教员之教授,职员之任务,皆以图诸君求学便利,诸君能无动于衷乎[13]?自应以诚相待,敬礼有加。至于同学共处一室,尤应互相亲爱,庶可收切磋[14]之效。不唯开诚布公,更宜道义相勖[15],盖同处此校,毁誉共之。同学中苟道德有亏,行有不正,为社会所訾詈,己虽规行矩步,亦莫能辨,此所以必互相劝勉也。余在德国,每至店肆购买物品,店主殷勤款待,付价接物,互相称谢,此虽小节,然亦交际所必需,常人如此,况堂堂大学生乎?对于师友之敬爱,此余所希望于诸君者三也。

余到校视事仅数日,校事多未详悉,兹所计划者二事:一曰改良讲义。诸君既研究高深学问,自与中学、高等不同,不惟恃教员讲授,尤赖一己潜修。以后所印讲义,只列纲要,细微末节,以及精旨奥义,或讲师口授,或自行参考,以期学有心得,能裨实用。二曰添购书籍。本校图书馆书籍虽多,新出者甚少,苟不广为购办,必不足供学生之参考。刻拟筹集款项,多购新书,将来典籍满架,自可旁稽博采,无虞缺乏矣。今日所与诸君陈说者只此,以后会晤日长,随时再为商榷可也。

---

①束之高阁:把东西捆起来,放在高高的架子上面,比喻放在一边不用它,不管它。 ②吾人对于当轴多不满意,亦以其道德沦丧:当轴,旧指当政大臣,比喻居于政要地位。语出《宋史·苏轼传》:"积以论事,为当轴者恨"。以,因为。沦丧,沉没、丧失。 ③贻误:错误遗留下去,使受到坏的影响;耽误。 ④砥砺:砥(dǐ)(旧有读 zhǐ),细的磨刀石。砺,粗磨刀石。此指磨炼。 ⑤日偷:越来越苟且敷衍,只顾眼前。偷,苟且。 ⑥败德毁行:违背道德,败坏品行。败,使败坏。毁,使毁坏。 ⑦鲜:少。 ⑧以身作则,力矫颓俗:则,榜样。力矫颓俗,全力改正不良的风气。矫,改正(矫枉过正)。 ⑨责无旁贷:自己的责任无可推卸。 ⑩苟得之不修,学之不讲:此句为宾语前置句,之的作用是提宾。 ⑪同乎流俗,合乎污世:乎;介词,同"于"。 ⑫庶于道德无亏:庶,期望、希望。 ⑬诸君能无动于衷乎:衷,内心。 ⑭切磋:比喻共同学习,互相研究讨论。 ⑮相勖(xù):相互勉励。

第二单元　文言文鉴赏

寡人之于国也

孟　子

作者简介

孟子(约公元前372—公元前289年),名轲,山东邹城人。古代著名思想家、教育家,战国时期儒家代表人物。著有《孟子》一书,这是一部记录孟子及其弟子言行的著作。孟子继承并发扬了孔子的思想,成为仅次于孔子的一代儒家宗师,有"亚圣"之称,与孔子合称为"孔孟"。

梁惠王[①]曰:"寡人[②]之于国也,尽心焉耳矣[③]。河内[④]凶[⑤],则移其民于河东[⑥],移其粟[⑦]于河内;河东凶亦然[⑧]。察邻国之政,无如[⑨]寡人之用心者。邻国之民不加少[⑩],寡人之民不加多,何也?"

孟子对曰:"王好战[⑪],请以战喻[⑫]。填[⑬]然鼓之[⑭],兵刃既接[⑮],弃甲曳兵[⑯]而走[⑰]。或百步而后止,或[⑱]五十步而后止。以[⑲]五十步笑[⑳]百步,则何如?"

曰:"不可,直[㉑]不百步耳,是[㉒]亦走也。"

曰:"王如知此,则无[㉓]望民之多于邻国也。"

"不违农时[㉔],谷[㉕]不可胜食[㉖]也;数罟不入洿池[㉗],鱼鳖[㉘]不可胜食也;斧斤[㉙]以时[㉚]入山林,材木不可胜用也。谷与鱼鳖不可胜食,材木不可胜用,是使民养生[㉛]丧死[㉜]无憾[㉝]也。养生丧死无憾,王道[㉞]之始也。"

---

①梁惠王:战国时期魏国的国君,姓魏,名罃。魏国都城在大梁,今河南省开封市西北,所以魏惠王又称梁惠王。②寡人:寡德之人,是古代国君对自己的谦称。③焉耳矣:焉、耳、矣都是句末助词,重叠使用,加重语气。④河内:今河南境内黄河以北的地方。古人以中原地区为中心,所以黄河以北称河内,黄河以南称河外。⑤凶:谷物收成不好,荒年。⑥河东:黄河以东的地方,在今山西西南部,黄河流经山西省境,自北而南,故称山西境内黄河以东的地区为河东。⑦粟:谷子,脱壳后称为小米,也泛指谷类。⑧亦然:也是这样。⑨无如:没有像…… ⑩加少:更少。下文"加多",更多。加,副词,更、再。⑪好战:喜欢打仗。战国时期各国诸侯热衷于互相攻打和兼并。⑫请以战喻:让我用打仗来做比喻。请,有"请允许我"的意思。⑬填:拟声词,模拟鼓声。⑭鼓之:敲起鼓来,发动进攻。古人击鼓进攻,鸣锣退兵。鼓,动词。之,没有实在意义的衬字。⑮兵刃既接:两军的兵器已经接触,指战斗已开始。兵,兵器、武器。既,已经。接,接触、交锋。⑯弃甲曳兵:抛弃铠甲,拖着兵器。曳(yè),拖着。⑰走:跑,这里指逃跑。⑱或:有的人。⑲以:凭着,借口。⑳笑:耻笑,讥笑。㉑直:只是、不过。㉒是:代词,这,指代上文"五十步而后止"。㉓无:通"毋",不要。㉔不违农时:指农忙时不要征调百姓服役。违,违背、违反,这里指耽误。㉕谷:粮食的统称。㉖不可胜食:吃不完。胜,尽。㉗数罟不入洿池:这是为了防止破坏鱼的生长和繁殖。数(cù),密。罟(gǔ),网。洿(wū),深。㉘鳖(biē):甲鱼或团鱼。㉙斤:与斧相似,比斧小而刃横。㉚时:时令季节。砍伐树木宜于在草木凋落、生长季节过后的秋冬时节进行。㉛养生:供养活着的人。㉜丧死:为死了的人办丧事。㉝憾:遗憾。㉞王道:以仁义治天下,是儒家的政治主张,与当时诸侯奉行的以武力统一天下的"霸道"相对。

“五亩[1]之宅,树[2]之以桑,五十者可以衣帛[3]矣;鸡豚[4]狗彘[5]之畜[6],无[7]失其时,七十者可以食肉矣;百亩之田[8],勿夺[9]其时,数口之家,可以无饥矣;谨[10]庠序[11]之教[12],申[13]之以孝悌[14]之义[15],颁白[16]者不负戴[17]于道路矣。七十者衣帛食肉,黎民[18]不饥不寒,然而不王[19]者,未之有[20]也。”

“狗彘食人食[21]而不知检[22],涂[23]有饿莩[24]而不知发[25],人死,则曰:‘非我也,岁[26]也。’是何异于刺人而杀之,曰‘非我也,兵也’?王无罪[27]岁,斯[28]天下之民至焉。”

作品赏析

文章运用“引君入彀”的论辩方式,迫使梁惠王承队自己“尽心于国”之举,只是临时应付,不是真正爱民,与邻国之政并无本质区别;还运用“连锁推理”形式,强调了实行道要从不违农时、发展生产、解决百姓最基本的吃穿问题入手;还指出要逐步提高人民的物质生活水平,进而让百姓接受教化,懂得“孝悌之义”,以解决精神文明问题,才能使民心归附,国家兴盛。

文章在写作上结构严谨。孟子的文章从表面看,铺张扬厉,似乎散漫无纪,实则段落分明,层次井然,而且环环相扣,不可分割。这篇文章三部分的末尾,依次用“寡人之民不加多”“则无望民之多于邻国也”“斯天下之民至焉”,既对每一部分的内容起了画龙点睛的作用,又体现了各部分之间的内在联系,把全文各部分连成了一个有机的整体。

本文又运用排比和对偶,来加强文章的气势和节奏感,如“谷不可胜食也”“鱼鳖不可胜食也”“材木不可胜用也”,一连三个“……不可……也”。“五十者可以衣帛矣”,“七十者可以食肉矣”,“颁白者不负戴于道路矣”,一连二个“……者……矣”。这种排比的写法,迭用相同的句式,把文章的气势积蓄起来,加强了论辩的力量。

拓展阅读

【课文写作背景】 战国时期,列国争雄,频繁的战争导致人口大批迁徙伤亡。而当时既无国籍制度,也无移民限制,百姓可以随意地去寻找自己心目中的乐土。哪一个国家比较安定、富强、和乐,百姓就迁到哪个国家为臣民。而一个国家人民的多少也是一个国家稳定繁荣昌盛的标志之一。因此,各个诸侯为称雄,都希望自己的国家人口增多。梁惠王也不例外。《寡人之于国也》选自《孟子·梁惠王上》,是该篇上部分的第三章。据《史记·魏世家》记载,梁惠王三十五年,“卑礼厚币以招贤者”,于是贤者数人中就有孟子不远千里来

①五亩:先秦时五亩约合现在一亩二分多。 ②树:种植。 ③衣帛:穿上丝织品的衣服。衣,用作动词,穿。 ④豚(tún):小猪。 ⑤彘(zhì):猪。 ⑥畜(xù):畜养、饲养。 ⑦无:通“毋”,不要。 ⑧百亩之田:古代实行井田制,一个男劳动力可分得耕田一百亩。 ⑨夺:失,违背。 ⑩谨:谨慎,这里指认真从事。 ⑪庠(xiáng)序:古代的乡学。《礼记·学记》:“古之教者,家有塾,党有庠,术有序,国有学。“家”,这里指“闾”,二十五户人共住一巷称为闾。塾,闾中的学校。党,五百户为党。庠,设在党中的学校。术,同“遂”,一万二千五百家为遂。序,设在遂中的学校。国,京城。学,大学。 ⑫教:教化。 ⑬申:反复陈述。⑭孝悌(tì):敬爱父母和兄长。 ⑮义:道理。 ⑯颁白:头发花白。颁,通“斑”。 ⑰负戴:负,背负着东西。戴,头顶着东西。⑱黎民:百姓。 ⑲王:这里用作动词,为王,称王,也就是使天下百姓归顺。 ⑳未之有:未有之。之,指代“七十者衣帛食肉,黎民不饥不寒,然而不王者”。 ㉑食人食:前一个“食”,动词,吃;后一个“食”,名词,指食物。 ㉒检:制止、约束。 ㉓涂:通“途”,道路。 ㉔饿莩:饿死的人。莩(piǎo),同“殍”,饿死的人。 ㉕发:指打开粮仓,赈济百姓。 ㉖岁:年岁、年成。 ㉗罪:归咎、归罪。 ㉘斯:则、那么。

到魏都大梁。二人一见面，梁惠王就想得到“以利吾国”的良策，孟子则以“何必曰利，亦有仁义而已矣”为对，指出专言求利的严重危害性和躬行仁义的重要意义。二人另一次会面是在禽兽嬉游的池沼边上，梁惠王得意地问孟子：“贤者亦乐此乎?”孟子以“贤者而后乐此，不贤者虽有此不乐也”为对，并通过历史事实的对比，证明了贤者“偕乐”与不贤者“独乐”的不同结果：文王关爱百姓，百姓爱戴他，因而文王能享其乐；夏桀不恤百姓，百姓怨恨他，因而夏桀不能保其乐。正是在接触、交谈的过程中，孟子与梁惠王彼此有了进一步了解，于是有了《寡人之于国也》这篇传诵千古的政事问答。

【孟子的仁政思想】 民本思想：“民为贵，社稷次之，君为轻。事故得乎丘民而为天子，得乎天子为诸侯，得乎诸侯为大夫。”

——选自《孟子·尽心下》

国君应以保民为职分：“乐民之乐者，民亦乐其乐，忧民之忧者民亦忧其忧”，“乐以天下，忧以天下，然而不王者，未之有也”。

——选自《孟子·梁惠王下》

反对不义的战争。孟子说：“春秋无义战。”

——选自《孟子·尽心下》

又说：“得道者多助，失道者寡助。”

——选自《孟子·公孙丑下》

孟子的这一思想，在今天仍有积极的意义和价值。它给我们的启示有：民富才能国强，而民富的前提是休养生息，使民力得以滋繁，创造更多的物质财富；发展经济，振兴教育，使物质文明和精神文明双丰收；人要尊重自然，通过自然的交往性互动，使人与自然协调发展，实现“双赢”；仁义是利益之本。

劝 学

荀 子

作者简介

荀子(约公元前 313—公元前 238 年),名况,字卿,战国末期赵国人,古代的思想家、教育家,是先秦儒家最后的代表,朴素唯物主义思想之集大成者。他强调教育和礼法的作用,主张治理天下既要靠“法制”,又要重视教化兼用“礼”治,强调“行”对于“知”的必要性和后天学习的重要性,认为后天环境和教育可以改变人的本性。荀子的著作有《荀子》二十卷。该书由《论语》《孟子》的语录体,发展为有标题的论文,标志着古代说理文的进一步成熟。他的散文说理透彻,语言质朴,多排比句,又善用比喻。

君子[①]曰:学不可以已[②]。

青,取之于蓝[③],而青于蓝[④];冰,水为之,而寒于水。木直中绳[⑤],輮[⑥]以为轮,其曲中规[⑦]。虽有槁暴[⑧],不复挺[⑨]者,輮使之然也。故木受绳[⑩]则直,金[⑪]就砺[⑫]则利,君子博学而日参省乎己[⑬],则知明而行无过矣。

吾尝终日而思矣[⑭],不如须臾[⑮]之所学也;吾尝跂[⑯]而望矣,不如登高之博见[⑰]也。登高而招,臂非加长也,而见者远[⑱];顺风而呼,声非加疾[⑲]也,而闻者彰[⑳]。假舆[㉑]马者,非利足[㉒]也,而致[㉓]千里;假舟楫者,非能水[㉔]也,而绝[㉕]江河。君子生非异[㉖]也,善假于物[㉗]也。

积土成山,风雨兴焉[㉘];积水成渊,蛟龙生焉;积善成德,而神明[㉙]自得,圣心[㉚]备焉。故不积跬步[㉛],无以至千里;不积小流,无以[㉜]成江海。骐骥[㉝]一跃,不能十步;

---

①君子:指有学问有修养的人。 ②已(yǐ):停止。 ③青,取之于蓝:靛青,从蓝草中取得。青,靛青,一种染料。蓝,也叫蓼(liǎo)蓝,叶子含蓝汁,可以做蓝色染料。于,从。 ④青于蓝:比蓼蓝(更)深。于,比。 ⑤中(zhòng)绳:(木材)合乎拉直的墨线。木工用拉直的墨线来取直。 ⑥輮(róu):通“煣”,用火烤使木条弯曲(的一种工艺)。以,把。为,当作。然,这样。 ⑦规:圆规,测圆的工具。 ⑧虽有(yòu)槁暴(pù):即使又晒干了。有,通“又”。槁,枯。暴,同“曝”,晒干。槁暴,枯干。 ⑨挺:直。 ⑩受绳:用墨线量过。 ⑪金:指金属制的刀剑等。 ⑫就砺:拿到磨刀石上去磨。砺,磨刀石。就,动词,接近、靠近。 ⑬君子博学而日参省乎己:广泛地学习,而且每天再三地对照检查自己。参,一译检验,检查;二译同“叁”,多次。省,省察。乎,介词,于。 ⑭吾尝终日而思矣:我曾经一天到晚地思考。 ⑮须臾(yú):片刻,一会儿。 ⑯跂(qì):抬起脚后跟站着。 ⑰博见:看见的范围广,见得广。 ⑱而见者远:意思是远处的人也能看见。而,表转折。 ⑲疾:这里引申为“洪亮”,指声音宏大。 ⑳彰:明显,清楚。这里指听得更清楚。 ㉑假:凭借,利用。舆:车厢,这里指车。 ㉒利足:善于行走。 ㉓致:到达。 ㉔能水:善于游泳。水,用作动词,游水。 ㉕绝:横渡。 ㉖生非异:本性(同一般人)没有区别。生,通“性”,资质、禀赋, ㉗物:外物,指各种客观条件。 ㉘兴焉:在这里兴起。兴,起。焉,还有下面的“生焉”的“焉”,都是介词兼指示代词,相当于“于此”,译为“从这里”或“在这里”。 ㉙神明:指人的智慧。 ㉚圣心:圣人之心,通明的思想。 ㉛跬(kuǐ):古代的半步。古代称跨出一脚为“跬”,跨两脚为“步”。 ㉜无以:没有用来……的(办法)。 ㉝骐骥:骏马,千里马。

驽马十驾[①]，功在不舍[②]。锲[③]而舍之，朽木不折；锲而不舍，金石可镂[④]。蚓无爪牙之利，筋骨之强，上食埃土，下饮黄泉，用心一也[⑤]。蟹六跪[⑥]而二螯[⑦]，非蛇鳝之穴无可寄托者，用心躁[⑧]也。

作品赏析

《劝学》作为《荀子》的开篇之作，是一篇论述学习的重要意义，劝导人们以正确的目的、态度和方法去学习的散文。从形式上看，《劝学》中的比喻灵巧多样、运用自如，形成整齐而又富于变化的句式，使文章显得错落有致，生气勃勃。再一个特点是大量运用短句排比和正反对比，使文章既富于论辩色彩，又富有文学韵味，甚或有一种音乐的节奏感流动在其中。文章以朴素的唯物主义为理论基础，旁征博引，娓娓说理，反映了先秦儒家在教育方面的某些观点，也体现了荀子文章的艺术风格。

拓展阅读

【荀子的文章特色】 荀子的文章，和其他先秦诸子的哲理散文一样，也是独具风格的。它既不像《老子》那样，用正反相成、矛盾统一的辩证法思想贯穿始终；也不像《墨子》那样，用严密、周详的形式逻辑进行推理；既不像《庄子》那样，海阔天空、神思飞越，富有浪漫主义色彩；也不像《孟子》那样，语言犀利、气势磅礴，具有雄辩家的特点。他是在老老实实地讲述道理。他的文章朴实浑厚、详尽严谨，句式比较整齐，而且擅长用多样化的比喻阐明深刻的道理。这一切构成了荀子文章的特色。有人曾将《荀子》一书概括为“学者之文”，这是十分恰当的评论。

【楚国败亡的根本】 荀子有两个高徒，一个是秦国的丞相李斯，辅佐秦王嬴政翦灭六国，定天下于一统；另一个是韩国的公子韩非，先秦法家的集大成者，著有《韩非子》一书，为秦王赏识。

有一次，李斯向荀子请教说：“孝公任用商鞅变法后，秦国从一个西戎小国变为四海之内最强盛的军事大国，在诸侯国中威望也是最高的。这些都不是通过先生所说的仁义、礼制得到的，不过是看怎样有利于国家就怎样做就行了。先生您对此有什么看法呢？”

荀子面色沉重地答道：“事情并不是你所说的那样。你所说的利并非真正的利，因为这是一时的利；我所说的仁义才是最大的利，而且是延至万世的利。秦国虽然历经几世的强盛，却经常为六国联合起来对抗自己感到忧虑。你眼中的秦国之强不过是时处乱世、一时的用兵得胜罢了，而没有把仁义作为根本。商汤之所以能驱逐夏桀，周武王之所以能够战胜商纣王，都是因为一贯推行仁义、施行教化的结果。礼是治国的最高原则，是使国家富强的根本，同时也是获得威望的途径和建立万世功名的总纲。现在你不遵循根本却追

①驽马十驾：劣马拉车连走十天（也能到达）。“驽马十驾”后漏说一句，可能是“则亦及之”。驽马，劣马。驾，马拉车一天所走的路程叫“一驾”。　②功在不舍：（它的）成功在于不停止。舍，停。　③锲（qiè）：用刀雕刻。　④镂（lòu）：雕刻。　⑤用心一也：（这是）因为用心专一（的缘故）。用，以，因为。　⑥跪：蟹脚。　⑦螯：蟹钳。　⑧躁：浮躁，不专心。

求细枝末节,这正是天下混乱的原因所在。以前的楚国也是与秦国一样强大的大国,楚国人用鲨鱼、犀牛、兕等动物坚硬的厚皮制成铠甲,比金石都还要坚固;又用宛地出产的硬铁制成长矛利戈,被击中的人会如同遭受毒蜂巨蝎蜇刺一样的惨痛。楚国的士兵全副武装,轻便迅捷,来去之速有如飘风。可是在秦楚交战的垂沙之役,楚国上将唐蔑兵败身死,朝中的乱臣庄跻又趁机造反,导致楚国四分五裂,元气大伤。楚国凭借汝、颍二水之自然天险,以宽阔幽深的长江、汉水为城池,以茂密凶险的邓林为屏障,又沿着高大险峻的方城山修筑防御工事抵抗敌国的入侵。楚国的军事实力和军事防御可以说是最先进、最稳固不过的了。然而秦国的军队一到,攻陷楚国的鄢、郢二地就如同摇落朽树上的枯叶那样容易。楚国的失败不是因为没有强大的兵力、坚固的要塞和险峻的地形,而是不以礼义之道治国的缘故。秦国如果执迷不悟地单纯依靠自己的军事实力而不复行礼义,最后也难免重蹈楚国灭亡的覆辙。”

鸿门宴[1]

司马迁

作者简介

司马迁（公元前145—公元前90年），字子长，夏阳（今陕西韩城南）人。西汉伟大的史学家、文学家、思想家。他以其“究天人之际，通古今之变，成一家之言”的史识创作了中国第一部纪传体通史《史记》（原名《太史公书》），被后世尊称为史迁、太史公。

沛公[2]军霸上[3]，未得与项羽相见。沛公左司马[4]曹无伤使人言于项羽曰：“沛公欲王关中[5]，使子婴[6]为相，珍宝尽有之。”项羽大怒曰：“旦日飨[7]士卒，为[8]击破沛公军！”当是时，项羽兵四十万，在新丰鸿门；沛公兵十万，在霸上。范增[9]说项羽曰：“沛公居山东[10]时，贪于财货，好美姬[11]。今入关，财物无所取，妇女无所幸[12]，此其志不在小。吾令人望其气[13]，皆为龙虎，成五采，此天子气也。急击勿失[14]！”

楚左尹项伯[15]者，项羽季父[16]也，素善留侯张良[17]。张良是时从沛公，项伯乃夜驰之沛公军[18]，私见张良，具告以事，欲呼张良与俱去，曰：“毋从俱死也！”张良曰：“臣为韩王送沛公[19]，沛公今事有急，亡去不义，不可不语。”良乃入，具告沛公。沛公大惊，曰：“为之奈何？”张良曰：“谁为大王为此计[20]者？”曰：“鲰生[21]说我曰：‘距[22]关，毋内诸侯[23]，秦地可尽王也。’故听之。”良曰：“料大王士卒足以当[24]项王乎？”沛公默然，曰：“固不如也！且为之奈何？”张良曰：“请往谓项伯，言沛公不敢背项王也。”沛公曰：“君安与项伯有故[25]？”张良曰：“秦时与臣游，项伯杀人，臣活之；今事有急，故幸来告良。”沛公曰：“孰与君少长[26]？”良曰：“长于臣。”沛公曰：“君为我呼

①节选自《史记·项羽本纪》。项羽，名籍，字羽，秦末下相县人。起兵反秦后与刘邦争天下，终于失败自杀。鸿门，地名，今在新丰。 ②沛公：刘邦，生于沛县，起兵于沛县，号称“沛公”。 ③霸上：地名，在今陕西西安东。 ④左司马：官名，将军下面的属官，掌管军事。 ⑤关中：函谷关，在今陕西一带。 ⑥子婴：秦朝最后的国君，在位46天。当时已经投降刘邦。 ⑦飨(xiǎng)：用酒食款待宾客，这里是犒劳的意思。 ⑧为(wèi)：介词，替、给。后省宾语“我”（项羽自称）。 ⑨范增：项羽的主要谋士。 ⑩山东：指函谷关以东地区。 ⑪美姬(jī)：美女。 ⑫幸：封建君主对妾的宠爱叫“幸”。 ⑬望其气：这是迷信，说是“真龙天子”所在的地方，天空中有一种异样的云气，会望气的人能够看出来。 ⑭失：指失去时机。 ⑮楚左尹项伯：项伯，名缠，字伯。左尹，官名。 ⑯季父：叔父。 ⑰素善留侯张良：一向与张良友善。善，友好、交好。张良，字子房，刘邦的主要谋事。刘邦得天下后封他为“留侯”。留，地名，在今江苏沛县东南。 ⑱之沛公军：到刘邦驻军地。之，到。 ⑲臣为韩王送沛公：张良曾劝项梁立韩公子成为韩王。后来张良就做了韩王的申徒。刘邦从洛阳南行，张良率兵随之。刘邦让韩王成留守，自己同张良西入武关。这里张良说“为韩王送沛公”，是向项伯表示他和刘邦的关系。 ⑳此计：指下文“距关，毋内诸侯”的计策。 ㉑鲰(zōu)生：意思是浅陋无知的小人。鲰，浅陋、卑微。 ㉒距：通“拒”，把守的意思。 ㉓毋内诸侯：不要让诸侯进来。内，接纳。诸侯，指其他率兵攻打秦国的人。 ㉔当(dāng)：对等，比得上。 ㉕有故：有旧，有交情。 ㉖孰与君少长(zhǎng)：就是“与君疏少孰长”。

入,吾得兄事之[①]。"张良出,要[②]项伯。项伯即入见沛公。沛公奉卮酒为寿[③],约为婚姻,曰:"吾入关,秋毫不敢有所近[④],籍吏民[⑤],封府库,而待将军[⑥]。所以遣将守关者,备[⑦]他盗之出入与非常[⑧]也。日夜望将军至,岂敢反乎!愿伯具言臣之不敢倍德[⑨]也。"项伯许诺,谓沛公曰:"旦日不可不蚤[⑩]自来谢[⑪]项王。"沛公曰:"诺。"于是项伯复夜去,至军中,具以沛公言报项王,因言曰:"沛公不先破关中,公岂敢入乎?今人有大功而击之,不义也。不如因[⑫]而善遇之。"项王许诺。

沛公旦日从百余骑[⑬]来见项王,至鸿门,谢曰:"臣与将军戮力[⑭]而攻秦,将军战河北,臣战河南[⑮],然不自意[⑯]能先入关破秦,得复见将军于此。今者有小人之言,令将军与臣有郤[⑰]。"项王曰:"此沛公左司马曹无伤言之,不然,籍何以至此?"项王即日因留沛公与饮。项王、项伯东向坐;亚父[⑱]南向坐,——亚父者,范增也;沛公北向坐,张良西向侍[⑲]。范增数目项王,举所佩玉玦[⑳]以示之者三,项王默然不应。范增起,出,召项庄[㉑],谓曰:"君王为人不忍。若入前为寿,寿毕,请以剑舞,因击沛公于坐,杀之。不者,若属[㉒]皆且为所虏!"庄则入为寿。寿毕,曰:"君王与沛公饮,军中无以为乐,请以剑舞。"项王曰:"诺。"项庄拔剑起舞,项伯亦拔剑起舞,常以身翼蔽[㉓]沛公,庄不得击。

于是张良至军门见樊哙[㉔]。樊哙曰:"今日之事何如?"良曰:"甚急!今者项庄拔剑舞,其意常在沛公也。"哙曰:"此迫矣!臣请入,与之同命[㉕]。"哙即带剑拥盾入军门。交戟之卫士[㉖]欲止不内,樊哙侧其盾以撞,卫士仆地,哙遂入,披帷[㉗]西向立,瞋目视项王,头发上指,目眦[㉘]尽裂。项王按剑而跽[㉙]曰:"客何为者?"张良曰:"沛公之参乘[㉚]樊哙者也。"项王曰:"壮士!赐之卮酒!"则与斗卮[㉛]酒。哙拜谢,起,立而饮之。项王曰:"赐之彘肩[㉜]。"则与一生彘肩。樊哙覆其盾于地,加彘肩上[㉝],拔剑切而啖[㉞]之。项王曰:"壮士!能复饮乎?"樊哙曰:"臣死且不避,卮酒安足辞!夫秦王有虎狼之心,杀人如不能举,刑人如恐不胜[㉟],天下皆叛之。怀王[㊱]与诸将约曰:'先破秦入咸阳者王之[㊲]。'今沛公先破秦入咸阳,毫毛不敢有所近,封闭宫室,

---

①兄事之:用对待兄长的礼节侍奉他。 ②要(yāo):通"邀",邀请。 ③奉卮(zhī)酒为奉:奉上一杯酒,祝项伯健康。卮,酒器。 ④秋毫不敢有所近:意思是财物丝毫不敢据为己有。秋毫,鸟兽在秋天初生的细毛,比喻细小的东西。近,接触,沾染。 ⑤籍吏民:登记官吏、人民,就是造官吏名册和户籍册。 ⑥将军:指项羽。 ⑦备:防备。 ⑧非常:指意外的变故。 ⑨倍德:忘恩。倍,通"背"。 ⑩蚤:通"早"。 ⑪谢:道歉。 ⑫因:趁着。 ⑬从百余骑:以一百多人马跟从他。骑,一人一马。 ⑭戮(lù)力:合力。 ⑮将军战河北,臣战河南:秦二世三年(公元前207年),楚怀王命项羽渡黄河救赵,又命刘邦沿黄河南进攻秦。河,黄河。 ⑯意:料想。 ⑰郤(xì):通"隙",隔阂,嫌怨。 ⑱亚父:项羽对范增的尊称,意思是尊敬他仅次于对待父亲。亚,次。 ⑲侍:这里是陪坐的意思。 ⑳玉玦(jué):环形、有缺口的佩玉。"玦"与"决"同音。范增用玦暗示项羽要下决心杀刘邦。 ㉑项庄:项羽的堂弟。 ㉒若属:你们这些人。 ㉓翼蔽:掩护。翼,像翅膀一样。 ㉔樊哙(kuài):刘邦的部下。 ㉕与之同命:跟他同生共死。意思是要守候在刘邦的身边,竭力保护他。之,指刘邦。 ㉖交戟之卫士:拿戟交叉着守卫军门的兵士。 ㉗披帷:掀开帷幕。 ㉘目眦(zì):眼眶。 ㉙按剑而跽(jì):握着剑,跪直身子。这是一种警备的姿势。古人席地而坐,两膝着地,要起身先得挺直上身。 ㉚参乘(cān shèng):亦作"骖乘",古时乘车,站在车右担任警卫的人。乘,四匹马拉的车。 ㉛斗卮:大酒杯。 ㉜彘(zhì)肩:猪的前腿。 ㉝加彘肩上:把猪腿放(在盾)上。 ㉞啖(dàn):吃。 ㉟杀人如不能举,刑人如恐不胜:杀人如恐不能杀尽,处罚人如恐不能用尽酷刑。举、胜,都有"尽"的意思。 ㊱怀王:名心,是战国时楚怀王之孙。项梁起兵,立他为王,也称楚怀王,破秦后,项羽尊他为义帝,后来项羽又令人把他杀了。 ㊲王之:做关中王。之,指以咸阳为中心的关中地带。

还军霸上,以待大王来。故遣将守关者,备他盗出入与非常也。劳苦而功高如此,未有封侯之赏,而听细说[①],欲诛有功之人。此亡秦之续[②]耳,窃为大王不取也[③]!"项王未有以应,曰:"坐!"樊哙从良坐。坐须臾,沛公起如厕[④],因招樊哙出。

沛公已出,项王使都尉陈平[⑤]召沛公。沛公曰:"今者出,未辞也,为之奈何?"樊哙曰:"大行不顾细谨,大礼不辞小让[⑥]。如今人方为刀俎[⑦],我为鱼肉,何辞为[⑧]?"于是遂去。乃令张良留谢。良问曰:"大王来何操[⑨]?"曰:"我持白璧一双,欲献项王,玉斗一双,欲与亚父。会其怒,不敢献。公为我献之。"张良曰:"谨诺[⑩]。"当是时,项王军在鸿门下,沛公军在霸上,相去四十里。沛公则置[⑪]车骑,脱身独骑,与樊哙、夏侯婴、靳强、纪信[⑫]等四人持剑盾步走,从郦山[⑬]下,道[⑭]芷阳[⑮]间行。沛公谓张良曰:"从此道至吾军,不过二十里耳。度我至军中,公乃入。"

沛公已去,间至军中。张良入谢,曰:"沛公不胜杯杓[⑯],不能辞。谨使臣良奉白璧一双,再拜[⑰]献大王足下,玉斗一双,再拜奉大将军[⑱]足下。"项王曰:"沛公安在?"良曰:"闻大王有意督过[⑲]之,脱身独去,已至军矣。"项王则受璧,置之坐上。亚父受玉斗,置之地,拔剑撞而破之,曰:"唉!竖子[⑳]不足与谋!夺项王天下者必沛公也!吾属今为之虏矣!"

沛公至军,立诛杀曹无伤。

作品赏析

鸿门宴是项羽和刘邦在灭秦之后长达五年斗争的开端。虽是开端,却在某种程度上预示了这场斗争的终结。这样说,是因为作者通过对这次宴会全过程(包括会前斗争和会后余波)的描写,生动地揭示了项羽的悲剧性格:他自矜功伐而有"妇人之仁"。这种性格不改变,他就必然以失败告终。而刘邦在宴会上能化险为夷,跟善于利用对方性格弱点也是分不开的。从这段史实可以看出领袖人物的性格在历史发展的重要关头上所起的作用。

在矛盾斗争中刻画人物。作者塑造项羽的形象主要抓住四个问题:是否对刘邦发动进攻;是否在席间杀死刘邦;对樊哙的越礼行为采取什么态度;对刘邦逃席又采取什么态度。这些,上面已有分析。这里附带说说樊哙。樊哙在危急的关头不顾卫士阻拦,闯入中军帐,表现了极大的勇敢。但入帐后的种种行动都是有礼有节的,先"披帷西向立,瞋目视项王",以引起项羽的注意;项羽赐酒,他先拜谢,然后站着喝,随后连生彘肩也吃了;他借机讥讽项王,却又替刘邦求赏,暗寓尊崇项羽之意,这又说明他粗中有细。

---

①细说:小人的谗言。 ②亡秦之续:已亡的秦朝的后继者。意思是重蹈秦朝灭亡的覆辙。 ③窃为大王不取也:私意认为大王不采取(这种做法为好)。窃,常用作表示个人意见的谦辞。 ④如厕:上厕所。如,往。 ⑤陈平:原位项羽的部下,后来成为刘邦的谋士,官至丞相。 ⑥大行不顾细谨,大礼不辞小让:意思是,做大事不必注意细枝末节,行大礼不必讲小的谦让。行,作为。 ⑦刀俎(zǔ):切肉用的刀和板。 ⑧何辞为(wéi):何必告辞呢?为,句末语气助词,常用在疑问句里。 ⑨操:拿,这里是携带。 ⑩谨诺:遵命的意思。谨,表恭敬语气副词。 ⑪置:放弃,丢下。 ⑫夏侯婴、靳(jìn)强、纪信:都是刘邦的部下。⑬郦山:就是骊山,在现在陕西省临潼区东南。 ⑭道:取道。 ⑮芷阳:秦代县名,在现在陕西省西安市东。 ⑯不胜杯杓(sháo):禁不起多喝酒,意思是醉了。杓,酒器。 ⑰再拜:拜两次,古代隆重的礼节。 ⑱大将军:指范增。 ⑲督过:责备。 ⑳竖子:骂人的话,相当于"小子",这里指项羽。

拓展阅读

【继父志,任史官】 司马迁一直准备写一部贯通古今的史书。在父亲的直接教导下,司马迁十岁时便开始学习当时的古文。后来,他又跟着董仲舒学习《春秋》,跟孔安国学习《尚书》。司马迁学习刻苦,进步非常快,极有钻研精神。司马迁的父亲病危时,拉着儿子的手,流着眼泪对他说:"我死了以后,你一定要接着做太史,千万不要忘记我一生希望写出一部通史的愿望。你一定要继承我的事业,不要忘记啊!"这一番谆谆嘱托极大地震动了司马迁,他看到了父亲作为一名史学家难得的使命感和责任感,他也知道父亲将自己毕生未完成的事业寄托在自己的身上。司马迁低着头,流着泪,悲痛而坚定地应允道:"儿子我虽然没有什么才能,但我一定完成您的志愿。"

司马迁做了太史令以后,就有了阅读外面看不到的书籍和重要资料的机会。这为他以后著《史记》提供了良好的条件。可是,资料整理工作非常繁复。由于当时的那些藏书和国家档案都杂乱无序,连一个可以查考的目录也没有,司马迁必须从一大堆的木简和绢书中找线索,去整理和考证史料。司马迁几年如一日,绞尽脑汁,费尽心血,几乎天天都埋头整理和考证史料。司马迁一直记得父亲的遗志,他决心效法孔子编纂《春秋》,写出一部同样能永垂不朽的史著。公元前104年,司马迁在主持历法修改工作的同时,正式动手写他的伟大著作《史记》。

【关于《史记》】 《史记》是我国第一部纪传体通史,记述了自皇帝太初年始大约3000多年间的历史。全书包括12本纪、10表、8书、30世家、70列传共52万余字。"本纪"写历代帝王的兴废和重大的政治事件;"表"是按世代、年、月写成的简明大事记;"书"记各种规章制度;"世家"记叙春秋战国以来各主要诸侯国和汉代所封的诸侯、勋贵的历史;"列传"记贵族、官吏、学者、政治家、军事家、文学家、刺客、游侠、商人等重要历史人物的言行事迹。《史记》以人物为中心,开创了我国古代历史传记文学的先河,塑造了栩栩如生的历史人物群像。

兰亭集序

王羲之

作者简介

王羲之(303—361年),字逸少,琅琊(今属山东临沂)人,后迁会稽山阴(今浙江绍兴),晚年隐居剡县金庭。东晋时期著名书法家,有“书圣”之称。其书法兼善隶、草、楷、行各体,精研体势,心摹手追,广采众长,备精诸体,冶于一炉,摆脱了汉魏笔风,自成一家,影响深远。其代表作《兰亭序》被誉为“天下第一行书”。在书法史上,他与其子王献之合称为“二王”。

永和[1]九年,岁在癸丑,暮春[2]之初,会[3]于会稽[4]山阴[5]之兰亭,修禊事也[6]。群贤[7]毕至[8],少长[9]咸[10]集。此地有崇山峻岭[11],茂林修竹[12],又有清流激湍[13],映带左右[14]。引以为流觞曲水[15],列坐其次[16]。虽无丝竹管弦之盛[17],一觞一咏[18],亦足以畅叙幽情[19]。

是日也[20],天朗气清,惠风[21]和畅[22]。仰观宇宙之大,俯察品类之盛[23],所以[24]游目骋[25]怀,足以极[26]视听之娱,信[27]可乐也。

夫人之相与,俯仰一世[28]。或取诸[29]怀抱,悟言[30]一室之内;或因寄所托,放浪形骸之外[31]。虽趣舍万殊[32],静躁[33]不同,当其欣于所遇,暂[34]得于己,快然自足[35],不知老之将至[36]。及其所之既倦[37],情随事迁[38],感慨系之[39]矣。向[40]之所欣,俯仰之间,

①永和:东晋皇帝司马聃(晋穆帝)的年号,公元345—356年共12年。永和九年上巳节,王羲之与谢安、孙绰等41人举行禊礼,饮酒赋诗,事后将作品结为一集,由王羲之写了这篇序总述其事。　②暮春:阴历三月。暮,晚。　③会:集会。　④会稽(kuài jī):郡名,今浙江绍兴。　⑤山阴:今绍兴越城区。　⑥修禊(xì)事也:(为了)做禊礼这件事。古代习俗,于阴历三月上旬的巳日(魏以后定为三月初三),人们群聚于水滨嬉戏洗濯,以祈福消灾。实际上这是古人的一种游春活动。　⑦群贤:诸多贤士能人。指谢安等32位社会的名流。贤:形容词做名词。　⑧毕至:全到。毕,全、都。　⑨少长:如王羲之的儿子王凝之、王徽之是少;谢安、王羲之等是长。　⑩咸:都。　⑪崇山峻岭:高峻的山岭。　⑫修竹:高高的竹子。修,高高的样子。　⑬激湍:流势很急的水。　⑭映带左右:辉映点缀在亭子的周围。映带,映衬、围绕。　⑮流觞(shāng)曲(qū)水:用漆制的酒杯盛酒,放入弯曲的水道中任其漂流,杯停在某人面前,某人就引杯饮酒。这是古人一种劝酒取乐的方式。流,使动用法。曲水,引水环曲为渠,以流酒杯。　⑯列坐其次:列坐在曲水之旁。列坐,排列而坐。次,旁边、水边。　⑰丝竹管弦之盛:演奏音乐的盛况。盛,盛大。⑱一觞一咏:喝着酒,作着诗。　⑲幽情:幽深内藏的感情。　⑳是日也:这一天。　㉑惠风:和风。　㉒和畅:缓和。　㉓品类之盛:地上万物的繁多。品类,指自然界的万物。　㉔所以:用来。　㉕骋:放开,敞开。　㉖极:穷尽。　㉗信:实在。　㉘夫人之相与,俯仰一世:人与人相交往,很快便度过一生。夫,句首发语词,不译。相与,相处、相交往。俯仰,表示时间的短暂。　㉙取诸:取之于,从……中取得。　㉚悟言:坦诚交谈。悟,通“晤”,指心领神会的妙悟之言。　㉛因寄所托,放浪形骸之外:就着自己所爱好的事物,寄托自己的情怀,不受约束,放纵无羁地生活。因,依、随着。寄,寄托。所托,所爱好的事物。放浪,放纵、无拘束。形骸,身体、形体。　㉜趣(qū)舍万殊:各有各的爱好。趣舍,即取舍,爱好。趣,通“取”。万殊,千差万别。　㉝静躁:安静与躁动。　㉞暂:短暂,一时。　㉟快然自足:感到高兴和满足。然,……的样子。　㊱不知老之将至:(竟)不知道衰老将要到来。语出《论语·述而》:“其为人也,发愤忘食,乐以忘忧,不知老之将至云尔。”　㊲所之既倦:(对于)所喜爱或得到的事物已经厌倦。之,往、到达。　㊳情随事迁:感情随着事物的变化而变化。迁,变化。　㊴感慨系之:感慨随着产生。系,附着。㊵向:过去,以前。

已为陈迹①,犹不能不以之兴怀②。况修短随化③,终期④于尽!古人云:"死生亦大矣⑤!"岂不痛哉!

每览昔人兴感之由,若合一契⑥,未尝不临文嗟悼⑦,不能喻⑧之于怀。固知一死生为虚诞,齐彭殇为妄作⑨。后之视今,亦犹今之视昔,悲夫!故列叙时人⑩,录其所述⑪。虽世殊事异,所以兴怀,其致一也⑫。后之览者⑬,亦将有感于斯文⑭。

作品赏析

本文代表了王羲之散文的风格,笔端富于感情,思绪万千,低回曲折,显而不露,深而不晦,文笔洒脱,流畅自然。虽是书序,作者却善于借题发挥,从一次普通的游宴活动谈到了他的生死观,并以此批判了当时士大夫阶层中崇尚虚无的思想倾向,使全篇在立意上不同凡响。

拓展阅读

【入木三分】 王羲之出身于魏晋名门琅琊王氏,他七岁就以擅长书法而闻名。传说晋帝当时要到北郊去祭祀,让王羲之把祝词写在一块木板上,再派工人雕刻。刻字者把木板削了一层又一层,发现王羲之的书法墨迹一直印到木板里面去了。他削进三分深度才见底,木工惊叹王羲之的笔力雄劲,书法技艺炉火纯青,笔锋力度竟能入木三分。

【巧补春联】 大书法家王羲之每逢除夕都要亲手写春联贴于门外。因为他的字号称"天下第一行书",很多人都想得其字而又难得,所以每年除夕他的春联一贴出,不到半夜,就被人偷偷揭走。这一年,除夕又至,王羲之照旧写了"福无双至,祸不单行"八个字的春联,留下了下半截。想偷对联的人一看此八个字太不吉利,便扫兴而归。到了寅时(凌晨3点~5点),王羲之补了后半截,变成了"福无双至今朝至,祸不单行昨夜行。"第二天一大早,想偷春联的人见春联变了样,皆赞叹不已,拍手叫绝。

---

①陈迹:旧迹。 ②以之兴怀:因它而引起心中的感触。以,因。之,指"向之所欣……已为陈迹"。兴,发生,引起。 ③修短随化:寿命长短听凭造化。化,自然。 ④期:至,及。 ⑤死生亦大矣:死生是一件大事啊。语出《庄子·德充符》。 ⑥契:符契,古代的一种信物。在符契上刻上字,剖而为二,各执一半,作为凭证。 ⑦临文嗟(jiē)悼:读古人文章时叹息哀伤。临,面对。 ⑧喻:明白。 ⑨固知一死生为虚诞,齐彭殇为妄作:本来知道把死和生等同起来的说法是不真实的,把长寿和短命等同起来的说法是妄造的。固,本来,当然。一,把……看作一样;齐,把……看作相等,都用作动词。虚诞,虚妄荒诞的话。殇,未成年死去的人。妄作,妄造、胡说。一生死,齐彭殇,都是庄子的看法,出自《齐物论》。 ⑩列叙时人:逐个记下当时与会的人。 ⑪录其所述:录下他们作的诗。 ⑫其致一也:人们的思想情趣是一样的。 ⑬后之览者:后世的读者。 ⑭斯文:这次集会的诗文。

逍遥游（节选）①

庄　子

作者简介

庄子（约公元前369—公元前286年），名周，字子休（一说子沐），战国时代国蒙（今安徽亳州蒙城东北）人，著名思想家、哲学家、文学家，道家学派的代表人物，老子哲学思想的继承者和发展者，先秦庄子学派的创始人。后世将他与老子并称为“老庄”，称他们的哲学为“老庄哲学”。《庄子》共三十三篇，分“内篇”“外篇”“杂篇”三个部分。

北冥②有鱼，其名为鲲③。鲲之大，不知其几千里也④；化而为鸟，其名为鹏⑤。鹏之背，不知其几千里也；怒⑥而飞，其翼若垂天⑦之云。是鸟也，海运则将徙于南冥⑧。南冥者，天池⑨也。《齐谐》⑩者，志怪⑪者也。《谐》之言曰：“鹏之徙于南冥也，水击⑫三千里，抟扶摇而上⑬者九万里，去以六月息⑭者也。”野马⑮也，尘埃⑯也，生物之以息相吹⑰也。天之苍苍⑱，其正色邪⑲？其远而无所至极邪？其视下也⑳，亦若是则已矣。且夫水之积也不厚㉑，则其负㉒大舟也无力。覆杯水于坳堂之上㉓，则芥㉔为之舟；置杯焉则胶㉕，水浅而舟大也。风之积也不厚，则其负大翼也无力㉖。故九万里，则风斯在下矣㉗，而后乃今培风㉘；背负青天，而莫之夭阏者㉙，而后乃今将图南㉚。蜩与学鸠笑之曰㉛：“我决起㉜而飞，抢榆枋而止㉝，时则㉞不至，而控㉟于

①逍遥游：没有任何束缚、自由自在地活动。逍遥，闲适自得、无拘无束的样子。②北冥：北海，因海水深黑而得名。冥，通“溟”，指广阔幽深的大海。下文的“南冥”和“冥海”都用此意。③鲲（kūn）：本指鱼卵，此处借用为表大鱼之名。这符合庄子的《齐物论》本旨和独特的奇诡文风。④不知其几千里也：不知道它有几千里大。一说“几”本义为极微小，引申为“极为接近”，此处当解释为“尽”；因为《庄子》一书中表数量的词都用“数”，如“数仞”“数金”。⑤鹏：古“凤”字，此处借用为表大鸟之名。⑥怒：通“努”，奋力飞举。⑦垂天：天边。一说“遮天”。垂，通“陲”，边际。⑧海运：海水运动，此处指汹涌的海涛。徙：迁移。⑨天池：天然形成的池子。⑩《齐谐》：志怪小说集。《隋书·经籍志》史部杂传类著录，七卷，题宋散骑侍郎东阳无疑撰。《旧唐志》同，《新唐志》入小说家类。亡于赵宋，遗文散见于《艺文类聚》《法苑珠林》《初学记》《白孔六帖》等类书中，其中《太平广记》《太平御览》征引最多。⑪志怪：记述怪异的故事。志，记载。⑫水击：“击水”一词的倒装，形容大鹏起飞时翅膀拍击水面的壮观景象。⑬抟（tuán）：盘旋上升。扶摇：旋风。⑭去：离开。息：气息，指风。⑮野马：云雾之气变化腾涌成野马的样子。⑯尘埃：空中游尘。⑰以息相吹也：以气息相互吹拂所致。⑱苍苍：深蓝色。⑲其：或许。正色：真正的颜色。邪（yé）：通“耶”，疑问词。⑳其视下也：它（指鹏）向下俯视。㉑且夫：助词，无实义，起提示下文的作用。㉒负：承载。㉓覆：倒。坳（ào）堂：屋前地上的洼坑。㉔芥：小草。㉕置：放。焉：兼词，于此，在这里。胶：动词，粘住地面动不了。㉖则其负大翼也无力：就没有力量托起鹏巨大的翅膀。㉗则风斯在下矣：风就在大鹏的下面（说明风有九万里深厚）。㉘而后乃今：“今而后乃”的倒装。相当于“这时……然后才”。培风：乘风。培，凭。㉙夭（yāo）：挫折。阏（è）：阻碍。㉚图南：图谋飞往南方。㉛蜩（tiáo）：蝉。学鸠（jiū）：斑鸠一类的小鸟。㉜决起：迅速跃起。决（xuè），同“赽”，迅疾。㉝抢：撞到，碰到。一作“枪”。榆枋（fāng）：泛指树木。榆，榆树。枋，檀木。㉞时则：时或。㉟控：投下，落下来。

地而已矣,奚以之九万里而南为[1]?”适莽苍者[2],三餐而反[3],腹犹果然[4];适百里者,宿舂粮[5];适千里者,三月聚粮[6]。之二虫又何知[7]!小知不及大知[8],小年不及大年[9]。奚以知其然也?朝菌不知晦朔[10],蟪蛄不知春秋[11],此小年也。楚之南有冥灵[12]者,以五百岁为春,五百岁为秋;上古有大椿[13]者,以八千岁为春,八千岁为秋。此大年也。而彭祖乃今以久特闻[14],众人匹之[15],不亦悲乎[16]?

汤之问棘也是已[17]:“穷发[18]之北,有冥海者,天池也。有鱼焉,其广数千里,未有知其修[19]者,其名为鲲。有鸟焉,其名为鹏,背若泰山,翼若垂天之云;抟扶摇羊角[20]而上者九万里,绝云气[21],负青天,然后图南,且适南冥也。斥鴳笑之曰[22]:‘彼且奚适也?我腾跃而上,不过数仞[23]而下,翱翔蓬蒿之间[24],此亦飞之至也[25]。而彼且奚适也?’”此小大之辩[26]也。

故夫知效[27]一官,行[28]比一乡,德合一君,而[29]征一国者,其自视[30]也,亦若此[31]矣。而宋荣子犹然笑之[32]。且举世誉之而不加劝[33],举世非之而不加沮[34],定乎内外之分[35],辩乎荣辱之境[36],斯已矣[37]。彼其于世,未数数然[38]也。虽然[39],犹有未树[40]也。夫列子御风而行[41],泠然善也[42],旬有五日而后反[43]。彼于致福[44]者,未数数然也。此虽免乎行,犹有所待[45]者也。若夫乘天地之正[46],而御六气之辩[47],以游无穷[48]者,彼且恶乎待哉[49]?故曰:至人无己[50],神人无功[51],圣人无名[52]。

作品赏析

课文中描写蜩、学鸠时,赋予了它们人的性情——“蜩与学鸠笑之曰:‘我决起而飞,抢榆枋

①奚(xī)以:何必,哪里用得着。之:往。为:句末疑问语气词,相当于“呢”。 ②适:去,往。莽(mǎng)苍:草色苍莽的郊野。 ③三餐:指一天。反:通“返”,返回,下同。 ④犹:还是。果然:饱足的样子。 ⑤宿:隔夜,头一夜。舂(chōng)粮:把谷物的壳捣掉,指准备粮食。 ⑥三月聚粮:准备三个月的粮食。 ⑦之:指示代词,这。二虫:指蜩和学鸠。虫,古代对动物的统称,如大虫指老虎,老虫指老鼠,长虫指蛇。又何知:又怎么会知晓呢。 ⑧小知(zhì):小聪明。知,通“智”,下同。大知:大智慧。 ⑨小年:短命。大年:长寿。 ⑩朝菌:一种朝生暮死的菌类植物。晦(huì)朔(shuò):月亮的盈缺。晦,每月的最后一天。朔,每月的第一天。 ⑪蟪(huì)蛄(gū):寒蝉,春生夏死或夏生秋死。春秋:一整年。 ⑫冥灵:大树名,一说大龟名。 ⑬大椿(chūn):树名。 ⑭彭祖:传说中寿达八百岁的人物。乃今:而今,现在。久:长寿。 ⑮匹之:和他相比。匹,比。 ⑯悲:可悲。 ⑰汤:商朝的建立者。棘:人名,相传是商汤时的大夫。是已:就是这样,表示肯定。 ⑱穷发:草木不生的地方。发,草木。 ⑲修:长。 ⑳羊角:像羚羊角的旋风。 ㉑绝云气:穿越云气。绝,超越。 ㉒斥鴳(yàn):小池泽中的一种小雀。 ㉓仞:古代长度单位。周代以八尺为一仞,汉代以七尺为一仞。 ㉔翱翔蓬蒿(hāo)之间:翱翔在蓬木蒿草之间。 ㉕至:极致。 ㉖辩:通“辨”,区别。 ㉗效:功效,此处引申为胜任。 ㉘行:品行。比:团结。 ㉙而:通“能”,能力。 ㉚其:指上述四种人。自视:看待自己。 ㉛此:指斥鴳。 ㉜宋荣子:战国中期的思想家。犹然:讥笑的样子。 ㉝举:全。誉:赞美。劝:勉励,奋发。 ㉞非:非难,指责。沮:沮丧。 ㉟内:主观。外:客观。分:分际。 ㊱辩:通“辨”,辨明。境:界限。 ㊲斯:这样,如此。已:而已。指宋荣子的智德仅此而已。 ㊳数(shuò)数然:急切追求的样子。 ㊴虽然:即便如此。虽,即使。 ㊵树:树立,建树。 ㊶列子:郑国人,名御寇,战国时代思想家。传说能御风而行。著有《列子》八篇。文段借列子乘风飞行,表明“有待”的道理。御:驾驭。 ㊷泠(líng)然:轻妙的样子。善:美妙。 ㊸旬有(yòu)五日:十五天。旬,十天。有,通“又”。 ㊹致福:得福。 ㊺有所待:有所凭借。待,依靠。庄子的“有待”与“无待”是哲学范畴,指的是事物有否条件性。全句是指列子即使可乘风飞行,也仍然不得不凭借他物。 ㊻若夫:至于。乘:顺。天地之正:天地万物的本性。正,自然本性。 ㊼六气:指阴、阳、风、雨、晦、明。辩:通“变”,变化。与“正”相对。“正”为本根,“辩”为派生。 ㊽以游无穷:行游于绝对自由的境界。无穷,绝对自由的境界。 ㊾恶(wū)乎待哉:还用什么凭借呢?恶,什么。反问句式加强了“无所待”的意义。 ㊿至人:极致的人,庄子心目中境界最高的人。至人、神人、圣人,三者名异实同。无己:指至人破除自我偏执,扬弃小我,摒绝功名束缚的本我,追求绝对自由、通达,物我相忘的境界。 (51)无功:顺应大道不示功名。 (52)无名:不求名望。“至人无己”是庄子体悟的最高人格境界;“神人无功”是庄子无治主义政治观的表达;“圣人无名”是庄子扬弃功名、去除外物束缚的人生追求。

而止，时则不至，而控于地而已矣，奚以之九万里而南为？'"描写活灵活现，生动形象，增强了文章的表达效果。这其实是运用了拟人修辞，也可以看作是一种写作方法。

拓展阅读

庄子生活的年代，正是我国古代社会大变革、大动荡、大战乱的时代。当时周王朝名存实亡，各诸侯国之间的战争愈演愈烈，空前残酷。孟子所说的"争地以战，杀人盈野；争城以战，杀人盈城"(《孟子·离娄上》)就是当时社会现实的真实写照。庄子对这样的社会现实及统治者深为不满，时时进行尖锐的批判，提出沉痛的抗议。他对自己无力改变这样的社会现实心有不甘，想用自己的一套思想和人生观来影响和改造人们。正是在这种情况下，他写出了苦闷心灵的追求之歌《逍遥游》。《逍遥游》是庄子哲学思想的一个重要方面。全篇一再阐述无所依凭的主张，追求精神世界的绝对自由。在庄子的眼里，客观现实中的一事一物，包括人类本身都是对立而又相互依存的，这就没有绝对的自由，要想无所依凭就得无己、无功、无名。因而他希望一切顺乎自然，超脱于现实，否定人在社会生活中的一切作用，把人类的生活与万物的生存混为一体；提倡不滞于物，追求无条件的精神自由。

与妻书

林觉民

作者简介

林觉民(1887—1911年),字意洞,号抖飞,又号天外生,福建福州人。1905年,东渡日本留学,在此期间读了许多革命书报,参加了孙中山领导的中国同盟会。1911年,参加广州起义,不幸因中弹负伤而被俘,英勇就义,牺牲时年仅24岁,为广州辛亥革命七十二烈士之一。著有《禀父书》《与妻书》。

意映卿卿如晤:吾今以此书与汝永别矣!吾作此书时,尚是世中一人;汝看此书时,吾已成为阴间一鬼。吾作此书,泪珠和笔墨齐下,不能竟书而欲搁笔,又恐汝不察吾衷,谓吾忍舍汝而死,谓吾不知汝之不欲吾死也,故遂忍悲为汝言之。

吾至爱汝,即此爱汝一念,使吾勇于就死也。吾自遇汝以来,常愿天下有情人都成眷属;然遍地腥云,满街狼犬,称心快意,几家能彀?司马青衫,吾不能学太上之忘情也。语云:仁者"老吾老,以及人之老;幼吾幼,以及人之幼"。吾充吾爱汝之心,助天下人爱其所爱,所以敢先汝而死,不顾汝也。汝体吾此心,于啼泣之余,亦以天下人为念,当亦乐牺牲吾身与汝身之福利,为天下人谋永福也。汝其勿悲!

汝忆否?四五年前某夕,吾尝语曰:"与使吾先死也,无宁汝先我而死。"汝初闻言而怒,后经吾婉解,虽不谓吾言为是,而亦无词相答。吾之意盖谓以汝之弱,必不能禁失吾之悲,吾先死,留苦与汝,吾心不忍,故宁请汝先死,吾担悲也。嗟夫!谁知吾卒先汝而死乎?

吾真真不能忘汝也!回忆后街之屋,入门穿廊,过前后厅,又三四折,有小厅,厅旁一室,为吾与汝双栖之所。初婚三四个月,适冬之望日前后,窗外疏梅筛月影,依稀掩映;吾与并肩携手,低低切切,何事不语?何情不诉?及今思之,空余泪痕。又回忆六七年前,吾之逃家复归也,汝泣告我:"望今后有远行,必以告妾,妾愿随君行。"吾亦既许汝矣。前十余日回家,即欲乘便以此行之事语汝,及与汝相对,又不能启口,且以汝之有身也,更恐不胜悲,故惟日日呼酒买醉。嗟夫!当时余心之悲,盖不能以寸管形容之。

吾诚愿与汝相守以死,第以今日事势观之,天灾可以死,盗贼可以死,瓜分之日可以死,奸官污吏虐民可以死,吾辈处今日之中国,国中无地无时不可以死。到那时使吾眼睁睁看汝死,或使汝眼睁睁看吾死,吾能之乎?抑汝能之乎?即可不死,而离散不相见,徒使两地眼成穿而骨化石,试问古来几曾见破镜能重圆?则较死为苦也，将奈之何？今日吾与汝幸双健。天下人不当死而死与不愿离而离者，不可数计，钟情如我辈者，能忍之乎？此吾所以敢率性就死不顾汝也。吾今死无余憾，国事成不成自有同志者在。依新已五岁，转眼成人，汝其善抚之，使之肖我。汝腹中之物，吾疑其女也，女必像汝，吾心甚慰。或又是男，则亦教其以父志为志，则吾死后尚有二意洞在也。幸甚，幸甚！吾家后日当甚贫，贫无所苦，清静过日而已。

吾今与汝无言矣。吾居九泉之下遥闻汝哭声，当哭相和也。吾平日不信有鬼，今则又望其真有。今是人又言心电感应有道，吾亦望其言是实，则吾之死，吾灵尚依依旁汝也，汝不必以无侣悲。

吾平生未尝以吾所志语汝，是吾不是处；然语之，又恐汝日日为吾担忧。吾牺牲百死而不辞，而使汝担忧，的的非吾所忍。吾爱汝至，所以为汝谋者惟恐未尽。汝幸而偶我，又何不幸而生今日中国！吾幸而得汝，又何不幸而生今日之中国！卒不忍独善其身。嗟夫！巾短情长，所未尽者，尚有万千，汝可以模拟得之。吾今不能见汝矣！汝不能舍吾，其时时于梦中得我乎？一恸。

辛未三月廿六夜四鼓，意洞手书。

家中诸母皆通文，有不解处，望请其指教，当尽吾意为幸。

作品赏析

这不是一封普通的家书，而是一位革命志士抱着必死的信念，在起义之前写给爱妻的遗言，表达了他对革命的忠诚和对妻子的挚爱，阐明了个人幸福与全民幸福的关系以及个人不顾一切的崇高革命精神，将儿女之情与革命豪情有机地结合在一起，字里行间闪耀着革命志士牺牲一己利益“为天下人谋永福”的光辉思想和高尚情操。

本文综合运用了抒情、记叙、议论三种表达方式。为了抒情，作者很自然地记叙了一些往事。在回忆往事中作者使用了第二人称的写法。比如第三自然段，作者用了“汝忆否？”引起对下文三件事的回忆。第二人称的使用，充分表达了作者对妻子的深情挚爱和不忍离别的内心痛苦。语言情意真切，扣人心弦，读之使人久久不能忘怀。

拓展阅读

1911年，林觉民受同盟会第十四支部派遣回闽，联络革命党人，筹集经费，招募志士赴广州参加起义。1911年4月27日，广州起义爆发。在攻打两广督署衙门的敢死队中就有林觉民。起义失败后，林觉民英勇就义。就在广州起义前三天，即1911年4月24日（夏历三月二十六日）夜，林觉民写下两封绝笔信，一封写给父亲，一封写给妻子。起义失败后，有人秘密将这两封信在半夜塞进林觉民家门缝里，第二天清晨家人才发现这两封信。本文就是写给妻子的那封绝笔书，题目是后人加上的。

第三单元　诗歌鉴赏

《诗经》两首

作者简介

《诗经》是中国文学史上第一部诗歌总集，共收入自西周初年至春秋中叶大约五百多年的诗歌，编成于春秋时代，据说是由儒家创始人孔子编定，本只称《诗》，后被儒家奉为经典之一，故称《诗经》。《诗经》共三大部分，《风》160 篇，《雅》105 篇，《颂》40 篇。《诗经》以四言为主，兼有杂言，在结构上多采用重章叠句的形式加强抒情效果，每一章只变换几个字，却能收到回旋跌宕的艺术效果。在语言上多采用双声叠韵、叠字联绵词来状物、拟声、穷貌。“以少总多，情貌无遗”。

氓

氓之蚩蚩[1]，抱布贸丝[2]。匪来贸丝，来即我谋[3]。送子涉淇[4]，至于顿丘[5]。匪我愆期[6]，子无良媒。将子无怒[7]，秋以为期。

乘彼垝垣[8]，以望复关[9]。不见复关，泣涕涟涟[10]。既见复关，载笑载言[11]。尔卜尔筮[12]，体无咎言[13]。以尔车来，以我贿迁[14]。

桑之未落，其叶沃若[15]。于嗟鸠兮[16]，无食桑葚！于嗟女兮，无与士耽[17]！士之耽兮，犹可说也[18]。女之耽兮，不可说也。

---

①氓：出自《说文》“氓，民也。”本义为外来的百姓，这里指自彼来此之民，男子之代称。蚩（chī）蚩，通“嗤嗤”，笑嘻嘻的样子。一说憨厚、老实的样子。　②贸：交易。抱布贸丝是以物易物。　③“匪来”二句：是说那人并非真来买丝，是找我商量事情来了，所商量的事情就是结婚。匪（fěi），通“非”，不是。即，走近、靠近。谋，商量。　④淇：卫国河名。今河南淇河。　⑤顿丘：地名。今河南清丰。丘，古读如“欺”。　⑥愆（qiān）：过失，过错，这里指延误。这句是说并非我要拖延约定的婚期而不肯嫁，是因为你没有找好媒人。　⑦将（qiāng）：愿，请。无：通“毋”，不要。　⑧乘：登上。垝（guǐ）垣（yuán）：倒塌的墙壁。垝，倒塌。垣，墙壁。　⑨复关：一说“复”是关名。另一种说法，“复关”是地名，指“氓”所居之地。　⑩涕：眼泪。涟涟：泪流不断的样子。她初时不见彼氓回到关门来，以为他负约不来了，因而伤心泪下。　⑪载（zài）：动词词头，无义。　⑫尔卜尔筮（shì）：烧灼龟甲的裂纹以判吉凶，叫作“卜”。用蓍（shī）草占卦叫作“筮”。体：指龟兆和卦兆，即卜筮的结果。　⑬咎（jiù）：不吉利，灾祸。无咎言：就是无凶卦。　⑭贿：财物，指嫁妆，妆奁（lián）。以上四句是说你从卜筮看一看吉凶吧，只要卜筮的结果好，你就打发车子来迎娶，并将嫁妆搬去。　⑮沃若：犹“沃然”，像水浸润过一样有光泽。以上二句以桑的茂盛时期比自己恋爱满足，生活美好的时期。　⑯于嗟鸠兮：于，通“吁”（xū），本义为表示惊怪、不然、感慨等，此处与嗟皆表感慨。鸠，斑鸠。传说斑鸠吃桑葚过多会醉。　⑰耽（dān）：迷恋，沉溺，贪乐太甚。　⑱说：通“脱”，解脱。

桑之落矣，其黄而陨①。自我徂尔②，三岁食贫③。淇水汤汤，④，渐车帷裳⑤。女也不爽⑥，士贰其行⑦。士也罔极⑧，二三其德⑨。

三岁为妇，靡室劳矣⑩。夙兴夜寐，靡有朝矣⑪。言既遂矣⑫，至于暴矣。兄弟不知，咥其笑矣⑬。静言思之⑭，躬自悼矣⑮。

及尔偕老，老使我怨⑯。淇则有岸，隰则有泮⑰。总角之宴⑱，言笑晏晏⑲。信誓旦旦⑳，不思其反㉑。反是不思㉒，亦已焉哉㉓！

作品赏析

《氓》是一首叙事诗。叙事诗有故事情节，在叙事中有抒情、议论。作者用第一人称“我”来叙事，采用回忆追述和对比手法。

第一、二章追述恋爱生活。女主人公“送子涉淇”，又劝氓“无怒”；“既见复关，载笑载言”，是一个热情、温柔的姑娘。

①其黄而陨：犹《裳裳者华》篇的“芸其黄矣”，芸是黄色。陨(yǔn)，坠落、掉下。这里用黄叶落下比喻女子年老色衰。黄，变黄。　②徂尔：嫁到你家。徂(cú)，往。　③食贫：过贫穷的生活。　④汤(shāng)汤：水势浩大的样子。　⑤渐（jiān）：浸湿。帷(wéi)裳(cháng)：车旁的布幔。以上两句是说被弃逐后渡淇水而归。　⑥爽：差错。　⑦贰：“貣(tè)”的误字。“貣”就是“忒”，和“爽”同义。这里指爱情不专一。以上两句是说女方没有过失而男方行为不对。　⑧罔：无，没有；极：标准，准则。⑨二三其德：在品德上三心二意，言行为前后不一致。　⑩靡室劳矣：所有的家庭劳作一身担负无余。靡，无。室劳，家务劳动。　⑪夙兴夜寐，靡有朝矣：就是说起早睡迟，朝朝如此，不能计算了。夙，早。兴，起来。　⑫言既遂矣：“言”字为语助词，无义。既遂，就是《谷风》篇“既生既育”的意思，言愿望既然已经实现。　⑬咥(xì)：笑的样子。以上两句是说兄弟还不晓得我的遭遇，见面时都讥笑我啊。　⑭静言思之：静下心来好好地想一想。言，音节助词，无实义。　⑮躬自悼矣：自身独自伤心。躬，自身。悼，伤心。　⑯及尔偕老，老使我怨：当初曾相约和你一同过到老，偕老之说徒然使我怨恨罢了。　⑰隰(xí)：低湿的地方，当作“湿”，水名，就是漯河，黄河的支流，流经卫国境内。泮(pàn)：通“畔”，水边，边岸。以上二句承上文，以水流必有畔岸，喻凡事都有边际，而自己愁思无尽。言外之意，如果和这样的男人偕老，那就苦海无边了。　⑱总角：古代男女未成年时把头发扎成丫髻，称总角。这里指代少年时代。宴：快乐。　⑲晏晏(yàn)：欢乐、和悦的样子。　⑳旦旦：诚恳的样子。　㉑不思其反：不曾想过会违背誓言。反，即“返”字。　㉒反是不思：违反这些。是，指示代词，指代誓言。是重复上句的意思，变换句法为的是和下句押韵。　㉓已：了结，终止。焉哉：语气词连用，加强语气，表示感叹。末句等于说撇开算了罢！

第三、四、五章追述婚后生活。第三章，以兴起，总述自己得出的生活经验："于嗟女兮，无与士耽！"第四章，以兴起，概说"三岁食贫""士也罔极，二三其德"。

第六章表示"躬自悼矣"后的感受和决心："反是不思，亦已焉哉！"

作者顺着"恋爱—婚变—决绝"的情节线索叙事，通过写女主人公被遗弃的遭遇，塑造了一个勤劳、温柔、坚强的妇女形象，表现了古代妇女追求自主婚姻和幸福生活的强烈愿望。

采　薇①

采薇采薇，薇亦作②止③。曰④归曰归，岁亦莫⑤止。靡⑥室靡家，猃狁之故。不遑⑦启居⑧，猃狁⑨之故。

采薇采薇，薇亦柔⑩止。曰归曰归，心亦忧止。忧心烈烈⑪，载⑫饥载渴。我戍⑬未定，靡使归聘⑭。

采薇采薇，薇亦刚⑮止。曰归曰归，岁亦阳⑯止。王事靡⑰盬⑱，不遑启处⑲。忧心孔⑳疚㉑，我行不来㉒。

彼尔维何？维常㉓之华。彼路斯何㉔？君子㉕之车。戎㉖车既驾，四牡㉗业业㉘。岂敢定居㉙？一月三捷㉚。

驾彼四牡，四牡骙骙㉛。君子所依，小人㉜所腓㉝。四牡翼翼㉞，象弭鱼服㉟。岂不日戒㊱，猃狁孔棘㊲。

昔㊳我往㊴矣，杨柳依依㊵。今我来思㊶，雨雪霏霏㊷。行道迟迟㊸，载渴载饥。我心伤悲，莫知我哀！

作品赏析

这首诗的主题是严肃的。猃狁的凶悍，周朝军士严阵以待，作者以戍役军士的身份描述了军旅的严肃威武、生活的紧张艰辛。作者的爱国情怀是通过对猃狁的仇恨来表现的。更是通过对他们忠于职守的叙述——"不遑启居""不遑启处""岂敢定居""岂不日戒"和他们内心极度思乡的强烈对比来表现的。全诗再衬以动人的自然景物的描写：薇之生，薇之柔，薇之刚，棠棣

---

①薇：野菜名，现在叫野豌豆苗。 ②作：指薇菜冒出地面。 ③止：句末助词，无实意。 ④曰：句首、句中助词，无实意。 ⑤莫：通"暮"。本文指年末。 ⑥靡(mǐ)室靡家：没有正常的家庭生活。靡，无。室，与"家"义同。 ⑦不遑(huáng)：不暇。遑，闲暇。 ⑧启居：跪坐，指休息、休整。启，跪、跪坐。居，安坐、安居。古人席地而坐，两膝着席，危坐时腰部伸直，臀部与足离开；安坐时臀部贴在足跟上。 ⑨猃(xiǎn)狁(yǔn)：中国古代少数民族名。 ⑩柔：柔嫩。"柔"比"作"更进一步生长，指刚长出来的薇菜柔嫩的样子。 ⑪烈烈：炽烈，形容忧心如焚。 ⑫载(zài)饥载渴：则饥则渴、又饥又渴。载……载……，即又……又…… ⑬戍(shù)：防守，这里指防守的地点。 ⑭聘(pìn)：问候的音信。 ⑮刚：坚硬。 ⑯阳：农历十月，小阳春季节。今犹言"十月小阳春"。 ⑰靡：无。 ⑱盬(gǔ)：止息，了结。 ⑲启处：休整，休息。 ⑳孔：甚，很。 ㉑疚：病，苦痛。 ㉒我行不来：我不能回家。来，回家。(一说，我从军出发后，还没有人来慰问过) ㉓常：常棣(棠棣)，既茉苡，植物名。 ㉔路：高大的战车。斯何：犹言维何。斯，语气助词，无实义。 ㉕君子：指将帅。 ㉖戎(róng)：车，兵车。 ㉗牡(mǔ)：雄马。 ㉘业业：高大的样子。 ㉙定居：犹言安居。 ㉚捷：胜利。谓接战、交战。一说，捷，邪出，指改道行军。此句意谓，一月多次行军。 ㉛骙(kuí)：雄强，威武。这里的骙骙是指马强壮的意思。 ㉜小人：指士兵。 ㉝腓(féi)：庇护，掩护。 ㉞翼翼：整齐的样子。谓马训练有素。 ㉟象弭(mǐ)：以象牙装饰弓端的弭。弭，弓的一种，其两端饰以骨角。一说弓两头的弯曲处。鱼服，鲨鱼鱼皮制的箭袋。 ㊱日戒：日日警惕戒备。 ㊲孔棘(jí)：很紧急。棘，急。 ㊳昔：从前，文中指出征时。 ㊴往：当初从军。 ㊵依依：形容柳丝轻柔、随风摇曳的样子。 ㊶思：用在句末，没有实在意义。雨：音同玉，为"下"的意思。 ㊷霏(fēi)霏：雪花纷落的样子。 ㊸迟迟：迟缓的样子。

花开，依依杨柳，霏霏雨雪，都烘托了军士们“日戒”的生活，心里却是思归的情愫，这里写的都是将士们真真实实的思想，忧伤的情调并不降低本篇作为爱国诗篇的价值，恰恰相反是表现了人们的纯真朴实、合情合理的思想内容和情感，也正是这种纯正的真实性，赋予了这首诗强盛的生命力和感染力。

拓展阅读

【孝道篇《蓼莪》】《诗经》中的《蓼莪》之诗感动过后代无数孝子。据《晋书·孝友传》记载，西晋人王裒因父亲无故被朝廷杀害，便隐居不仕，依靠讲学为生。他常常到父亲坟上哭泣，泪水洒到树上，树都为之枯萎了。他母亲生性害怕打雷，每当下雨打雷的时候，他便将门窗关得严严实实的，拉着母亲的手，绝不离开半步。很多年以后，王裒的母亲久病不治，溘然长逝。他悲痛万分，将父母合葬一处，所以每当他授课读到“哀哀父母，生我劬劳”时，他就非常难过，潸然泪下，以至于没有办法教授学生。他的学生担心老师哀伤过度，朗诵《诗经》时，便略过《蓼莪》这一篇。人生百行孝为先，父母深恩大如天。“孝”字乃中华民族的优良传统和美德，王裒用他一生的操行美德塑造了一个完美的孝子形象。他的孝悌之心、忠贞之志，深得历代王朝的推崇和敬仰。因此，王裒的“闻雷泣墓”理所当然地载入了《二十四孝》，成为中华民族精神教育中的传统内容。

【《诗经》的思想内容】《诗经》涉及婚恋、农事、征役、赞颂、怨刺、周族的史诗等，内容丰富多彩。

(1) 婚恋诗。《诗经》是较早较多涉足此题材的，占全书的三分之一，同时也是全书中写得最为精彩的部分。《诗经》中的婚恋诗，无论是写男子悦爱女子，或写女子悦爱男子，或表追求、言思慕、叙幽会、寄怀念，或描述爱情、婚姻的悲剧，莫不丰富多彩，生动活泼，情真意挚，感人肺腑。其中写得最多的是情歌。

(2) 农事诗。由于周族的始祖以农立国，故周代很注重农事，因而与农业生产有关的农事诗在《诗经》中表现很突出，风、雅、颂各部分中均有，如《周颂》中的《臣工》《载芟》《良耜》《噫嘻》等，多赞颂农业成就，夸耀田土广大、农夫众多、收获丰盛，表达祈求丰年的愿望。

(3) 征役诗。这类诗与周王室的平叛、外族入侵和频繁的诸侯兼并战争有关，既有西周初年的，也有西周晚期和春秋时代的，尤以后者为多。这些战争给民众带来了沉重的兵役和徭役，因而反映征战、徭役和离乱给民众带来的灾难和痛苦也就成了《诗经》征役诗中最重要的主题。

(4) 颂歌。《诗经》中出自公卿列士或乐官之手的庙堂及宫廷乐歌多属此类，在《颂》中保存最多，《雅》诗中也有不少。有的颂帝王歌天命，如赞美天道深远、文王德行纯美遗惠子孙的《周颂·维天之命》。

(5)怨刺诗。这类诗主要存于《雅》和《国风》诗中,主要产生于西周末年朝政腐败、礼仪废弛、统治者残暴荒淫的厉、幽时期及其之后,带有乱世的鲜明印记。《雅》中的怨刺诗多为公卿列士的讽喻劝戒之作。

(6)周族的史诗。《诗经·大雅》保存了五首古老的周族史诗《生民》《公刘》《绵》《皇矣》《大明》,记述了从周始祖后稷诞生到武王灭商的一些传说和英雄史迹,以粗线条较完整地勾画出周族发祥、创业、建国、兴盛的光辉历史。

离骚①（节选）

屈　原

作者简介

屈原（公元前 340—公元前 278 年），出生于楚国丹阳（今湖北秭归），楚武王熊通之子屈瑕的后代。芈姓，屈氏，名平，字原；又自云名正则，字灵均，战国时期楚国诗人、政治家。历史上第一位伟大的爱国诗人，浪漫主义文学的奠基人，被誉为"中华诗祖""辞赋之祖"，被后人称为"诗魂"。他是"楚辞"的创立者和代表作者，开辟了"香草美人"的传统。他的作品有《离骚》《天问》《九歌》等。其中《离骚》是屈原的代表作，也是中国古代文学史上最长的一首浪漫主义的政治抒情诗。屈原的出现，标志着中国诗歌进入了一个由集体歌唱到个人独创的新时代 。

长太息②以掩涕兮，哀民生③之多艰。余虽好修姱以鞿羁兮，謇朝谇而夕替④。既替余以蕙纕兮，又申之以揽茝⑤。亦余心之所善兮，虽九死其犹未悔。怨灵修⑥之浩荡⑦兮，终不察夫民心。众女嫉余之蛾眉兮，谣诼谓余以善淫⑧。固时俗之工巧兮，偭规矩而改错⑨。背绳墨以追曲兮，竞周容以为度⑩。忳郁邑余侘傺兮，吾独穷困乎此时也⑪。宁溘死⑫以流亡兮，余不忍为此态也。鸷鸟⑬之不群兮，自前世而固然。何方圜之能周兮？夫孰异道而相安⑭？屈心而抑志兮，忍尤而攘诟⑮。伏清白

---

①《离骚》是《楚辞》的代表作，共 373 句，是我国古代最长的抒情诗。"离骚"的含义，有的说是离愁，有的说是遭忧，还有的说是楚地的古乐曲名。②太息：叹息。③民生：百姓的生活。一作"人生"。④余虽好（hào）修姱（kuā）以鞿（jī）羁兮，謇（jiǎn）朝谇（suì）而夕替：我虽然崇尚美德而约束自己啊，可早上进谏而晚上即遭到贬黜。好，爱慕、崇尚。修姱，修洁而美好。鞿羁，喻指束缚、约束。鞿，马缰绳。羁，马笼头。謇，古楚语的句首语气词。谇，谏诤。替，废弃、贬斥。⑤既替余以蕙纕（xiāng）兮，又申之以揽茝（chǎi）：既因为我用香蕙作佩带而贬黜我啊，又因为我采集白芷而给我加上罪名。替，废弃。蕙，香草名，也叫"薰草"，俗名"佩兰"。纕，佩带。申，加上。揽，采集。茝，香草名，即白芷。蕙纕、揽茝，比喻高尚的德行。⑥灵修：神仙，这里指怀王。⑦浩荡：荒唐，没有准则。⑧众女嫉余之蛾眉兮，谣诼（zhuó）谓余以善淫：许多女人嫉妒我秀美的蛾眉啊，诽谤我好做淫荡之事。众女，喻指许多小人。蛾眉，喻指高尚德行。谣诼，造谣、诽谤。淫，淫荡。⑨固时俗之工巧兮，偭（miǎn）规矩而改错：世俗本来就适合投机取巧啊，违背规矩而任意改变。固，本来。时俗，世俗。工巧，善于取巧。偭，背向，引申为违背。错，通"措"，措施。⑩背绳墨以追曲兮，竞周容以为度：违背准绳而随意歪曲啊，竟相把苟合取悦于人奉作法度。绳墨，木匠画直线用的工具，俗称墨斗，比喻准绳、准则。周容，苟合取容。度，法度、准则。⑪忳（tún）郁邑余侘傺（chà chì）兮，吾独穷困乎此时也：烦闷失意啊，只有我在此时走投无路。忳郁邑，强调郁闷之深切。忳，忧闷。郁邑，通"郁悒"，忧愁苦闷。侘傺，失意的样子。穷困，（路）阻塞不通，引申为走投无路的意思。⑫溘（kè）死：突然死去。溘，突然、忽然。⑬鸷（zhì）鸟：鸷，凶猛的鸟，指鹰、雕等。鸟，这里指一般的鸟。⑭何方圜（yuán）之能周兮？夫孰异道而相安：哪有圆凿和方枘能够相合的啊？哪有道不同能够相安的？圜，通"圆"。周，合。孰，何。异道，不同道。⑮屈心而抑志兮，忍尤而攘诟（gòu）：受着委屈而压抑着意志啊，忍受着责骂和侮辱。尤，责骂。攘，忍受。诟，侮辱。

以死直兮,固前圣之所厚[①]。

悔相道之不察兮,延伫乎吾将反[②]。回朕车以复路兮,及行迷之未远[③]。步余马于兰皋兮,驰椒丘且焉止息[④]。进不入以离尤兮,退将复修吾初服[⑤]。制芰荷以为衣兮,集芙蓉以为裳[⑥]。不吾知其亦已兮,苟余情其信芳[⑦]。高余冠之岌岌兮,长余佩之陆离[⑧]。芳与泽其杂糅兮,唯昭质其犹未亏[⑨]。忽反顾以游目兮,将往观乎四荒[⑩]。佩缤纷其繁饰兮,芳菲菲其弥章[⑪]。民生各有所乐兮,余独好修以为常[⑫]。虽体解吾犹未变兮,岂余心之可惩[⑬]。

作品赏析

诗人展开丰富的想象,用"蕙""茝""鸷鸟""兰"等作比,意象华美,使人不只感受到花草的色香,更能被一种深远的意境所吸引,这些生长在国荒地的幽花香草把人们的心情引到奇丽的幻想境界。诗人用它们象征自己高洁的品德,通过披戴、亲近它们写出了诗人高大方洁的感人形象。

借"香草美人"抒怀是中国古代诗词文赋中极其多见的一种手法,而这种手法是始于屈原的,《离骚》发展了《诗经》赋、比、兴的表现手法,把神话传说和人物、花草、自然景象等都人格化了,并和现实生活紧密联系起来,借以抒发诗人崇高的理想和爱国的热情。这种托物喻志的手法,为后代诗人作家所普遍借鉴,成为我国诗歌的抒情传统。

①伏清白以死直兮,固前圣之所厚:保持清白而献身正道啊,本来是古代圣贤所推崇的。伏,守、保持。 ②悔相道之不察兮,延伫乎吾将反:后悔选择道路时没有看清啊,我久久伫立而想返回。相道,观察、选择道路。延,久久。伫,久立。反,返回。 ③回朕车以复路兮,及行迷之未远:掉转我的车子返回原路,趁着迷途还不算远。朕,第一人称代词(自秦始皇起专用作皇帝的自称)。复路,回原路。及,趁着。行迷,走迷了路。 ④步余马于兰皋兮,驰椒丘且焉止息:赶着我的马车缓缓走在长着兰草的水边高地啊,疾驰到长着椒树的山冈暂且休息。驰,快跑。焉,于彼,在那里。止息,停下来休息。 ⑤进不入以离尤兮,退将复修吾初服:到朝廷做官而不被(君王)接纳,又遭受指责啊,就退隐了,重新整理我当初的衣服。不久,不被君王所用。离,通"罹",遭受。初服,指未出仕前的服饰,比喻原先的志向。 ⑥制芰(jì)荷以为衣兮,集芙蓉以为裳:裁剪荷叶做上衣啊,缀缝荷花花瓣做下装。芰荷,荷叶。芙蓉,荷花。 ⑦不吾知其亦已兮,苟余情其信芳:不了解我也罢了啊,只要我本心确实是美好的,不吾知,即"不知吾"。亦已兮,也就算了啊。苟,只要。信,确实。芳,美好。 ⑧高余冠之岌岌(jí)兮,长余佩之陆离:再加高我高高的帽子啊,再加长我长长的佩带。高、长,用做动词。岌岌,高耸的样子。陆离,修长的样子。 ⑨芳与泽其杂糅兮,唯昭质其犹未亏:(因为)我的芳香和光泽杂糅在一起啊,(所以)唯独我光明纯洁的品质还没有亏损。芳,芳香。泽,光泽。昭质,光明纯洁的本质。 ⑩忽反顾以游目兮,将往观乎四荒:忽然回头放眼远眺啊,将去看看四方广大的土地。反顾,回头看。游目,放眼观望。四荒,指辽阔的大地。 ⑪佩缤纷其繁饰兮,芳菲菲其弥章:佩戴上缤纷多彩的服饰啊,菲菲芳香更加显著。缤纷,繁多。繁饰,众多装饰品。芳菲菲,服饰品之芳香浓烈。弥章,更加明显。章,通"彰"。 ⑫民生各有所乐兮,余独好修以为常:人生各有各的乐趣啊,我独爱美,并且习以为常。好修,爱美,比喻修身养性。以为常,认为是常规。 ⑬虽体解吾犹未变兮,岂余心之可惩:即使被肢解我还是不会改变啊,难道我的志向是可以因受挫而改变的吗?惩,受创而改变。

拓展阅读

【关于《楚辞》】《楚辞》是我国第一部烂漫主义诗歌总集。由于诗歌的形式是在楚国民歌的基础上加工形成的，篇中又大量引用楚地的风土物产和方言词汇，所以叫“楚辞”。《楚辞》主要是屈原的作品，其代表作是《离骚》，后人因此又称“楚辞”为“骚体”。西汉末年，刘向搜集屈原、宋玉等人的作品，辑录成集。《楚辞》对后世文学影响深远，不仅开启了后来的赋体，而且影响历代散文创作，是我国积极浪漫主义诗歌创作的源头。楚辞的主要作者是屈原，他创作了《离骚》《九歌》《九章》《天问》等不朽的作品。在屈原的影响下，楚国又产生了宋玉、唐勒、景差等楚辞作者。现存《楚辞》总集中，主要是屈原和宋玉的作品，唐勒、景差的作品大都未能流传下来。

【端午节的来历】　每年的农历五月初五这一天，我们有吃粽子、划龙舟的习俗，它的由来都和历史故事屈原投江有关。公元前304年的战国时代，屈原出生在楚国的一个贵族家庭里。青年的他就有着出色的才干，踏进楚国朝廷不久，便受到楚怀王赏识，当了“左徒”这一仅次于宰相的大官。他倡导举贤授能，富国强兵，同时主持外交事务，力主联齐抗秦，在他的努力下楚国的实力明显增加，但他的改革触动了贵族的利益，同时由于自身性格耿直加之他人谗言与排挤，屈原逐渐被楚怀王疏远。公元前305年，屈原反对楚怀王与秦国订立黄棘之盟，但是楚怀王不顾屈原的反对还是彻底投入了秦国的怀抱，并把屈原逐出郢都，流放到汉北。流放期间，屈原走遍了现在的湖南、湖北等许多地方，切身感受到了百姓的疾苦，写下了许多充满爱国忧民感情的诗篇，创作了大量反映民间疾苦的作品，如《天问》《九歌》《离骚》等不朽的诗篇。公元前278年，秦国大将白起挥兵南下，秦军攻破楚国京都。屈原眼看自己的祖国被侵略，心如刀割，但是始终不忍舍弃自己的祖国。农历五月初五，在写下了绝笔作《怀沙》之后，屈原披头散发，赤着双脚，怀着对祖国的无比留恋和对楚怀王的无比遗憾，怀着对奸臣的无比愤恨，缓缓来到汨罗江边，抱起一块石头，纵身投入江里自尽了，以自己的生命谱写了一曲壮丽的爱国主义乐章。

屈原死后,楚国百姓哀痛异常,纷纷涌到汨罗江边去凭吊屈原。渔夫们划起船只,在江上来回打捞他的真身。有位渔夫拿出为屈原准备的饭团、鸡蛋等食物,“扑通、扑通”地丢进江里,说是让鱼、龙虾、蟹吃饱了,就不会去咬屈大夫的身体了,人们见后纷纷仿效。传说,一位老医师则拿来一坛雄黄酒倒进江里,说是要药晕蛟龙水兽,以免伤害屈大夫。后来为怕饭团为蛟龙所食,人们想出用楝树叶包饭,外缠彩丝,发展成粽子。

以后,在每年的农历五月初五,就有了龙舟竞渡、吃粽子、喝雄黄酒的风俗。后来这习俗传遍了全国,甚至还传到了朝鲜、日本、东南亚各国。

孔雀东南飞 并序[①]

作品简介

《孔雀东南飞》是中国文学史上第一部长篇叙事诗，后人将它与北朝的《木兰诗》并称为"乐府双璧"。取材于东汉献帝年间发生在庐江郡(今安徽怀宁、潜山一带)的一桩婚姻悲剧。原题为《古诗为焦仲卿妻作》，因诗的首句为"孔雀东南飞，五里一徘徊"，故又有此名。

全诗300余句，1 700余字。主要叙述了焦仲卿、刘兰芝夫妇被迫分离并双双自杀的故事，控诉了封建礼教的残酷无情，歌颂了焦刘夫妇的真挚感情和反抗精神。

汉末建安中[②]，庐江[③]府小吏[④]焦仲卿妻刘氏，为仲卿母所遣[⑤]，自誓不嫁。其家逼之，乃投水而死。仲卿闻之，亦自缢[⑥]于庭树。时人伤之，为诗云尔[⑦]。

孔雀东南飞，五里一徘徊[⑧]。

"十三能织素[⑨]，十四学裁衣，十五弹箜篌[⑩]，十六诵诗书[⑪]。十七为君妇，心中常苦悲。君既为府吏，守节情不移[⑫]。贱妾[⑬]留空房，相见常日稀。鸡鸣入机织，夜夜不得息。三日断[⑭]五匹，大人故嫌迟[⑮]。非为织作迟，君家妇难为[⑯]！妾不堪驱使，徒留无所施[⑰]。便可白公姥[⑱]，及时相遣归。"

府吏得闻之，堂上启[⑲]阿母："儿已薄禄相[⑳]，幸复得此妇，结发同枕席，黄泉共为友[㉑]。共事二三年，始尔未为久[㉒]。女行无偏斜，何意致不厚[㉓]？"

---

①选自南朝陈徐陵编《玉台新咏》。原题为"古诗为焦仲卿妻作"，这里沿用后人常用的题目。这是我国古代汉民族最长的叙事诗，作者不详。　②建安中：建安年间(196—219年)。建安，东汉献帝刘协的年号。　③庐江：汉代郡名，郡城在今安徽潜山一带。　④府小吏：太守衙门里的小官吏。　⑤遣：女子出嫁后被夫家休弃回娘家。　⑥缢(yì)：吊死。　⑦时人伤之，为诗云尔：当时的人哀悼他们，写了这样一首诗。云尔，句末语气词。　⑧孔雀东南飞，五里一徘徊：孔雀向东南飞，每飞五里，就流连一阵。徘徊(pái huái)，来回走动。汉代乐府诗常以飞鸟徘徊起兴，以写夫妇离别。　⑨素：白绢。这句话开始到"及时相遣归"是兰芝对仲卿说的。　⑩箜篌(kōng hóu)：古代的一种弦乐器，形如筝、瑟。　⑪诗书：原指《诗经》和《尚书》，这里泛指儒家的经书。　⑫守节情不移：遵守府里的规则，专心不移。　⑬妾：旧时妇女谦卑的自称。　⑭断：(织成一匹)截下来。　⑮大人故嫌迟：婆婆仍旧嫌我织得慢。大人，对长辈的尊称，这里指婆婆。故，仍旧。　⑯非为织作迟，君家妇难为：(其实)并不是织得慢，你家的媳妇难做啊！　⑰妾不堪驱使，徒留无所施：我既然担当不了你家的使唤，白白留着也没什么用。不堪，不能胜任。驱使，使唤。施，用。　⑱便可白公姥(mǔ)：你就可以禀告婆婆。白，告诉、禀告。公姥，公公和婆婆，这里是偏义复词，专指婆婆。　⑲启：告诉，禀告。　⑳薄禄相：官禄微薄的相貌。　㉑结发同枕席，黄泉共为友：两人结为夫妇，相亲相爱地过活；死后在地下，也相依为伴。结发，指成婚之夕，男左女右共髻束发。黄泉，指人死后埋葬的地方，在迷信中指所谓阴间。　㉒共事二三年，始尔未为久：(我们)在一起过日子不过两三年，(婚姻生活)才开头，还不算很久。尔，语气助词。　㉓女行无偏斜，何意致不厚：这个女子的行为并没有什么不正当，哪里想到会招来(母亲)不满意呢？何意，谁能料到。致，招致、招来。

阿母谓府吏:“何乃太区区[1]!此妇无礼节,举动自专由[2]。吾意久怀忿[3],汝岂得自由[4]!东家[5]有贤女,自名秦罗敷[6],可怜体无比[7],阿母为汝求。便可速遣之,遣去慎莫留!”

府吏长跪告:“伏惟[8]启阿母,今若遣此妇,终老不复取!”

阿母得闻之,槌床[9]便大怒:“小子无所畏,何敢助妇语!吾已失恩义,会不相从许!”

府吏默无声,再拜还入户。举言谓新妇[10],哽咽不能语:“我自不驱卿[11],逼迫有阿母。卿但暂还家,吾今且报府[12]。不久当归还,还必相迎取[13]。以此下心意[14],慎勿违吾语。”

新妇谓府吏:“勿复重纷纭[15]。往昔初阳岁[16],谢家来贵门[17]。奉事循公姥,进止敢自专[18]?昼夜勤作息[19],伶俜萦苦辛[20]。谓言[21]无罪过,供养卒大恩[22];仍更被驱遣,何言复来还!妾有绣腰襦[23],葳蕤自生光[24];红罗复斗帐,四角垂香囊[25];箱帘六七十,绿碧青丝绳[26],物物各自异,种种在其中。人贱物亦鄙,不足迎后人[27],留待作遗施[28],于今无会因[29]。时时为安慰,久久莫相忘!”

---

①区区:愚拙。 ②举动自专由:一举一动完全凭(她)自己的意思。 ③吾意久怀忿:我早就憋了一肚子气。忿,怒。 ④自由:自作主张。 ⑤东家:泛指邻近人家。 ⑥秦罗敷:“秦”是古诗中美女常用的姓。“罗敷”是古代美女的通名。 ⑦可怜体无比:姿态可爱无比。可怜,可爱。体,体态。 ⑧伏惟:古代下级对上级或小辈对长辈说话表示恭敬的习惯用语。 ⑨槌床:用拳头敲着坐具。床,古代坐具。 ⑩举言谓新妇:张嘴对妻子说话。举言,开口讲话。新妇,对妻子的称呼。下文中“新妇初来时,小姑始扶床”里的“新妇”是年轻妇女对夫家的长辈或平辈的自称。 ⑪卿:这里是丈夫对妻子的爱称。 ⑫报府:赴府,到庐江太守府里去办事。 ⑬迎取:迎接你回家。 ⑭以此下心意:为了这个,你就受些委屈吧。下心意,有耐心受委屈的意思。下,这里是使动用法。 ⑮勿复重(chóng)纷纭:不要再添麻烦吧。也就是说,不必再提接回来的话了。 ⑯初阳岁:冬至以后,立春以前。 ⑰谢家来贵门:离开自己的家,嫁到你府上。谢:辞别。 ⑱奉事循公姥,进止敢自专:一切行事都顺着公婆的意思,一举一动,哪里敢自作主张? ⑲作息:原意是工作和休息,这里是偏义复词,专指工作。 ⑳伶俜(pīng)萦(yíng)苦辛:孤孤单单,受尽辛苦折磨。伶俜,孤单的样子。萦,缠绕。 ㉑谓言:以为。 ㉒供养卒大恩:终身侍奉婆婆,报答大恩。卒,尽、终。 ㉓绣腰襦(rú):绣花的齐腰短袄。 ㉔葳蕤(wēi ruí)自生光:(袄上刺绣)繁多而艳丽,自然发出光彩。葳蕤,繁盛的样子。这里形容刺绣的花叶繁多而美丽。 ㉕红罗复斗帐,四角垂香囊:双层红色纱罗做的帐子,四角挂着香袋。复,双层。斗帐,帐子像倒置的斗的样子,所以称为“斗帐”。 ㉖箱帘六七十,绿碧青丝绳:盛衣服的箱子有六七十只,都用碧绿的青丝绳捆着。箱,衣箱。帘,通“奁”,古代妇女梳妆用的镜匣。六七十,形容多。 ㉗后人:指府吏将来再娶的妻子。 ㉘遗(wèi)施:赠送,施与。 ㉙于今无会因:从此再没有会面的机会了。

鸡鸣外欲曙，新妇起严妆[①]。著我绣夹裙，事事四五通[②]。足下蹑丝履，头上玳瑁光[③]。腰若流纨素，耳著明月珰[④]。指如削葱根，口如含朱丹[⑤]。纤纤作细步，精妙世无双。

上堂拜阿母，阿母怒不止。"昔作女儿时[⑥]，生小出野里[⑦]。本自无教训，兼愧贵家子[⑧]。受母钱帛[⑨]多，不堪母驱使。今日还家去，念母劳家里[⑩]。"却与小姑别[⑪]，泪落连珠子[⑫]。"新妇初来时，小姑始扶床[⑬]；今日被驱遣，小姑如我长。勤心养公姥，好自相扶将[⑭]。初七及下九[⑮]，嬉戏莫相忘。"出门登车去，涕落百余行。

府吏马在前，新妇车在后。隐隐何甸甸[⑯]，俱会大道口。下马入车中，低头共耳语："誓不相隔卿，且暂还家去；吾今且赴府，不久当还归。誓天不相负[⑰]！"

新妇谓府吏："感君区区[⑱]怀！君既若见录[⑲]，不久望君来。君当作磐石[⑳]，妾当作蒲苇[㉑]，蒲苇纫[㉒]如丝，磐石无转移。我有亲父兄[㉓]，性行[㉔]暴如雷，恐不任我意，逆以煎我怀[㉕]。"举手长劳劳[㉖]，二情同依依。

入门上家堂，进退无颜仪[㉗]。阿母大拊掌[㉘]，不图子自归[㉙]："十三教汝织，十四能裁衣，十五弹箜篌，十六知礼仪，十七遣汝嫁，谓言无誓违[㉚]。汝今何罪过，不迎而自归？"兰芝惭阿母[㉛]："儿实无罪过。"阿母大悲摧[㉜]。

还家十余日，县令遣媒来。云有第三郎[㉝]，窈窕世无双。年始十八九，便言多

---

①严妆：盛妆，仔细地梳妆打扮。 ②事事四五通：每穿戴一件衣饰，都更换四五次。表示兰芝心烦意乱，难舍难分。通，遍。 ③足下蹑丝履，头上玳（dài）瑁（mào）光：脚上穿着绸鞋，头上戴着闪闪发光的玳瑁首饰。蹑（niè），踩、踏，这里指穿鞋。玳瑁，一种同龟相似的爬行动物，甲壳黄黑色，有黑斑，有光泽，可制装饰品。 ④腰若流纨素，耳著（zhuó）明月珰（dāng）：腰束纨素的带子，光彩像流水一样晃动，耳朵上戴着珍珠耳坠。纨素，洁白的绸子。流，是说纨素的光像水流动。著，戴。珰，耳坠。 ⑤指如削葱根，口如含朱丹：手指白嫩纤细，像削尖的葱根；嘴唇红润，像含着朱砂。葱根，葱白。朱丹，朱砂。 ⑥昔作女儿时：以下八句是仲卿妻对焦母告别时说的话。 ⑦生小出野里：从小生长在乡间。 ⑧兼愧贵家子：同你家少爷结婚，更感到惭愧。 ⑨钱帛：金钱和丝织品，指聘礼。 ⑩念母劳家里：记挂婆婆在家里操劳。 ⑪却与小姑别：退出来再同小姑告别。却，动词，退出来。小姑，丈夫的妹妹。 ⑫泪落连珠子：眼泪像成串的珠子般落下来。 ⑬始扶床：刚能扶着坐具走。按"新妇初来时，小姑始扶床；今日被驱遣，小姑如我长"，兰芝在焦家只有二三年，小姑不可能长这么快。这是夸张的写法，极言日子过得快。 ⑭好自相扶将：好好服侍老人家。扶将，扶持，这里是服侍的意思。将，也是扶持的意思。 ⑮初七及下九：七月七日和每月的十九日。初七，指农历七月七日，旧时妇女在这天晚上在院子里陈设瓜果，向织女星祈祷，祈求提高刺绣缝纫技巧，称为"乞巧"。下九，古人以每月的二十九为上九，初九为中九，十九为下九。在汉朝时候，每月十九日是妇女欢聚的日子。 ⑯隐隐何甸甸：都是模拟车声。何，何等。 ⑰誓天不相负：指天发誓，决不会对不起你。以上五句，是仲卿对兰芝说的。 ⑱区区：这里是情谊真挚的意思，与上文"何乃太区区"的"区区"不同。 ⑲君既若见录：你既然如此记着我。见录，"见"用在动词前，表示对自己怎么样。下文的"见丁宁"用法同此。录，记取。 ⑳磐石：厚而大的石头。 ㉑蒲苇：蒲，香蒲，一种植物。叶子可用来编制席子、扇子等。苇，芦苇。 ㉒纫：通"韧"，柔韧牢固。 ㉓亲父兄：即同胞兄。父兄，这里指哥哥。 ㉔性行：性情。 ㉕逆以煎我怀：想到将来，我心里像受着煎熬一般。逆，逆料，想到将来。 ㉖举手长劳劳：举手告别，忧伤不止。劳劳，忧愁伤感的样子。 ㉗进退无颜仪：上前退后都觉得没有脸面。 ㉘拊（fǔ）掌：拍手。这里表示惊异。 ㉙不图子自归：想不到女儿自己回来了。意思是，没料到女儿竟被驱遣回家。古代女子出嫁以后，一定要得到婆家的同意后，娘家派人来接，才能回娘家。下文，"不迎而自归"，也是按这种规矩说的责备的话。子，女儿。 ㉚谓言无誓违：总以为你不会有什么过失。誓，似应作"諐"。諐，古"愆（qiān）"字，过失的意思。 ㉛兰芝惭阿母：兰芝很惭愧地对母亲说。 ㉜悲摧：悲痛，伤心。 ㉝云有第三郎：（媒人）说，县令家有个三少爷。

令才[①]。

阿母谓阿女:“汝可去应之[②]。”

阿女含泪答:“兰芝初还时,府吏见丁宁[③],结誓不别离。今日违情义,恐此事非奇[④]。自可断来信,徐徐更谓之[⑤]。”

阿母白媒人:“贫贱有此女,始适还家门[⑥]。不堪[⑦]吏人妇,岂合令郎君?幸可广问讯[⑧],不得便相许。”媒人去数日,寻遣丞请还,说有兰家女,丞籍有宦官[⑨]。云有第五郎,娇逸[⑩]未有婚。遣丞为媒人,主簿通语言[⑪]。直说太守家,有此令郎君,既欲结大义[⑫],故遣来贵门。

阿母谢媒人:“女子先有誓,老姥岂敢言!”

阿兄得闻之,怅然心中烦。举言谓阿妹:“作计何不量[⑬]!先嫁得府吏,后嫁得郎君,否泰如天地[⑭],足以荣汝身。不嫁义郎体,其往欲何云[⑮]?”

兰芝仰头答:“理实如兄言。谢家事夫婿,中道还兄门[⑯]。处分适兄意[⑰],那得自任专!虽与府吏要[⑱],渠会永无缘[⑲]。登即相许和[⑳],便可作婚姻。”

媒人下床去[㉑],诺诺复尔尔[㉒]。还部白府君[㉓]:“下官[㉔]奉使命,言谈大有缘[㉕]。”府君得闻之,心中大欢喜。视历复开书,便利此月内[㉖],六合[㉗]正相应[㉘]。良吉[㉙]三十日,今已二十七,卿可去成婚[㉚]。交语速装束,络绎如浮云[㉛]。青雀白鹄舫,四角龙子幡[㉜]。婀娜[㉝]随风转,金车玉作轮。踯躅青骢马[㉞],流苏金镂鞍[㉟]。赍[㊱]钱三百万,

---

①便(pián)言多令才:口才很好,又多才能。便言,很会说话。令,美好。窈窕(yǎo tiǎo):容貌体态美好的样子。 ②应之:答应他。 ③丁宁:嘱咐。后写作“叮咛”。 ④恐此事非奇:恐怕这样做不合适。非奇,不宜。 ⑤自可断来信,徐徐更谓之:可以回绝来做媒的人,以后慢慢再谈吧。断,回绝。信,使者,指媒人。之,指再嫁之事。 ⑥始适还家门:刚出嫁不久就被休回娘家。适,出嫁。 ⑦不堪:这里是“不能做”的意思。 ⑧幸可广问讯:意思是希望你多方打听打听。 ⑨媒人去数日……丞籍有宦官:这几句可能有文字脱漏或错误,因此无法解释清楚。这里列出部分字的意义解释:寻,随即、不久。丞,县丞、官名。承籍,承继先人的仕籍。宦官,即“官宦”,指做官的人。 ⑩娇逸:娇美文雅。 ⑪遣丞为媒人,主簿通语言:请郡丞去做媒人,(这是)主簿传达(太守)的话。主簿,太守的属官。 ⑫结大义:指结为婚姻。 ⑬作计何不量:你打这样的主意,多么缺乏考虑啊!量(liáng),考虑。 ⑭否(pǐ)泰如天地:运气的好坏,相差像天上地下一样。否,坏运气。泰,好运气。 ⑮不嫁义郎体,其往欲何云:这样的好郎君都不嫁,往后你打算怎么样?义郎,男子的美称,这里指太守的儿子。其往,其后、将来。 ⑯中道还兄门:半中间又回到哥哥的家。 ⑰处分适兄意:怎样处理,完全照哥哥的主意吧。适,适合、依照。 ⑱要(yāo):相约。 ⑲渠(qú)会永无缘:同他(指府吏)永远没机会见面了。渠,他。 ⑳登即相许和:立刻就答应这门亲事吧。登即,立刻。许和,应许。 ㉑下床去:从座位上起来走了。 ㉒诺诺复尔尔:连声说“是,是,就这样办,就这样办”。诺诺,答应的声音。尔尔,如此如此。 ㉓还部白府君:回到府里报告太守。部,府衙。府君,太守。 ㉔下官:县丞自称。 ㉕言谈大有缘:说起(这门亲事)来,他们(两人)大有缘分。 ㉖视历复开书,便利此月内:反复翻看历书,婚期定在这个月内就很吉利。 ㉗六合:古时候迷信的人,结婚要选好日子,要年、月、日的干支(干,天干,甲、乙、丙、丁……支,地支,指子、丑、寅、卯……)合起来都相适合,这叫“六合”。 ㉘相应:合适。 ㉙良吉:“良辰吉日”的省称。 ㉚卿可去成婚:这是太守交郡丞去刘家订好结婚日期 ㉛交语速装束,络绎如浮云:大家纷纷相传“赶快收拾,准备吧”人来人往,像天上的浮云一样接连不断。交语,互相传告。络绎,接连不断。 ㉜青雀白鹄舫,四角龙子幡:画着青雀、白鹄的船,四角挂着龙子幡。舫(fǎng),船。龙子幡,旗帜名。 ㉝婀娜(ē nuó):轻轻飘动的样子。 ㉞踯躅(zhí zhú)青骢(cōng)马:毛色青白相杂的马缓缓地走。 ㉟流苏金镂鞍:马鞍上面有镂刻的金饰,周围垂着缨子。流苏,用五彩羽毛做的下垂的缨子。 ㊱赍(jī):赠送。

皆用青丝穿。杂彩[①]三百匹,交广市鲑珍[②]。从人[③]四五百,郁郁登郡门[④]。

阿母谓阿女:“适[⑤]得府君书,明日来迎汝。何不作衣裳?莫令事不举[⑥]!”

阿女默无声,手巾掩口啼,泪落便如泻。移我琉璃榻[⑦],出置前窗下。左手持刀尺,右手执绫罗。朝成绣夹裙,晚成单罗衫。晻晻日欲暝[⑧],愁思出门啼。

府吏闻此变,因求假暂归。未至二三里,摧藏马悲哀[⑨]。新妇识马声,蹑履相逢迎。怅然遥相望,知是故人来。举手拍马鞍,嗟叹使心伤:“自君别我后,人事不可量[⑩]。果不如先愿,又非君所详[⑪]。我有亲父母[⑫],逼迫兼弟兄[⑬]。以我应他人,君还何所望!”

府吏谓新妇:“贺卿得高迁!磐石方且厚,可以卒千年;蒲苇一时纫,便作旦夕间[⑭]。卿当日胜贵[⑮],吾独向黄泉!”

新妇谓府吏:“何意出此言!同是被逼迫,君尔妾亦然[⑯]。黄泉下相见,勿违今日言!”执手分道去,各各还家门。生人作死别,恨恨那可论[⑰]?念与世间辞,千万不复全[⑱]!

府吏还家去,上堂拜阿母:“今日大风寒,寒风摧树木,严霜结庭兰[⑲]。儿今日冥冥[⑳],令母在后单[㉑]。故作不良计[㉒],勿复怨鬼神!命如南山石,四体康且直[㉓]!”

阿母得闻之,零泪应声落:“汝是大家子,仕宦于台阁[㉔]。慎勿为妇死,贵贱情何薄[㉕]!东家有贤女,窈窕艳城郭[㉖],阿母为汝求,便复在旦夕。”

府吏再拜还,长叹空房中,作计乃尔立[㉗]。转头向户里,渐见愁煎迫。

其日牛马嘶[㉘],新妇入青庐[㉙]。奄奄黄昏后[㉚],寂寂人定初[㉛]。“我命绝今日,魂去尸长留!”揽裙脱丝履,举身赴清池。

---

①杂彩:各种颜色的绸子。 ②交广市鲑(xié)珍:从交州、广州(现在的广东、广西一带)采办的山珍海味。鲑,这里是鱼类菜肴的总称。珍,美味。 ③从人:仆人。 ④郁郁登郡门:热热闹闹地走到庐江郡门。郁郁,繁盛的样子。 ⑤适:刚才。 ⑥莫令事不举:别让婚事办得不像样。不举,办不起来。 ⑦琉璃榻(tà):装饰着琉璃的榻。 ⑧晻晻(yǎn)日欲暝:阴沉沉地,天快晚了。晻,昏暗无光的样子。暝,日暮。 ⑨未至二三里,摧藏(zàng)马悲哀:还没到(刘家,大约相隔)二三里地,人伤心,马也哀鸣。摧藏,摧折心肝。藏,脏腑。 ⑩不可量:料想不到。 ⑪详:详知。 ⑫父母:这里偏指母。 ⑬逼迫兼弟兄:逼迫我的还有哥哥。弟兄,这里指兄。 ⑭便作旦夕间:就只能保持很短的时间。旦夕,形容时间短。 ⑮卿当日胜贵:你将会一天比一天尊贵起来。 ⑯君尔妾亦然:你这样,我也这样。尔、然,都是“这样”的意思。 ⑰恨恨那可论:心理的愤恨哪里说得尽呢?恨恨,愤恨到极点。 ⑱念与世间辞,千万不复全:想到他们将要永远离开人世,无论如何不能再保全了。这两句话和前面两句话都是作者的话。 ⑲严霜结庭兰:院子里的兰花上结满了浓霜。 ⑳儿今日冥冥:你的儿子从今将不久于人世。日冥冥,原意是日暮,这里用太阳下山来比喻生命的终结。 ㉑令母在后单:使得母亲今后很孤单。 ㉒故作不良计:我是有意作这不好的打算(指自杀)。故,故意。 ㉓命如南山石,四体康且直:(愿您的)寿命像南山的是石头一样久长,(愿您的)身体永远健康。四体,这里指身体。直,意思是腰板硬朗。 ㉔仕宦于台阁:意思是在大官府任官职。仕宦,任官职。台阁,原指尚书台,这里泛指大的官府。 ㉕贵贱情何薄:(你和她)贵贱各不同,(离弃了她)哪里就算薄情呢!贵,指仲卿。贱,指兰芝。 ㉖窈窕艳城郭:(她的)美丽在这城内外是出名的。郭,城外。 ㉗作计乃尔立:(自杀的)主意就这样打定了。乃尔,就这样。立,定下来。 ㉘其日牛马嘶:(结婚)这一天牛马乱叫的时候。嘶,马叫。 ㉙新妇入青庐:新妇进入了青布篷帐。新妇,指兰芝。青庐,用青布搭成的帐篷,举行婚礼的地方,东汉至唐有这种风俗。 ㉚奄奄黄昏后:天黑了以后。奄奄,通“晻晻”,日色昏暗无光的样子。黄昏是“戌时”(相当于现在的19时至21时)。 ㉛寂寂人定初:静悄悄的,人们开始安歇了。人定,是亥时(相当于现在的21时至23时),这里指夜深人静的时候。

府吏闻此事，心知长别离。徘徊庭树下，自挂东南枝。

两家求合葬，合葬华山傍[①]。东西植松柏，左右种梧桐。枝枝相覆盖，叶叶相交通。中有双飞鸟，自名为鸳鸯。仰头相向鸣，夜夜达五更。行人驻足[②]听，寡妇起彷徨[③]。多谢后世人，戒之慎勿忘[④]！

作品赏析

《孔雀东南飞》通过刘兰芝与焦仲卿这对恩爱夫妇的爱情悲剧，控诉了封建礼教、家长统治和门阀观念的罪恶，表达了青年男女要求婚姻爱情自主的合理愿望。女主人公刘兰芝对爱情忠贞不贰，她对封建势力和封建礼教所做的不妥协的斗争，使她成为文学史上富有叛逆色彩的妇女形象，为后来的青年男女所传颂。

拓展阅读

【乐府诗】 中国古代乐府官署(汉武帝首设)中配乐演唱的诗歌，包括民歌和文人创作的诗歌两大类。后人多用以代称入乐的民歌。两汉乐府诗体裁以五言为主，兼有七言和杂言。句式灵活自由，语言自然流畅，通俗易懂，朗朗上口，生活气息比较浓厚。乐府诗主要保存在宋代郭茂倩《乐府诗集》中，并按音乐性质的不同，分为郊庙歌辞、燕射歌辞、相和歌辞、鼓吹曲辞、横吹曲辞、杂曲歌辞、清商曲辞等 12 类，西汉乐府民歌又称汉乐府，多收入相和歌辞、鼓吹曲辞和杂曲歌辞中，风格活泼自然；南朝乐府民歌多收入清商曲辞、杂曲歌辞和杂歌谣辞中，风格清新婉转；北朝乐府民歌多收入梁鼓角横吹曲中，风格质朴刚健。南朝的《孔雀东南飞》与北朝《木兰辞》并称“乐府双璧”，是古乐府民歌的代表作。这部分诗，与《诗经》中的国风性质相同，广泛地反映了社会生活和劳动人民的思想感情，最具有人民性，是乐府诗的精华。文人创作多为民歌的仿制品，难与民歌相媲美。宋元以后，乐府诗的外延进一步扩大，词、曲因配乐演唱的缘故，也被称为乐府诗。

①合葬华山傍：一起葬在华山旁边。华山，庐江境内的一座小山。 ②驻足：停步。 ③寡妇起彷徨：寡妇(听见了)从床上起来，心里很不安定。 ④多谢后世人，戒之慎勿忘：这是作者在忠告后人，要从这故事里吸取教训。谢，告诉。

诗三首

涉江采芙蓉

作品简介

本诗选自《古诗十九首》。《古诗十九首》是乐府古诗文人化的显著标志，为南朝萧统从传世无名氏《古诗》中选录十九首编入《昭明文选》(又称《文选》)而成。《古诗十九首》深刻地再现了文人在汉末社会思想大转变时期，追求的幻灭与沉沦，心灵的觉醒与痛苦。艺术上语言朴素自然，描写生动真切，具有浑然天成的艺术风格。同时，《古诗十九首》所抒发的是人生最基本、最普遍的几种情感和思绪，令古往今来的读者常读常新。刘勰的《文心雕龙》称它为“五言之冠冕”。

涉江采芙蓉，兰泽[①]多芳草。采之欲遗谁？所思在远道。还顾[②]望旧乡[③]，长路漫浩浩[④]。同心[⑤]而离居，忧伤以终老[⑥]。

作品赏析

诗中在表现游子的苦闷、忧伤时，通过自身的感受，设想到家室的离思，因而把思乡的苦闷，虚拟成了全篇的“思妇”之词。而且在虚拟中又借思妇的口吻，这样的诗情抒写，就不只是“婉曲”，简直是“奇想”了！另外，本诗在语言上受到楚辞的很大影响，更加重了诗中的抒情成分。

——选自梁权伟《中国历代诗词名篇鉴赏》

这是一首游子思乡怀人的诗。他采摘了兰草，想送给心上人，可是心上人却在遥远的故乡，这束芳草送给谁呢？想到同相爱的人分隔异地，诗人不禁悲从中来。这首诗点化了楚辞采芳寄情的意境，表现出相会无缘的浓厚的感伤情调。

——选自夏传才《中国古代爱情诗选讲》

此诗善用曲笔。《诗》《骚》以来，芳草赠人已沿用为俗。诗人之涉江，也无非是为了采摘芳草以赠情人，且兰泽之中遍为野芳，发为幽香。此本当遂诗人之所愿，然诗人用笔忽转，谓芳草虽成把，但所思却在远道，所以纵然“馨香盈怀袖，路远莫致之”(《庭中有奇树》)了。

——选自郑国周《中国古典诗词赏析》

---

①兰泽：生有兰草的沼泽地。 ②还顾：回顾，回头看。 ③旧乡：故乡。 ④漫浩浩：形容无边无际。 ⑤同心：古代习用的成语，多用于男女之间的爱情或夫妇感情融洽，指感情深厚。 ⑥终老：度过晚年，直至去世。

短歌行

曹　操

作者简介

曹操(155—220年),字孟德,沛国谯(今安徽亳州)人。精兵法,著《孙子略解》《兵书接要》等书。善诗歌,有《蒿里行》《观沧海》等篇抒发自己的政治抱负,并反映汉末人民的苦难生活,气魄雄伟,慷慨悲凉。曾大力强调"唯才是举",为此先后发布了《求贤令》《举世令》《求逸才令》等。著作有《魏武帝集》,在文学史上留下了光辉的一笔。魏朝建立后,曹操被尊为"魏武帝",庙号"太祖"。

对酒当歌①,人生几何②!譬如朝露,去日苦多③。
慨当以慷④,忧思难忘。何以解忧?唯有杜康⑤。
青青子衿,悠悠我心⑥。但为君故,沉吟⑦至今。
呦呦鹿鸣,食野之苹⑧。我有嘉宾,鼓⑨瑟吹笙。
明明如月,何时可掇⑩?忧从中来,不可断绝。
越陌度阡⑪,枉用相存⑫。契阔谈讌⑬,心念旧恩。
月明星稀,乌鹊南飞。绕树三匝⑭,何枝可依?
山不厌高,海不厌深⑮。周公吐哺,天下归心。

作品赏析

这首《短歌行》的主题非常明确,就是作者希望有大量人才来为自己所用。曹操在其政治活动中,为了扩大他在庶族地主中的统治基础,打击反动的世袭豪强势力,曾大力强调"唯才是举",为此而先后发布了"求贤令""举士令""求逸才令"等;而《短歌行》实际上就是一曲"求贤歌",又正因为运用了诗歌的形式,含有丰富的抒情成分,所以就能起到独特的感染作用,有力地宣传了他所坚持的主张,配合了他所颁发的政令。

---

①对酒当歌:一边喝着酒,一边唱着歌。当,是对着的意思。 ②几何:多少。 ③去日苦多:跟(朝露)相比一样痛苦却漫长。有慨叹人生短暂之意。 ④慨当以慷:指宴会上的歌声激昂慷慨。当以,这里"应当用"的意思。全句意思是,应当用激昂慷慨(的方式来唱歌)。 ⑤杜康:相传是最早造酒的人,这里代指酒。 ⑥青青子衿(jīn),悠悠我心:出自《诗经·郑风·子衿》中的诗句,原写姑娘思念情人,这里用来比喻渴望得到有才学的人。子,对对方的尊称。衿,古式的衣领。青衿,是周代读书人的服装,这里指代有学识的人。悠悠,长久的样子,形容思虑连绵不断。 ⑦沉吟:原指小声叨念和思索,这里指对贤人的思念和倾慕。 ⑧呦(yōu)呦鹿鸣,食野之苹:出自《诗经·小雅·鹿鸣》。呦呦,鹿叫的声音。苹,艾蒿。 ⑨鼓:弹。 ⑩何时可掇(duō):什么时候可以摘取呢?掇,拾取、摘取。另解:掇,读 chuò,通"辍",即停止的意思。何时可掇,意思就是什么时候可以停止呢? ⑪越陌度阡:穿过纵横交错的小路。陌,东西向田间小路。阡,南北向的小路。 ⑫枉用相存:屈驾来访。枉,这里是"枉驾"的意思;用,以。存,问候、思念。 ⑬讌(yàn):通"宴"。 ⑭三匝(zā):三周。匝,周、圈。 ⑮海不厌深:一本作"水不厌深"。这里是借用《管子·形解》中的话,原文是"海不辞水,故能成其大;山不辞土石,故能成其高;明主不厌人,故能成其众……",意思是表示希望尽可能多地接纳人才。

拓展阅读

【提倡薄葬】 218年，曹操颁布了一道《终令》，提出死后不要厚葬，要将自己埋葬在瘠薄的土地上，依照地面原有的高度作为圹基，陵上不堆土，不植树。一年后，他为自己准备了送终的四季衣服，并留下遗嘱说："我如果死了，请按当时季节所穿衣服入殓，金玉、珠宝、铜器等物，一概不要随葬。"曹操是中国历史上第一位提出"薄葬"的帝王。

归园田居[①]（其一）

陶渊明

作者简介

陶渊明（约365—427年），字元亮（又一说名潜，字渊明），号五柳先生，私谥"靖节"，浔阳柴桑人（今江西九江）。东晋末期南朝宋初期诗人、文学家、辞赋家、散文家。曾做过几年小官，后辞官回家，从此隐居。田园生活是陶渊明诗的主要题材，相关作品有《饮酒》《归园田居》《桃花源记》《五柳先生传》《归去来兮辞》等。

少无适俗韵[②]，性本爱丘山[③]。误落尘网中，一去三十年[④]。
羁鸟[⑤]恋旧林，池鱼思故渊。开荒南野际，守拙归园田[⑥]。
方宅十余亩，草屋八九间。榆柳荫后檐，桃李罗堂前。
暧暧[⑦]远人村，依依[⑧]墟里[⑨]烟。狗吠深巷中，鸡鸣桑树颠。
户庭无尘杂，虚室[⑩]有余闲。久在樊笼[⑪]里，复得返自然。

①选自《陶渊明集》。《归园田居》一共有五首，这里选的是第一首。 ②少无适俗韵：少年时就没有迎合世俗的本性。少，指少年时代。俗，世俗。韵，本性、气质。 ③性本爱丘山：天性原本热爱山川田园（生活）。性，天性、本性。 ④一去三十年：陶渊明自东晋孝武帝太元十八年初做江州祭酒，到东晋安帝义熙元年辞去彭泽县令归田，一共十三个年头。这里的"三十年"是夸大的说法。也有人认为是"十三年"之误。 ⑤羁鸟：笼中鸟。 ⑥守拙归园田：固守住愚拙，回乡过田园生活。守拙，意思是不随波逐流，固守节操。 ⑦暧暧（ài）：昏暗，模糊。 ⑧依依：轻柔而缓慢地飘升。 ⑨墟里：村落。 ⑩虚室：空室。 ⑪樊笼：比喻官场生活。

作品赏析

《归园田居》是一个不可分割的有机整体。其所以是如此，不仅在于每首诗分别从辞官场、聚亲朋、乐农事、访故旧、欢夜饮几个侧面描绘了诗人丰富充实的隐居生活，更重要的是，就其所抒发的感情而言，是以质性自然、乐在其中的情趣来贯穿这一组诗篇的。诗中虽有感情的动荡、转折，但那种欢愉、达观的明朗色彩是辉映全篇的。其一最突出的是写景——描写园田风光，运用白描手法将远近景相交，有声有色；其次，诗中多处运用对偶句，如"榆柳荫后檐，桃李罗堂前"。还有对比手法的运用，将"尘网""樊笼"与"园田居"对比，从而突出诗人对官场的厌恶、对自然的热爱；再有语言明白清新，几如白话，质朴无华。这首诗呈现出一个完整的意境，诗的语言完全为呈现这意境服务，不求表面的好看，于是诗便显得自然。总之，这是经过艺术追求、艺术努力而达到的自然。

拓展阅读

【不为五斗米折腰】 公元405年秋，陶渊明为了养家糊口，来到离家乡不远的彭泽当县令。这年冬天，到任八十一天时，碰到浔阳郡派遣督邮来检查公务，浔阳郡的督邮刘云，以凶狠贪婪闻名远近，每年两次以巡视为名向辖县索要贿赂，每次都是满载而归，否则就栽赃陷害。这次派来的督邮，是个粗俗而又傲慢的人，他一到彭泽的旅舍，就差县吏去叫县令来见他。陶渊明平时蔑视功名富贵，不肯趋炎附势，对这种假借上司名义发号施令的人很是瞧不起，但也不得不去见一见，于是他马上动身。不料县吏拦住陶渊明说："大人，参见督邮要穿官服，并且束上大带，不然有失体统，督邮要乘机大做文章，会对大人不利的！"这一下，陶渊明再也忍受不下去了。他长叹一声，道："我不能为五斗米向乡里小人折腰！"(意思是，我怎能为了县令的五斗薪俸，就低声下气去向这些小人贿赂、献殷勤？)说罢，索性取出官印，把它封好，并马上写了一封辞职信，随即离开了只当了八十多天县令的彭泽。

再别康桥①

徐志摩

作者简介

徐志摩(1897—1931 年)，浙江海宁人，著名现代诗人、散文家，新月派代表诗人。著有诗集《志摩的诗》《猛虎集》《云游集》，散文《落叶》《秋》，小说文集《轮盘》等。

轻轻的我走了，
　正如我轻轻的来；
我轻轻的招手，
　作别西天的云彩。

那河畔的金柳，
　是夕阳中的新娘；
波光里的艳影，
　在我的心头荡漾。

软泥上的青荇②，
　油油的在水底招摇；
在康河的柔波里，
　我甘心做一条水草！

那榆阴下的一潭，
　不是清泉，是天上虹；
揉碎在浮藻间，
　沉淀着彩虹似的梦。
寻梦？撑一支长篙，
　向青草更青处漫溯；
满载一船星辉，
　在星辉斑斓里放歌。

①选自《徐志摩诗全编》(浙江文艺出版社 1987 年版)。康桥，现在译作“剑桥”。 ②荇(xìng)：多年生草本植物，叶子略呈圆形，根生在水底。

但我不能放歌，
　悄悄是别离的笙箫；
夏虫也为我沉默，
　沉默是今晚的康桥！

悄悄的我走了，
　正如我悄悄的来；
我挥一挥衣袖，
　不带走一片云彩。

作品赏析

《再别康桥》是现代诗人徐志摩脍炙人口的名篇，是新月派诗歌的代表作品。新月派崇尚“理智节制情感”的美学原则，以和谐与均齐为新诗的审美特征，所以闻一多提出的新诗的“音乐美、绘画美、建筑美”的诗歌主张在新月派的作品中都有体现。全诗每节四句，每句两顿或三顿，每节二、四句押韵，读起来朗朗上口。以离别康桥时感情起伏为线索，抒发了对康桥依依惜别的深情。语言轻盈柔和，形式精巧圆熟，诗人用虚实相间的手法，描绘了一幅幅流动的画面，构成了一处处美妙的意境，细致入微地将诗人对康桥的爱恋、对往昔生活的憧憬、对眼前的无可奈何的离愁，表现得真挚、浓郁、隽永，是徐志摩诗作中的绝唱。

雨　巷[1]

戴望舒

作者简介

戴望舒(1905—1950 年),浙江杭县人,现代著名诗人,现代象征派诗歌的代表。《雨巷》是他的成名作,为他赢得了“雨巷诗人的桂冠”。代表诗集有《我的记忆》《望舒草》《望舒诗稿》《灾难的岁月》。

撑着油纸伞,独自
彷徨在悠长,悠长
又寂寥的雨巷,
我希望逢着
一个丁香一样的
结着愁怨的姑娘。

她是有
丁香一样的颜色,
丁香一样的芬芳,
丁香一样的忧愁,
在雨中哀怨,
哀怨又彷徨;

她彷徨在这寂寥的雨巷,
撑着油纸伞
像我一样,
像我一样地
默默彳亍[2]着,
冷漠,凄清,又惆怅[3]。

①选自《戴望舒诗全编》(浙江文艺出版社 1989 年版)。 ②彳亍(chì chù):小步慢走的样子。 ③惆怅(chóu chàng):伤感,失意。

她静默地走近
走近,又投出
太息[①]一般的眼光,
她飘过
像梦一般的,
像梦一般的凄婉迷茫。

像梦中飘过
一枝丁香的,
我身旁飘过这女郎;
她静默地远了,远了,
到了颓圮[②]的篱墙,
走尽这雨巷。

在雨的哀曲里,
消了她的颜色,
散了她的芬芳
消散了,甚至她的
太息般的眼光,
丁香般的惆怅。

撑着油纸伞,独自
彷徨在悠长,悠长
又寂寥的雨巷,
我希望飘过
一个丁香一样的
结着愁怨的姑娘。

作品赏析

《雨巷》是戴望舒早期的成名作和代表作。诗歌发表后产生了较大的影响,诗人也因此被人称为"雨巷诗人"。诗歌描绘了一幅梅雨时节江南小巷的阴沉图景,借此构成了一个富有浓重象征色彩的抒情意境。在这里,诗人把当时黑暗阴沉的社会现实暗喻为悠长狭窄而寂寥的"雨巷",没有阳光,也没有生机和活力。而抒情主人公"我"就是在这样的雨巷中孤独的彳亍着

①太息:出声叹息。 ②颓圮(tuí pǐ):倒塌。

的彷徨者。“我”在孤寂中仍怀着对美好理想和希望的憧憬与追求。诗中“丁香一样的姑娘”就是这种美好理想的象征。但是，这种美好的理想又是渺茫的、难以实现的。这种心态，正是大革命失败后一部分有所追求的青年知识分子在政治低压下因找不到出路而陷于惶惑迷惘心境的真实反映。在艺术上，本诗也鲜明地体现了戴望舒早期诗歌的创作特色。它既采用了象征派重暗示、重象征的手法，又有格律派对于音乐美的追求。诗中的“我”“雨巷”“姑娘”并非是对生活的具体写照，而是充满了象征意味的抒情形象。全诗还回荡着一种流畅的节奏和旋律。旋律感主要来自诗韵，除每节大体在第3、6行押韵外，每节的诗行中选用了许多与韵脚呼应的音组。诗中重叠反复手法的运用也强化了音乐效果。正如叶圣陶所说，《雨巷》是“替新诗的音节开了一个新的纪元”。

拓展阅读

【象征主义】 象征主义是19世纪70年代兴起于法国的一个文学流派。它不拘泥于对现实生活机械地、简单地描摹，注重用暗示、隐喻等手段表现瞬间的思想。它是诗人想象中的一幅写意画，是作者意念流动中的一个场景，它常常在朦胧的意境中表达出幽微精妙的感情。这种感情既含蓄深隐，又能引起读者的共鸣。

【写作背景】 《雨巷》写于1927年夏天，血腥的“四·一二”大屠杀之后。诗人时年22岁。曾因投身革命而被捕的诗人，面对笼罩全国的白色恐怖，在痛苦中陷于彷徨、迷惘。他隐居在江苏松江朋友家，孤独中嚼味着“在这个时代做中国人的苦恼”“夜坐听风，昼眠听雨”，在阴霾中盼望飘起绚丽的彩虹。可生活贫乏，整天“窗头明月枕边书”，诗人只能在“旧时的脚印”“青春的彩衣”和星光下的盘桓中寻求慰藉。个性的轻柔、忧郁和时代的重压，使《雨巷》成为现实黑暗和理想幻灭在诗人心中的投影，充满了彷徨失望和感伤痛苦的情绪。

致大海

普希金

作者简介

亚历山大·谢尔盖耶维奇·普希金(1799—1837 年),19 世纪俄罗斯的伟大诗人。在俄罗斯文学中,他是积极浪漫主义的开创者,也是批判现实主义文学的奠基人。坚定地站在十二月党人一边,反对专制农奴制度,热爱、追求自由,因此遭到沙皇政府的迫害。创作诗 800 多首,形式多样、题材广泛,诗体小说《欧根·奥涅金》是他的代表作。

再见吧,自由奔放的大海!
这是你最后一次在我的眼前,
翻滚着蔚蓝色的波浪,
和闪耀着娇美的容光。

好像是朋友忧郁的怨诉,
好像是他在临别时的呼唤,
我最后一次在倾听
你悲哀的喧响,你召唤的喧响。

你是我心灵的愿望之所在呀!
我时常沿着你的岸旁,
一个人静悄悄地,茫然地徘徊,
还因为那个隐秘的愿望而苦恼心伤!

我多么热爱你的回音,
热爱你阴沉的声调,你的深渊的音响,
还有那黄昏时分的寂静,
和那反复无常的激情!

渔夫们的温顺的风帆,
靠了你的任性的保护,
在波涛之间勇敢地飞航;
但当你汹涌起来而无法控制时,

大群的船只就会覆亡。

我曾想永远地离开
你这寂寞和静止不动地海岸，
怀着狂欢之情祝贺你，
并任我的诗歌顺着你的波涛奔向远方，
但是我却未能如愿以偿！

你等待着，你召唤着……而我却被束缚住；
我的心灵的挣扎完全归于枉然：
我被一种强烈的热情所魅惑，
使我留在你的岸旁……

有什么好怜惜呢？现在哪儿
才是我要奔向的无忧无绿虑的路径？
在你的荒漠之中，有一样东西
它曾使我的心灵为之震惊。

那是一处峭岩，一座光荣的坟墓……
在那儿，沉浸在寒冷的睡梦中的，
是一些威严的回忆；
拿破仑就在那儿消亡。

在那儿，他长眠在苦难之中。
而紧跟他之后，正像风暴的喧响一样，
另一个天才，又飞离我们而去，
他是我们思想上的另一个君王。

为自由之神所悲泣着的歌者消失了，
他把自己的桂冠留在世上。
阴恶的天气喧腾起来吧，激荡起来吧：
哦，大海呀，是他曾经将你歌唱。

你的形象反映在他的身上，
他是用你的精神塑造成长：
正像你一样，他威严、深远而深沉，
他像你一样，什么都不能使他屈服投降。

世界空虚了,大海呀,
你现在要把我带到什么地方?
人们的命运到处都是一样:
凡是有着幸福的地方,那儿早就有人在守卫:
或许是开明的贤者,或许是暴虐的君王。

哦,再见吧,大海!
我永不会忘记你庄严的容光,
我将长久地,长久地
倾听你在黄昏时分的轰响。

我整个心灵充满了你,
我要把你的峭岩,你的海湾,
你的闪光,你的阴影,还有絮语的波浪,
带进森林,带到那静寂的荒漠之乡。

作品赏析

普希金的《致大海》是一首反抗暴政、反对独裁、追求光明、讴歌自由的政治抒情诗。诗人以大海为知音,以自由为旨归,以倾诉为形式,多角度、多侧面地描绘自己追求自由的心路历程。感情凝重深沉而富于变化,格调雄浑奔放而激动人心。大致说来,《致大海》的诗情变化展现了海之恋、海之思、海之念“三部曲”。

拓展阅读

普希金1799年6月6日出生于莫斯科一个贵族家庭,在浓厚的文学氛围中长大。童年时代,他由法国家庭教师管教,接受了贵族教育,8岁时已可以用法语写诗。家中藏书丰富,结交文学名流,他农奴出身的保姆常常给他讲述俄罗斯的民间故事和传说,使得他从小就领略了丰富的俄罗斯语言,对民间创作产生了浓厚的兴趣。

1811年,普希金进入贵族子弟学校皇村中学学习,年仅12岁就开始了其文学创作生涯。1815年,在初级班升高级班的考试中他朗诵了自己创作的“皇村回忆”,表现出了卓越的诗歌写作才能,特别是他诗作韵文的优美和精巧得到了广泛的赞赏。在早期的诗作中,他效仿浪漫派诗人巴丘什科夫和茹科夫斯基,学习17、18世纪法国诗人安德烈谢尼埃的风格。在皇村中学学习期间,他还接受了法国启蒙思想的熏陶,并且结交了一些后来成为十二月党人的禁卫军军官,其反对沙皇专治、追求自由的思想初步形成。

我愿意是急流[①]

裴多菲

作者简介

裴多菲·山陀尔(1823—1849年),匈牙利诗人。1842年开始发表作品,受民歌影响很大,一生创作了多首抒情诗和8篇叙事诗。他的政治抒情诗,语言犀利,感召力强,对匈牙利民族解放运动有直接影响。他本人也积极投身于祖国解放战争,1849年7月31日战死在与俄奥联军搏斗的战场上,年仅26岁。重要作品有《诗集》,组诗《云》《自由与爱情》《民族之歌》《老旗手》,长诗《亚诺什勇士》《农村的大锤》《使徒》等。

我愿意是急流,
是山里的小河,
在崎岖的路上、
岩石上经过……
只要我的爱人
是一条小鱼,
在我的浪花中
快乐地游来游去。

我愿意是荒林,
在河流的两岸,
对一阵阵的狂风,
勇敢地作战……
只要我的爱人
是一只小鸟,
在我的稠密的
树枝间做窠[②],鸣叫。

①《我愿意是急流》是匈牙利诗人裴多菲·山陀尔于1847年创作并题献给恋人的一首抒情诗,诗中用一连串的"我愿意"引出构思巧妙的意象,反复咏唱对爱情的坚贞与渴望,向恋人表白着自己的爱情。20世纪,该诗在中国引起了爱情诗热潮。　②窠(kē):一般指鸟兽昆虫的窝。这里指鸟窝。

我愿意是废墟,在峻峭的山岩上,
这静默的毁灭
并不使我懊丧……
只要我的爱人
是青青的常春藤,
沿着我荒凉的额,
亲密地攀援上升。

我愿意是草屋,
在深深的山谷底,
草屋的顶上
饱受风雨的打击……
只要我的爱人
是可爱的火焰,
在我的炉子里,
愉快地缓缓闪现。

我愿意是云朵,
是灰色的破旗,
在广漠的空中,
懒懒地飘来荡去,
只要我的爱人
是珊瑚似的夕阳,
傍着我苍白的脸,
显出鲜艳的辉煌。

作品赏析

通篇用"我愿意是……,只要我的爱人……"式结构回环连接,意象组合对比排列,其间又含暗喻,诗句一气呵成,给人一种耳目一新的感觉。全诗"我"以"急流""荒林""废墟""草屋""云朵""破旗"来自喻,这些事物都是朴实的、纯真的;而"爱人"则是"小鱼""小鸟""常春藤""火焰""夕阳"的化身,这些事物都是可爱的、柔美的。两者的结合是自然的结合,无可挑剔。这没有花前月下的浪漫,没有风花雪月的柔情,却有一股清新脱俗油然而生。

拓展阅读

裴多菲的这首诗写在诗人与尤丽娅热恋时期，是一首向自己所爱表白的爱情诗，1846年9月，23岁的裴多菲在舞会上结识了伊尔诺茨伯爵的女儿森德莱·尤丽娅。这位身材修长、有浅蓝色眼睛的美丽姑娘的清纯和率真，使年轻诗人一见倾心，拥有大量土地庄园的伯爵却不肯把女儿嫁给裴多菲这样的穷诗人。面对阻力，裴多菲对尤丽娅的情感仍不可抑制，在半年时间里发出了一首首情诗，如《致尤丽娅》《我是一个怀有爱情的人》《你爱的是春天》《凄凉的秋风在树林中低语》《一下子给我二十个吻吧》等，其中包括《我愿意是急流》。这些抒情诗中的珍品，鼓动尤丽娅冲破父亲和家庭的桎梏，在一年后同裴多菲走进了婚礼的殿堂。

琵琶行 并序

白居易

作者简介

白居易(772—846年),字乐天,晚年号香山居士,河南新郑(今河南郑州新郑)人,我国唐代伟大的现实主义诗人,中国文学史上负有盛名且影响深远的诗人和文学家。他的诗歌题材广泛,形式多样,语言平易通俗,有“诗魔”和“诗王”之称。官至翰林学士、左赞善大夫。主要作品有《长恨歌》《琵琶行》《卖炭翁》《忆江南》《赋得古草原离别》等。

元和十年,予左迁①九江郡司马。明年秋,送客湓浦口,闻舟中夜弹琵琶者,听其音,铮铮然有京都声②。问其人,本长安倡女③,尝学琵琶于穆、曹二善才④,年长色衰,委身为贾人妇⑤。遂命酒⑥,使快⑦弹数曲。曲罢悯然,自叙少小时欢乐事,今漂沦⑧憔悴,转徙于江湖间。予出官⑨二年,恬然⑩自安,感斯人言,是夕始觉有迁谪⑪意。因为⑫长句,歌⑬以赠之,凡六百一十二言⑭,命⑮曰《琵琶行》。

浔阳江⑯头夜送客,枫叶荻花秋瑟瑟⑰。主人⑱下马客在船,举酒欲饮无管弦。醉不成欢惨将别,别时茫茫江浸月。

忽闻水上琵琶声,主人忘归客不发。寻声暗问弹者谁?琵琶声停欲语迟。移船相近邀相见,添酒回灯⑲重开宴。千呼万唤始出来,犹抱琵琶半遮面。转轴拨弦三两声,未成曲调先有情。弦弦掩抑声声思⑳,似诉平生不得志。低眉信手续续弹㉑,说尽心中无限事。轻拢慢捻抹复挑㉒,初为霓裳后六幺㉓。大弦嘈嘈㉔如急雨,小弦切切㉕如私语。嘈嘈切切错杂弹,大珠小珠落玉盘。间关㉖莺语花底滑,幽咽

①左迁:贬官,降职。与下文所言“迁谪”同义。古人尊右卑左,故称降职为左迁。 ②铮铮:形容金属、玉器等的相击声。京都声:指唐代京城流行的乐曲声调。 ③倡女:歌女。倡,古时歌舞艺人。 ④善才:当时对琵琶师或曲师的通称,“能手”的意思。 ⑤委身:托身,这里指嫁的意思。为:做。贾(gǔ)人:商人。 ⑥命酒:叫(手下人)摆酒。 ⑦快:畅快。 ⑧漂(piāo)沦:漂泊沦落。 ⑨出官:(京官)外调。 ⑩恬然:淡泊宁静的样子。 ⑪迁谪(zhé):贬官降职或流放。 ⑫为(wéi):创作。长句:指七言诗。 ⑬歌:作歌,动词。 ⑭凡:总共。六百一十二:当为“六百一十六”之误。言:字。 ⑮命:命名,题名。 ⑯浔阳江:据考证,为流经浔阳城中的湓水,即今江西省九江市的龙开河(已被人工填埋),经湓浦口注入长江。 ⑰荻(dí)花:多年生草本植物,生在水边,叶子长形,似芦苇,秋天开紫花。瑟瑟:形容枫树、芦荻被秋风吹动的声音。 ⑱主人:诗人自指。 ⑲回灯:重新拨亮灯光。一作“移灯”。 ⑳掩抑:掩蔽,遏抑。思:悲伤的情思。 ㉑信手:随手。续续弹:连续弹奏。 ㉒拢:左手手指按弦向里(琵琶的中部)推。捻(niǎn):揉弦的动作。抹:顺手下拨的动作。挑:反手回拨的动作。 ㉓霓裳(cháng):曲名,即《霓裳羽衣曲》,本为西域乐舞,唐开元年间西凉节度使杨敬述依曲创声后流入中原。六幺:大曲名,又叫《乐世》《绿腰》《录要》,为歌舞曲。 ㉔大弦:琵琶上最粗的弦。嘈嘈:声音沉重抑扬。 ㉕小弦:琵琶上最细的弦。切切:形容声音急切细碎。 ㉖间关:象声词,这里形容“莺语”声(鸟鸣婉转)。

泉流冰下难[1]。冰泉冷涩弦凝绝[2]，凝绝不通声暂歇。别有幽愁暗恨[3]生，此时无声胜有声。银瓶乍破水浆迸[4]，铁骑突出刀枪鸣。曲终收拨当心画[5]，四弦一声如裂帛[6]。东船西舫[7]悄无言，唯见江心秋月白。

沉吟放拨插弦中，整顿衣裳起敛容[8]。自言本是京城女，家在虾蟆陵[9]下住。十三学得琵琶成，名属教坊第一部[10]。曲罢曾教善才服，妆成每被秋娘[11]妒。五陵年少争缠头[12]，一曲红绡不知数[13]。钿头银篦击节碎[14]，血色罗裙翻酒污。今年欢笑复明年，秋月春风等闲度[15]。弟走从军阿姨死，暮去朝来颜色故[16]。门前冷落鞍马稀，老大嫁作商人妇。商人重利轻别离，前月浮梁[17]买茶去。去来[18]江口守空船，绕船月明江水寒。夜深忽梦少年事，梦啼妆泪红阑干[19]。

我闻琵琶已叹息，又闻此语重唧唧[20]。同是天涯沦落人，相逢何必曾相识！我从去年辞帝京，谪居卧病浔阳城。浔阳地僻无音乐，终岁[21]不闻丝竹声。住近湓江地低湿，黄芦苦竹绕宅生。其间旦暮[22]闻何物？杜鹃啼血猿哀鸣。春江花朝秋月夜，往往取酒还独倾。岂无山歌与村笛？呕哑嘲哳[23]难为听。今夜闻君琵琶语[24]，如听仙乐耳暂[25]明。莫辞更坐弹一曲，为君翻作琵琶行。

感我此言良久立，却坐促弦[26]弦转急。凄凄不似向前声[27]，满座重闻皆掩泣[28]。座中泣下谁最多？江州司马青衫[29]湿。

作品赏析

白居易是一个关心下层人民，同情人民疾苦的诗人。他在《琵琶行(并序)》一诗中塑造了一个封建社会中被玩弄、被侮辱的妇女形象，概括了冷酷的封建社会中下层妇女，特别是歌女的不幸遭遇，表达了诗人对琵琶女这类弱者的同情，同时表现自己政治上的失意，抒发自己忧国遭贬的政治苦闷。

本文在文本内容的编排方式上独具匠心，从第三段开始，独段简短引用诗文作品中的小片段，继而以一大段对这一引用的部分诗文进行诠释解说，解说时采用诗化的语言，优美流畅，极富诗歌的韵味，读来朗朗上口，美不胜收。纵观全文，作者采用了镜头再现的方式，

---

①幽咽：遏塞不畅状。冰下难：泉流冰下阻塞难通，形容乐声由流畅变为冷涩。难，与滑相对，有涩之意。一作“水下滩”。 ②凝绝：凝滞。凝，一作“疑”。 ③暗恨：内心的怨恨。 ④迸：溅射。 ⑤曲终：乐曲结束。当心画：用拨子在琵琶的中部划过四弦，是一曲结束时经常用到的右手手法。 ⑥帛：古时对丝织品的总称。 ⑦船：一作“舟”。舫：船。 ⑧敛容：收敛(深思时悲愤深怨的)面部表情。 ⑨虾(há)蟆陵：“虾”通“蛤”。在长安城东南，曲江附近，是当时有名的游乐地区。 ⑩教坊：唐代管理宫廷乐队的官署。第一部：如同说第一团、第一队。 ⑪秋娘：唐时歌舞妓常用的名字，泛指当时貌美艺高的歌伎。 ⑫五陵：在长安城外，指长陵、安陵、阳陵、茂陵、平陵五个汉代皇帝的陵墓，是当时富豪居住的地方。缠头：用锦帛之类的财物送给歌舞妓女，指古代赏给歌舞女子的财礼，唐代用帛，后代用其他财物。 ⑬绡：精细轻美的丝织品。红绡：一种生丝织物。 ⑭钿(diàn)头：两头装着花钿的发篦。银篦(bì)：一说“云篦”，用金翠珠宝装点的首饰。击节：打拍子。歌舞时打拍子原本用木制或竹制的板。 ⑮等闲：随随便便，不重视。 ⑯颜色故：容貌衰老。 ⑰浮梁：古县名，唐属饶州。在今江西省景德镇市，盛产茶叶。 ⑱去来：离别后。来，语气词。 ⑲梦啼妆泪：梦中啼哭，匀过脂粉的脸上带着泪痕。一作“啼妆泪落”。红阑干：泪水融和脂粉流淌满面的样子。 ⑳重：重新，重又。唧唧：叹声。 ㉑终岁：整年。 ㉒旦暮：早晚。 ㉓呕哑：声词，形容单调的乐声。嘲(zhāo)哳(zhā)：形容声音繁杂，也作“啁哳”。 ㉔琵琶语：琵琶声，琵琶所弹奏的乐曲。 ㉕暂：突然，一下子。 ㉖却坐：退回到原处。促弦：把弦拧得更紧。 ㉗向前声：刚才奏过的单调。 ㉘掩泣：掩面哭泣。 ㉙青衫：唐朝八品、九品文官的服色。白居易当时的官阶是将侍郎，从九品，所以服青衫。

对白居易与琵琶女在席间的一颦一笑都做了细致生动的再现，充分展现了那个独特时空的悲哀氛围，描述了琵琶女这个令人同情的社会弱者的坎坷人生遭遇，读来悲悲切切，令人不胜唏嘘。

拓展阅读

元和十年六月，朝中发生宰相武元衡被刺事件，主谋者是藩镇割据势力。白居易激于义愤，率先上表请求严惩凶手。忌恨他的人乘机攻击他“越职言事”，加以造谣中伤，他被贬为江州(江西九江)司马。诗人因这次政治迫害而愤懑、感伤，在荒僻的江州，无处发泄，只好将一腔愁闷郁积心底。一个萧瑟的秋夜，当诗人送客浔阳江头时，偶逢琵琶女，从其苦难的身世遭遇联想到自己政治上的坎坷失意，顿时触发沦落天涯的痛苦心境，悲怆之意油然而生，他饱蘸满腹辛酸之泪，尽情倾诉悲愤之情，写下了千古绝唱《琵琶行(并序)》。

应用文写作

第一单元　基础文书写作

第一节　启　事

(一) 启事的概念

启事是机关团体、企事业单位或个人向社会陈述事宜、告知音讯、请求协助时所使用的告知性文书。

(二) 启事的特点

(1)公开性。启事公开发表，不管是张贴在公共场所，还是在大众媒体上刊播，都是面向社会的、公开的，不具有任何保密性。

(2)告知性。启事虽对社会公开发布，但不是指令性规定，不具备法律效力，没有强制性和约束力，只有知照性。

(3)简明性。启事都要求一事一启，内容简洁明了，一目了然。

(三) 启事的类型

(1)征招类启事：包括招聘、招标、招商、招生、招工、招领、招租、征稿、征集、征婚、出租、出售等。

(2)声明类启事：包括遗失、作废、聘请、辨伪、迁移、更名、更正、更期、开业、停业、竞赛、讲座等。

(3)寻找类启事：包括寻人、寻物等。

(四) 启事的结构与写法

1. 标　题

(1)以文种做标题，直接写“启事”“紧急启事”。

(2)以事由做标题，如“寻人”“招聘×××”等。

(3)以“事由＋文种”做标题，如“寻人启事”。

(4)以“启事单位＋文种”做标题，如“××公司启事”。

(5)以“启事单位＋事由＋文种”做标题，如“××公司招聘启事”。

2. 正　文

正文部分主要写明启事内容，一般包括启事目的、原因、内容、事项等。如果内容较多，可以分条列项，逐一交代明白。从结构上看，可写成直陈式和总分式。直陈式是直接陈述有关事情和要求，或写成一段，或分段写出；总分式是在正文的开头先简要、概括地写明启事的缘由、目的和内容，然后再分条列项地标出具体事项。

不同的启事，其正文内容要求也有所差别，下面具体介绍几种常用启事。

(1)招聘启事。主要内容：①招聘方的情况，包括招聘方的业务、工作范围及地理位置等；②对招聘对象的具体要求，包括招募人员的工作性质、业务类型，以及招募人员的年龄、性别、文化程度、工作经历、技术特长、科技成果等；③招募人员受聘后的待遇；④其他情况，应聘人员须交验的证件，应聘的手续、具体时间、联系的地点、联系人、联系电话等。

（2）征稿启事。主要内容：①写明征文的单位、缘由、目的等；②征文的具体要求，通常包括以下内容：作者的条件，征文的内容范围、体裁、字数，征文的时间等；③征文的评选、评奖办法等；④对投递稿件的具体要求及方法等。

（3）寻人启事。主要内容：①交代走失人的身份、特征，主要包括走失人的姓名、性别、年龄、外貌、衣着装束、说话口音等内容；②交代走失的时间、地点；③发现失踪者时的联系方式；④其他。例如，有的寻人启事会写上几句酬谢之类的话。

（4）寻物启事。主要内容：①写明丢失物的名称、外观、规格、数量、品牌等，以及写清楚丢失的原因、时间和具体地点；②交代拾物者送还的具体方式，或注明发文者的详细地址、联络方式等；③可写上表示谢意、给予酬金等内容。

（5）征婚启事。主要内容：①征婚者的个人情况，其中包括性别、年龄、身高、长相、学历、工作单位、经济情况、家庭现状、有无婚史、个人爱好等；②要求征婚对象的条件，一般可包括年龄、学历、工作情况、个人爱好、有无婚史、外貌等内容；③征婚者的联系方式，一般包括自己或代转人的通信地址、联系方式。

正文末尾可以写上“此启”或“特此启事”，也可以不写。

3. 落款和日期

写上启事单位或个人的名称和具体日期。如果在标题或正文中已经写明启事单位名称或个人姓名，此处可以不写，只写联系地址、电话号码、邮政编码、联系人等。以机关、团体名义张贴的启事，则应加盖公章，以示负责。在报刊、广播中公开发表的启事常常不写日期，以当日报刊、广播日期为准。

【例文 1】

寻人启事

张三，男，15 岁，身高 1.5 米，湖北口音，痴呆，皮肤黝黑，留平头。于××年×月×日中午在新华公园走失，走失时身穿蓝色背心、灰色短裤、白色运动凉鞋。有知情者请速与××市××路××号联系，手机号码：×××××××××××，必有重谢。

联系人：张××

××年×月×日

【例文 2】

寻物启事

本人不慎于 12 月 18 日乘 5 路公交车时，将一咖啡色公文包遗失，内有身份证、驾驶证、单位发票数张和少量现金。有拾到者请与×××供电局 210 办公室联系，电话：×××××××××。

启事人：李××

××年×月×日

【例文3】

招领启事

在本商场拾到黑色钱包一个,内有人民币若干元、信用卡等物,望失主尽快前来认领。地点:××商场四楼综合办公室,联系电话:×××××××。

××商场综合办公室

××年×月×日

第二节 请假条

(一) 请假条的概念

请假条是因公、私事务或因病等无法按时上课、上班、出席会议、参加活动等,向老师或有关领导请求准予缺席的一种条据。请假条的特点是开门见山、内容简短、用词通俗易懂。

(二) 请假条的结构与写法

请假条的结构通常由标题、称呼、正文、结束语、落款五部分组成。

1. 标 题

可直接在第一行居中位置以文种命名,如“请假条”。

2. 称 呼

标题下另起一行顶格写称呼,后面加冒号。请假条称呼一般用简称,如“李老师”“王部长”等。

3. 正 文

另起一行空两格写正文。正文的内容主要包括请假的原因、时间及请求语等。请求语一般为“请批准”“请准假”等。

4. 结束语

结束语可写可不写,多以“此致,敬礼”等结尾。

5. 落 款

在结尾语或正文的右下方写上请假人的姓名和日期。

(三) 请假条的写作要求

(1) 请假条内容较少的,不用分段。

(2) 语言应朴实、简单,不能作无谓的修饰,把事情说得清楚简明就好。

(3) 是否要写致敬语,应视格式、内容和交往对象而定,不可随便处理。

(4) 有其他相关证明也可以附带上交,更有说服力,更容易批准。

(5) 应用蓝黑钢笔或签字笔书写,一般不能用红色笔写。

【例文1】

请假条

张老师:

我因感冒、发烧,需要请假休息三天,故3月16日到3月18日不能到校上课,请批准。

此致

敬礼

××班：李四
××年×月×日

【例文2】

请假条

陈老师：

我今天腹泻，四肢无力，经医生诊断，属于急性肠炎，需要休息三天(星期三、四、五)，不能上课，特此请假，恳望批准！

附医生证明一张。

此致

敬礼！

××班：李明
××年×月× 日

【例文3】

请假条

尊敬的张经理：

我和女友商定于××年2月1日举办婚礼，需要从1月30日起请婚假4天，于2月3日恢复正常上班。目前手头的工作已经基本完毕，其他工作已经交付完毕。请予批准。

请假人：王强
××年×月×日

第三节　欠条、借条、收条

一、欠　条

(一) 欠条的概念

欠条是欠方(个人或单位)在欠款、欠物时写给对方(有关单位或个人)的凭证性应用文。

(二) 欠条的结构与写法

欠条一般由标题、正文、结束语、落款几部分组成，其中结束语可写可不写。

1. 标　题

欠条的标题一般由文种名构成，即“欠条”。有的标题也用“今欠”或者“暂欠”，但这种情况正文就要在下一行顶格写。

2. 正　文

欠条的正文可以用固定语“今欠”“暂欠”等开始，内容包括被欠方名称、欠的钱物、数量多少、归还日期等。

3. 结束语

结束语一般用“此据”，一种写法是直接写在正文之后，后加句号；另一种写法是另起一行空两格写。结束语也可以不写。

4. 落　款

如欠方是单位,落款要署上欠方单位全称并盖章,经手人要亲笔签名;如欠方是个人,则要在署名前写上"欠款人""立据人""经手人"等。最后在署名的下一行偏右写打欠条的日期,年月日要写齐。

(三)欠条的写作要求

(1)写欠条一定要欠款人亲笔手写的,不要用打印或其他代替。

(2)欠款人的签名要核对清楚,不能用章代替,不能用代码或其他非正式姓名的绰号代替。

(3)欠款事由要详细;欠款金额最好大小写都写好,末尾处加个"整"字。

【例文1】

欠　条

因本人资金临时周转不便,兹欠付××××有限公司货款共计人民币贰拾伍万元整(¥250 000),上述款项本人承诺最迟于2021年9月10日前无条件偿还××××有限公司,并支付到指定银行账户。

欠款人:李华

2021年3月10日

【例文2】

欠　条

今欠张三人民币壹仟元整(¥1 000),定于2021年5月1日前偿还。

此据。

欠款人:李四

2021年3月10日

【例文3】

欠　条

今借××班篮球伍个,定于本月底归还。

经手人:××班　王五

2021年3月10日

二、借　条

(一)借条的概念

借条,又称借据,是人彼此之间为处理财务、物资或事务来往,写给对方作为凭据或有所说明的条据。钱物归还后,打条人收回条子,即作废或撕毁。它是一种凭证性文书。

(二)借条的结构与写法

借条一般由标题、正文、落款三部分组成。

1. 标　题

借条的标题写在正文正上方,字体稍大。标题一般由两种方式组成。一种是直接由文种名组成，即写上“借条”或“借据”字样。另一种是以正文内容的前三个字为标题，即以“今借到”作为标题，这类标题的正文需要顶格写。

2. 正　文

另起一行空两格写起。这部分写明借条的内容：首先，从哪里得到了什么东西，数量多少。要写出所借的钱物的数目及物品的品种、型号、式样、规格等。借出方也需要写清楚。从单位借出的钱物要写上所为何用。其次，写明归还的具体日期或大致时间，有较为复杂的情况，则要写明具体归还的方法。

3. 落　款

要写上写借条者的单位名称和经手人姓名或借方个人的姓名。必要时需要加盖公（私）章，以示负责。单位、个人名称前一般写上“立据人”或“借款人”字样。在署名的下一行偏右写上借钱物的具体时间，年月日要写齐。

（三）借条的写作要求

（1）借条中涉及钱物就要写明钱物的数量，数词要大写，末尾处加个“整”字。

（2）书写时，行与行之间必须紧密，前后不留空白。

（3）借条中无祝颂语。

（4）借条在钱物归还后，应将其收回或当面销毁。

（5）借条不允许涂改。

【例文4】

借　条

今借到财务处人民币伍仟元整（￥5 000），作出差开会用。日后按规定报销，多退少补。

此据。

借款人：李爱华

2021年1月20日

【例文5】

今借到

××学校后勤处扫帚十把、垃圾桶八个、铁锹三把，借期一周，于4月17日归还。

经手人：××班 李四

2021年4月10日

【例文6】

借　条

今借到张三人民币壹万元整（￥10 000），于2021年5月10日归还，借期内利息为2%，与本金同时还清。

此据。

借款人：李四

2021年1月10日

【注意事项】

借条和欠条的区别

人们在生活中常常对借条、欠条的理解有困惑。经常有人会将借条表述为欠条,人们往往会将借条写成欠条。但事实上这两种书面证据在司法实践领域有着不同的含义。

1) 借条证明借贷关系,欠条证明欠款关系。

2) 借条肯定存在借款关系,而欠条则不一定存在借款关系(现金流转关系)。

3) 借条形成所依据的是双方的借款事实。欠条所依据的事实则多种多样,如因买卖产生的欠款、因经济纠纷所产生的欠款、因侵权行为而产生的欠款、因犯罪行为而产生的欠款等。

4) 在案件审理过程中所起的作用不同:仅仅凭一张欠条提起诉讼很难得到合议庭的支持,还需要向法庭说明欠款形成原因及提供相关的证据(如经济纠纷应当提供合同)。而借条在一般情况下无须证明其形成原因,仅须向合议庭说明借款的时间即可。

5) 诉讼时效的起算点不同:没有明确还款期限的借条,出借人可以随时向借款人要求还款,诉讼时效从权利人主张权利之时开始计算。权利人再次主张权利的,适用诉讼时效中断的规定。但是如果出借人在借款人出具借条的20年内不主张权利,则诉讼时效不再起算。而没有明确履行期限的欠条则从出具之日起计算诉讼时效。

三、收 条

(一) 收条的概念

收条是收方收到单位或个人交来的钱或物,写给送交者作为凭据的一种应用文,又叫收据。

(二) 收条的种类

收条的种类一般有两类:一类是写给个人的收条,另一类是写给某一单位的收条。其中,值得注意的是单位出具的收条通常由某一个人经手,而以单位的名义开具。

(三) 收条的结构与写法

1. 标 题

收条的标题一般直接由文种名构成,即直接写上“收条”或“收据”字样。也可以把正文的前三个字作为标题,即“今收到”“现收到”“已收到”,此时正文从第二行顶格处接着往下写。如果是替别人代收的情况,标题应写成“代收条”。

2. 正 文

正文一般是在标题下空两格处开始写,写明收到钱物的名称、数量、物品的种类、规格等情况。切记,以“今收到”“现收到”“已收到”为标题的收条是不空格的。

3. 结束语

收条结束语同欠条。

4. 落 款

落款一般要求写上出具方署名、盖章和收到的具体日期。如涉及单位的要写明单位全称;

如是某人经手的一般要在姓名前署上“经手人”“立据人”字样；如是替别人代收的，则要在姓名前加上“代收人”字样。

【例文 7】

收　条

今收到张三现金叁仟元整（￥3 000），特此为证。

收款人：李四

2021 年 2 月 26 日

【例文 8】

收　条

今收到×××有限公司全体职工共同捐赠的办学经费捌万元整。

××职业技术学校（盖章）

经手人：刘磊

××年×月×日

【例文 9】

代收到

张红同学还给李明老师的乒乓球拍一副，完好无损。

代收人：周丽

××年×月×日

第四节　检讨书

（一）概　念

检讨书是一种常用的日常应用文，也称认识书，是犯了错误的个人或领导向当事人或组织写出的反思自身、检讨错误并保证绝不再犯的书信，也指自己在学习或工作中出现了问题或过错，为了今后避免再出现此类事件，要求自己以书面的形式，对出现的问题或过错做出的检讨。它一般包括出错问题、产生原因、改正措施或今后的打算。

（二）写作结构

1. 标　题

直接用文种“检讨书”即可；也有注明所犯错误范围或性质，如“逃课检讨书”“关于违反学校规定的检讨书”。

2. 称　呼

写明检讨书呈报的组织、单位或个人。

3. 正　文

正文一般由三部分组成：

(1) 所犯错误事实。何人在何年何月何日的什么地方犯了什么错误,错误本身对自己或他人造成了什么样的不利影响。

(2) 对所犯错误的认识。要根据自己的过错进行深入的总结,说一下自己的具体感受。注意应该多写写个人的主观原因,尽量不找客观原因,否则会令上级或老师反感。

(3) 改正错误的决心与措施。写的方式有很多,比较常规的就是写清楚自己根据这次错误而制定的改错计划,而计划中最好包含一些承诺性的言语。特在请求上级原谅自己错误的同时并写明自己愿意实行改错计划的决心。

4. 落　款

写上“检讨人:×××”或单位名称以及年月日。

【例文1】

检讨书

尊敬的李老师:

我怀着忏悔的心情向您递交这份旷课的检讨书。此次英语课旷课的行为,严重地违反了学生在校学习纪律,后果非常严重。在此,我对您表示深深的歉意。

×月×日晚上因为自己身体有些不适,加之对英语不太感兴趣,就不想上英语课,在寝室休息。此次旷课的行为,是我平时无视纪律、缺乏自觉性造成的。

我的旷课行为让老师担心,我感到非常抱歉。如今在李老师的严厉批评下,我有所醒悟。今后我一定要努力改正我随意旷课的毛病,做到以下几点:

第一,有事要提前跟老师请假,不随意旷课。

第二,我今后一定深入学习《学生日常行为规范》,遵守校规校纪。

第三,今后一定努力学习,以好的成绩回报老师对我的关心。

检讨人:李四

2021年3月1日

【例文2】

检讨书

尊敬的张老师:

我怀着愧疚的心情,写下这份检讨书,以向您表示我的决心和悔改之意,只希望老师能够给我一个改正错误的机会。以前我没有意识到自己的散漫和无知,上课总是不认真听讲,导致我考试成绩不理想。

关于我此次考试成绩不理想,我总结了如下几点原因:

一是学习不用功。前段时间因为月考成绩看得过去就有所松懈,早读有一半的时间用来犯困,另一半时间效率也不高。上课时,特别是数学和英语,一有听不懂的情况就犯困,越困越听不懂。

二是我在课后没有及时复习。在以前的学习当中,我没有重视课后复习,每天学完回家没有积极主动地查缺补漏,对于不懂的知识点没有深入分析和理解,也没有向老师或同学请教,及时解决不懂的问题。

关于我此次成绩不好的原因还有很多,我在反省、检讨错误的同时,已经将目光投入到了以后的考试中，我现在已经深刻地认识到了自己的错误，找到了自己身上存在的不足。我会在以后的日子里端正态度，认真学习，希望老师能够再给我一次机会，我一定会好好努力，不再让老师及家长失望。

检讨人：李明

2021 年 4 月 2 日

【例文 3】

检讨书

尊敬的院领导：

事发于 2021 年 12 月 26 日晚，由于对新系统操作不熟悉，致使年终医保结算工作拖沓不前，无法在正常的上班工作时间内完成。于是院领导安排我当晚加班结算××年尚未出院的医保在院病人，我加班至六点半，还剩下三个未来得及办理出院结算的医保病人，本想交代给值班人员来继续办理，但当晚值班人员也需要对其他病人办理结算，无暇顾及，而我因为不必要的个人因素没有继续加班，耽误了医院的年终结算工作，致使医院的财务工作没能正常开展。对此，我感到非常抱歉。

我在自我反省的过程中，痛定思痛，将犯错原因归结如下：

1）责任心不强。作为一名收费人员，应该恪尽职守辅助财务完成医院统计工作，在以后的工作中要端正自身的工作态度，切忌工作上的随意性。

2）纪律性不强。要严格按照医院规章行事办事，自始至终相信“无规矩不成方圆”这一古训。无论做事还是做人，都要循规蹈矩。

经过这次事情，我为我的行为感到后悔，为了对我的过失负责，我愿意接受应有的惩罚。此次教训，我将当作极其宝贵的经验财富加以吸取，并深刻铭记于心，时常警醒自己，保证今后不会再出现类似的情况。对于今后的工作和生活，我也要端正态度，时刻提醒自己做事要有始有终。最后真心感谢领导的教诲，希望在今后的成长过程中，我能从你们身上学到更多的智慧，能得到你们的教诲和帮助。

检讨人：王科

2022 年 1 月 10 日

第二单元　行政公文写作

第一节　通知与通报

一、通　知

（一）通知的概念

通知是上级机关传达要求下级机关办理和需要有关单位周知或者执行的事项时，使用的一种公文文种。《国家行政机关公文处理办法》规定：通知适用于批转下级机关公文、转发上级机关和不相隶属机关的公文；发布规章制度；传达要求下级机关办理和有关单位需要周知或者共同执行的事项；任免或聘用干部。

通知是各级党政机关、人民团体、企事业单位在公务活动中最常用的一种公文，不仅可以下达指示、布置工作、传达有关事项，还可任免或聘用干部，使用范围相当广泛。上级机关对下级机关可以用通知，平级机关之间有时也可以用，所以通知大多属于下行文或平行文。

（二）通知的特点

1. 应用的广泛性

通知在党政机关公文中是一种使用频率最高、使用范围最广的文种，它不受发文机关级别高低的限制，党政机关可以用，人民团体、企事业单位也可以用。另外，由于工作的需要，两个以上机关还可以联合向各自的下属单位发“联合通知”。

2. 发布形式的灵活性

通知的发布形式不受限制，即可以用文件形式印发；有时因事项紧急而重大，需要广而告之，还可以经过批准，在报纸、电视、广播、网络等上发布，可以不用文件形式下发。

3. 功用的指导性

上级机关在向下级机关发布规章、布置安排工作、批转和转发文件等，都需要明确阐述处理问题的原则方法和具体措施，说明需要做什么，怎样做，达到什么要求等，来指导下级机关工作的开展，从发挥的功用上来说具有很强的指导性。

4. 行文的时效性

通知都是在受文对象对某件事情应知而未知、应办而未办的情况下下达的，事项一般要求立即办理、执行或知晓，不容拖延，否则会失效或误事。有的通知（如会议通知）只在指定的一段时间内有效，行文要及时，具有较强的时效性。

（三）通知的种类

根据内容与作用，通知可分为以下几种类型。

1. 告知性通知

告知性通知，又称一般性通知，多用于上级机关向下级宣布某些应知事项，可以是告知某次会议的召开事项,也可以是宣布某个机构成立与撤销事宜等。这种通知的发送对象广泛,对下级、平级均可发送。

2. 批转、转发性通知

用于批转下级机关的公文,转发上级、同级或不相隶属机关的公文时使用,这类通知包括批转性和转发性两种。批转性通知,适用于上级机关对下级部门的文件加批语下发,需要在标题中加"批转"两字;转发性通知主要用于转发上级、平级和不相隶属机关、部门和单位的文件,同样需要在标题中注明"转发"字样。

3. 指示性通知

上级机关对下级机关某一项工作作出指示和安排,但是限于发文机关的权限,或因其内容不宜用命令决定,可使用指示性通知送达,这类通知又称规定性通知或布置性通知。由于指示性通知内容带有指令性和规定性,言词要注意严肃庄重,语气坚定,不容置疑。

4. 颁发性通知

颁发性通知,用于发布行政法规、规章和印发有关文件的通知。

5. 会议通知

会议通知,是用于召开某次会议而提前发文通知有关与会人员做好参会准备的公文,其用途仅限于通知会议的召开及有关事项。

6. 发布性通知

发布性通知是用通知发布规章,以提高规章的法定效力,使执行单位认真贯彻的一种带有命令性和规定性的下行公文。

7. 任免性通知

任免性通知是上级机关在任免下级机关的领导人或上级机关的有关任免事项需要下级机关知道时发出的一种下行公文。

(四)通知的写法

1. 标　题

通知的标题多采用"发文机关+事由+文种名称"(如《××职业技术学院关于召开春季田径运动会的通知》)或"事由+文种名称"(如《关于加强中小学收费管理工作的通知》)两种形式。但如果是两个单位以上联合发文,则不能省略发文机关。

转发性通知,要在标题中标明"批转"或"转发"字样,并要列出原文件起草单位及原文件名称,如《国务院办公厅转发财政部关于农业综合开发若干政策的通知》。转发性通知标题一般较长,草拟时要酌情处理,力求精练,碰到两个"关于""通知"时要尽量省去一个,如《四川省人民政府关于转发国务院办公厅加强中小学收费管理工作的通知》或《四川省人民政府转发国务院办公厅关于加强中小学收费管理工作的通知》。

2. 发文字号

按规定标注完全。

3. 主送机关

一般在标题的下一行顶格写,后加冒号。所有通知都需要有主送机关,一般为直属下级机关或需要了解通知内容的不相隶属的单位,一个或多个均可。当通知的主送机关有多个时,要注意主送机关排列的规范性,在每个主送机关之间用顿号或逗号隔开。

4. 正　文

通知的正文主要包括缘由、通知事项、结尾三部分。

(1) 缘由:写发通知的原因、目的、依据或情况。

(2) 通知事项:这一部分是通知的主体,要求写明受文机关承办、执行和应予知晓的事项,内容复杂的可分条列款。不同类型的通知在这一部分的写作要求有所不同:批转、转发性通知写明被批转、转发公文的全称,根据不同情况可用“现转发给你们,请遵照执行”“请认真贯彻执行”“希研究执行”等词语对受文单位提出贯彻执行的具体要求;还可以根据具体情况做出补充性的规定。被转发或批转的具体内容放在附件中来交代。发布性通知写明被发布公文的全称,提出执行要求。具体内容用附件形式来标明,必要时可强调该法规的重要性,请受文单位予以重视。文字要简短,不要长篇大论。指示性通知写明有关单位应执行的办法、步骤、措施等,或写带有强制性、指挥性、决策性的原则(或指示性意见)、具体工作要求等。指示性通知的事项,一般影响面较大,比较紧急而且有一定的政策性。

会议通知依据其不同类型,有不同的写法。通过文件传递渠道发出的会议通知,一般应写明召开会议的原因、召开会议的目的、会议名称、主要议题、到会人员、会议及报到时间、地点、需要的材料等,通常采用条文式写法,要求内容周密,语言清楚,表述准确,不致产生歧义。供机关、单位内部张贴或广播的周知性会议通知,应在通知事项中说明会议时间、地点、内容、准备材料及出席人员等。语言力求简明。

任免通知比会议通知更为简单,一般的固定格式是按任免决定写明任免人员的单位名称、人员姓名、职务即可。

(3) 结尾:通知的结尾常用的有三种写法。

① 事项结束,全文就自然结尾,意尽言止,不单写结束语。

② 用习惯用语“特此通知”收尾,但前言和主体之间如果用了“特作如下通知”作过渡语,则不宜在收尾处再用习惯用语。

③ 用简要的文字再次明确主题或做必要的说明,以引起受文单位对该通知的重视。

5. 落　款

在正文右下方写明发文机关名称,如果发文机关在标题中标明,则落款时可以省略。

6. 成文时间

成文时间写在落款之下。

(五) 通知写作的注意事项

1. 内容要具体明确

通知与实际工作关系非常密切,因此通知的内容要具体、明确,便于理解与执行,充分保证日常工作的正常开展。

2. 提出的措施要切实可行

通知主要是向下级机关发布的下行文,因而要体现下级机关的领导和指导。既要讲任务、要求,又要讲方法、步骤、措施,语言不能空泛,以免下级机关难以理解执行。

3. 结构严谨、层次清晰

通知的结构或采用自然段形式,或采用条文式,都须条文清晰,排列有序,段落与条文之间应杜绝出现内容交叉、重复现象。

4. 制发要迅速及时

通知具有很强的时效性。无论是部署安排重大工作，还是处理大量的日常工作都必须及时，所以通知应撰制及时，传递及时，执行、办理及时，力求高效率。

【例文 1】　会议通知

关于召开全省高校安全工作会议的通知

各高校：

经研究，定于 2021 年 3 月 2 日召开全省高校安全工作会议。现将有关事项通知如下。

一、会议主要内容

深入贯彻落实全国高校安全稳定工作会议精神，总结 2020 年高校安全工作，部署 2021 年工作任务，研究探讨高校安全工作目标管理的有关问题。

二、参加会议人员

各高校分管安全工作的领导和保卫处处长。

三、会议时间及地点

3 月 1 日下午到××市××路××号民福饭店一楼大厅报到。饭店总机：×××××××。

3 月 2 日上午 8:30 开会，会期一天。

四、其他事宜

1）报到时各单位须提交 2020 年工作总结和 2021 年工作计划各 1 份、大会发言单位提交书面发言材料 100 份。

2）请各单位认真做好准备，安排好与会人员参加会议，食宿费用自理。

联系人：×××，联系电话：×××××××。

××省教育厅××处

二〇二一年二月十八日

【例文 2】　发布性通知

关于印发《××职业技术学院 2020—2021 学年第二学期工作计划》的通知

各系部、各部门：

《××职业技术学院 2020—2021 学年第二学期工作计划》经学院党委批准，现印发给你们，请你们根据学院的工作计划，结合本部门实际，认真贯彻落实。

附：《××职业技术学院 2020—2021 学年第二学期工作计划》

中共××职业技术学院委员会

二〇二一年二月二十三日

【例文 3】　任免性通知

关于×××等同志的任免通知

××市教育局：

经研究决定：

任命×××同志为××市教育局局长，免去其×××市文体局副局长职务。

任命××同志为××市教育局副局长。

××市人民政府
二〇二一年三月一日

二、通　报

(一) 通报的概念

通报是国家机关、社会团体、企事业单位表彰先进、批评错误、传达重要精神或情况所使用的一种下行公文。

通报的应用也比较广泛,可以用于表扬好人好事、新风尚;也可以用于批评错误,总结教训,告诫人们警惕类似问题的发生;还可以用来互通情况,传达重要精神,沟通交流信息,指导推动工作。

通报的作用如下:

(1) 互通情况,沟通信息,使有关单位或组织了解工作进程,安排好自己的工作。

(2) 学习先进的典型经验,指导和推进工作。

(3) 吸取他人教训,警惕类似问题发生。

(二) 通报的种类

根据通报的作用,可将通报分为以下三类。

1. 表彰性通报

这类通报主要用于表扬和宣传先进集体、先进个人的典型事迹,从中总结出成功的经验,号召人们向先进学习。

2. 批评性通报

主要用于批评处理重大事故、事件、违法违纪案件等,告诫人们吸取教训,防止类似错误再次发生。

3. 情况通报

主要用于上级领导机关向所属下级机关传达有关重要情况、发布重要信息,以便上情下达,统一认识,协调并推动工作。

(三) 通报的特点

(1) 奖惩性:表彰先进,鞭策后进,吸取经验或教训。

(2) 分析性:在交代清楚相关事实情况的基础上,对所反映的事实情况、性质和影响进行分析阐述。

(四) 通报的写法

通报一般由首部、正文和尾部三部分组成。其各部分的格式、内容和写法要求如下:

(1) 首部。通报的首部主要包括标题和主送机关两个项目内容。

① 标题。通常有两种构成形式:一种是由发文机关名称、事由和文种组成,如《国务院办公厅关于对少数地方和单位违反国家规定集资问题的通报》;另一种是由事由和文种构成,如《关于给不顾个人安危勇于救人的王××同志记功表彰的通报》。此外,有少数通报的标题是在文种前冠以机关单位名称,如《中共××市纪律检查委员会通报》;也有的通报标题只有文种名称。

② 主送机关。除普发性通报外，其他通报应该标明主送机关。

(2) 正文。通报正文的结构通常由开头、主体和结尾等部分组成。开头说明通报缘由；主体说明通报决定；结尾提出通报的希望和要求。不同类别的通报，其内容和写法有所不同，现分述如下：

① 表扬性通报。一般在开头部分概述事件情况，说明通报缘由。由于它是做出通报的依据，因此要求把表扬对象的先进事迹交代清楚。如果属于对一贯表现好的单位或个人进行表彰，事实叙述不但要清楚明白，而且要注意详略得当、重点突击。主体部分通过对先进事迹的客观分析，在阐明所述事件的性质和意义的基础上，写明通报决定。结尾部分明确提出希望和要求，号召大家向先进学习。

② 批评性通报。在机关工作中使用的比较多，对一些倾向性问题具有引导、纠正的作用。批评性通报又分两种情况。一种是对个人的通报批评，其写法和表扬性通报基本一样，要求先写出事实，然后在分析评论的基础上叙写通报决定，最后提出希望和要求，让大家吸取教训，引以为戒。另一种是对国家机关或集体的批评通报。这种通报旨在通过恶性事故的性质、后果，特别是酿成事故的原因的分析，总结教训，从而达到指导面上工作的目的，所以写法和表扬性通报略有不同。其正文主要包括叙写事实、分析原因、提出要求和改进措施等内容。

也有的批评性通报，是针对部分地区或单位存在着的同一类问题提出批评的。这类通报，虽然涉及的面比较广，但因其错误性质基本相同，所以写法上以概括为主，大体和情况通报相近。

③ 情况通报。主要起着沟通情况的作用。旨在使下级单位和群众了解上面的情况，以便统一认识，统一步调，推动全局工作的开展。正文主要包括两项内容：通报有关情况；分析并做出结论。具体写法，有的是先摆情况，然后进行分析得出结论；有的是先通过简要分析做出结论，再列举情况，来说明结论的正确性和针对性。总之，写法多样，如何表述可因事制宜，无须强求一律。

(3) 尾部。包括发文机关署名和成文时间两个项目内容。有的在通报标题中已标明发文机关名称，这里则不必重复。

(五) 撰写通报应注意的问题

(1) 通报的内容必须真实。通报的事情、所引材料都必须真实无误。动笔前要调查研究，对有关情况和事例要认真进行核对，客观、准确地进行分析、评论。

(2) 通报决定要恰如其分。无论哪一种通报，都要做到态度鲜明，分析中肯，评价实事求是，结论公正准确，用语把握分寸。否则通报不但会缺乏说服力，而且有可能产生副作用。

(3) 通报的语言要简洁、庄重。其中表扬性和批评性的通报还应注意用语分寸，要力求文实相符，不讲空话、套话，不讲过头的话。

【例文 4】

关于表彰××县商业局工作成绩显著的通报

各县商业局、局直属各公司：

去年××县商业局认真落实经营责任制，强化企业管理，在市场竞争激烈、商业工作难度较大的情况下,团结广大干部职工,鼓足干劲,扎扎实实做好各项工作,取得了显著的成绩。

(1) 购销利税全面增长。去年,××县商业系统商品总购销实绩××××万元,比上年增长27.6%,其中总购进××××万元,比上年增长111.7%;总销售实绩××××万元,比上年增长36.74%,其中纯销售××××万元,比上年增长50%;实现利润×××万元(不包括批发税),比上年增长16.6%;上交国家税收×××万元,比上年增长1.8倍,实现了购、销、利润、税收同步增长。

(2) 亏损大户食品行业扭亏为盈。××县商业系统按省政府规定,加强生猪购销管理,端正业务指导思想,落实生猪经营和扭亏责任制。全年收购生猪××万担,比上年增长3.14倍,占全县生猪总上市量的70%,完成商品总销售××××万元,比上年增长2.08倍,实现利润××万元,比上年亏损××万元,增盈××万元,35个食品核算单位中,有30个盈利,亏损单位从上年的32个减为5个。

(3) 加强网点建设,更好地发挥国营商业主导作用。近几年来,××县以少花钱、多办事的精神,加强商业网点建设,去年扩建了34间门店,到目前为止,营业面积6 437平方米,比改造前的3 871平方米,增加2 566平方米,改造后的门店,美观大方,既增加了服务项目,扩大了经营范围,方便了群众购买,又占领了市场阵地,在市场竞争中,发挥了国营商业的主导作用。

鉴于××县去年商业工作成绩显著,市商业局决定予以通报表扬,希望我市各级产业部门在新的一年中,要学习××县商业局的先进经验,坚持四项基本原则,深入改革,开拓经营,繁荣市场,把商业工作提高到一个新的水平,为发展我市的经济建设做出应有的贡献。

××年×月×日(公章)

抄报:省商业厅、市财办、市府办
抄送:××县财办、××县府办

【析评】

这是一则表彰性通报。

正文分三个层次:一是概括介绍××县商业局的先进事迹,简洁清楚地交代了时间、人物(单位)、事件(事迹);二是介绍具体的先进事迹材料,即购、销、利全面增长;亏损大户食品行业扭亏为盈;加强了网点建设,更好地发挥了国营商业的主导作用;三是写表彰决定,并发出号召。文章使用绝对数、百分数、对比数等各种不同的数字,精确地说明了成绩显著的程度,给人以深刻印象。

【例文5】

关于彩票管理体制情况的通报

各省、自治区、直辖市民政厅(局):

11月1日,国务院召开了第84次总理办公会议,会议研究了彩票管理体制问题。会议决定:现行彩票管理、发行体制不变。

现将国务院的决定通报给你们。希望你们接此通知后振奋精神,团结一致,严肃纪律,强化管理，深化改革，充分尊重财政部门的监督和宏观管理，主动沟通，积极配合，顺利完成今年的彩票发行任务。同时，请你们主动向当地党、政领导汇报此情况，争取更大的支持。

民政部

××年×月×日

第二节　报告与请示

一、报　告

（一）报告的概念和种类

报告是下级向上级汇报工作、反映情况、提出建议、回答上级询问的上行公文。报告使用范围很广。按照上级部署或工作计划，每完成一项任务，一般都要向上级写报告，反映工作中的基本情况、工作中取得的经验教训、存在的问题以及今后的工作设想等，以取得上级领导部门的指导。

从性质和内容上划分，报告可以分为以下五类。

1. 工作报告

这类报告在向上级机关汇报例行工作或临时性工作情况时使用。工作报告的目的主要是为了让上级了解下级的工作情况和动向，掌握全局，指导工作，建立上下级之间的正常工作关系。有的政策性和业务性较强的机关部门，工作报告还要形成一系列制度。

工作报告又可分为例行工作报告和专题工作报告两种。例行工作报告主要用于定期向上级机关汇报本机关、本部门职权范围内的工作情况，最常见的是年度工作报告和工作总结报告等。专题工作报告则是在一重要临时性工作完成之后或正在进行之中，专门就这一项工作的情况向上级机关汇报时使用。

2. 情况报告

情况报告在向上级机关汇报工作中发生或发现某些情况和问题时使用。情况报告和专题工作报告的作用差不多，主要是为了让上级机关了解和掌握有关情况及动向。不同的是，情况报告的内容比专题工作报告更具体，更有特定的意见。情况报告往往是就某一突发情况，某一问题或某一项工作、某一次会议的一部分事项向上级提出报告。情况报告突出工作中的“情况”，专题工作报告则注重工作的“全过程”。

3. 建议报告

建议报告在下级机关就工作中的重大问题和事项，专门向上级机关提出建议时使用。这类报告的侧重点在今后工作的意见和建议上，所以其性质与请示接近。所不同的是建议性的报告中提出的意见是供上级机关参考和研究的建议，而不是请求，上级机关对这些建议可以答复，也可以不答复。因此，建议性报告中叙述的问题和情况要切中利弊，突出重点、要点，建议意见要清晰明确，不可事不分巨细，意见不分大小，都向上级机关提出报告，以免上级机关分散精力或遗漏重要建议。建议性报告有时也随有关文件报送，这类建议的正文就更简单，只要说明报送理由即可，建议的内容全部在有关文件中了。

报告或报告中的建议一经上级机关转发或批转，就成了上级机关的文件或意见，具有相应的权威性和约束力。

4. 答复报告

从内容上看,答复报告也属于工作报告或情况报告。这类报告和前面介绍的报告不同,它是被动报告,即答复上级的询问,汇报有关情况,答复内容要有针对性,不能答非所问。

5. 递送报告

递送报告在递送文件、物件时使用,因是下级对上级行文,习惯上用“报告”而不用“函”行文。它的写法较为简单,写清楚报送材料(文件、物件)的名称、数量,结尾用“请审阅”“请收阅”收束。

(二) 报告的特点

1. 内容的汇报性

一切报告都是下级向上级机关或业务主管部门汇报工作,让上级机关掌握基本情况并及时对自己的工作进行指导,所以,汇报性是“报告”的一个大特点。

2. 语言的陈述性

因为报告具有汇报性,是向上级讲述做了什么工作,或工作是怎样做的,有什么情况、经验、体会,存在什么问题,今后有什么打算,对领导有什么意见、建议,所以行文上一般都使用叙述方法,即陈述其事,而不是像请示那样采用祈使、请求等表述方式。

3. 行文的单向性

报告时下级机关向上级机关行文,是为上级机关进行宏观领导提供依据,一般不需要受文机关的批复,属于单项行文。

4. 成文的事后性

多数报告都是在事情做完或发生后,向上级机关做出汇报,是事后或事中行文。

5. 双向的沟通性

报告虽不需批复,却是下级机关以此取得上级机关的支持指导的桥梁;同时上级机关也能通过报告获得信息,了解下情。因此,报告已成为上级机关决策、指导和协调工作的依据。

(三) 报告的写法及要求

报告由标题、主送机关、正文、落款和日期等部分组成。

1. 标　题

报告的标题,通常只写事由和文种,如《关于加强××建设的报告》。也有的标题包括发文机关、事由和文种三部分。有的报告内容紧急,则在标题中的“报告”前冠以“紧急”字样。

2. 主送机关

在标题下、正文前顶格书写受文对象,一般是上级机关或业务主管部门。

3. 正　文

各种报告的正文写法有所不同,但一般都由报告目的、报告内容和结尾三部分组成。开头说明报告的目的,用“现将有关情况报告如下”之类的惯用语过渡到下文。报告内容包括主要情况、存在的问题、经验教训、今后打算等,要根据不同种类的报告,有所侧重。结束语的写法,综合性报告用“特此报告”“以上报告当否,请指示”等,呈转性报告用“以上报告如无不妥,请批转有关部门执行”等。

综合性报告如果是为了全面反映前一阶段工作情况和今后工作意见,则分为三部分。开头写前一阶段工作情况,包括取得的成绩和存在的问题,中间写基本经验和教训,最后写今后的工作打算。如果侧重报告前一阶段工作情况，可着重写工作进展情况、主要做法、取得的成效，不一定要总结经验和教训，今后打算要简要，以免喧宾夺主。如果专门报告今后工作意见，写前一阶段情况应概括简要，着重写今后做什么、如何做就可以了。

专题报告的正文，如果是汇报工作的报告，要写清工作完成的情况，取得的经验，存在的问题和今后的意见。如果是反映某一事情的情况报告，要写清情况发生的经过、性质、初步看法和处理意见。如果是答复报告，根据所询问的内容，把事情交代清楚就可以了。如果是报送文件、物件的报送报告，则需要写清报送缘由和报送的是什么。

呈转性报告一般多用于业务主管机关针对工作中存在的普遍性问题或在一定范围内需要做出处理安排的事项向上级机关予以汇报并提出意见，请求上级机关以指示转发。这样的报告，工作情况的叙述要简要，重点是分析问题，提出工作要求、意见和办法，以便有关部门去做。这种报告一经上级机关批转，便带有指示的性质，受文机关须贯彻执行。

4. 落款和日期

在正文后写上发文机关和日期。

【例文 1】

××市人民政府关于治理××河水质污染问题的报告

××省人民政府：

省政府转来××××××委员会提出的关于××河水质污染状况的报告,经市政府调查研究，对报告中提出的有关问题及解决方案报告如下。

(1) 解决××河水质污染问题的关键是尽快建成污水处理厂。现在××河的污染主要是××区排放的污水所致。××区的排放量为 25 万吨,污水比较集中,因污水处理厂未能及时建立,致使污水直接排入××河,造成了××河的污染。

为解决××河的污染,市政府已抓紧××区污水处理厂建设,争取在××年建成。××区污水处理厂原设计概算为 8 316 万元,按现行价格估算约为 1 100 万元,已于××年×月开工,建成了 8 项附属设施,完成投资 200 万元。市政府今年安排的 300 万元投资已全部落实,××区城环局正在组织实施。

根据××河河道以南人口密集区的地下水污染和环境问题,在污水处理厂未建成之前,利用现有污水管道,把污水引到某区污水处理厂以西,污水直接排入污水处理厂的出口,这就避开了污染区。

(2) 电热厂的粉煤灰也是污染源之一。对于电热厂储灰厂的选址,必须考虑对地下水和环境的污染。选址已责成××区电热厂抓紧做工作,争取尽快报市政府有关部门审批。对南储灰厂渗漏对地下水的污染,主要采取截流集中排放的措施,以减少对地下水的污染。

××市人民政府

××年×月×日

二、请　示

(一) 请示的概念

请示是下级机关向上级机关请求决断、指示、批示或批准事项所使用的呈批性公文。请示属于上行公文,其应用范围也比较广泛。

(二)请示的种类

1. 针对性

只有本机关单位权限范围内无法决定的重大事项,如机构设置、人事安排、重要决定、重大决策、项目安排等问题,以及在工作中遇到的新问题、新情况或克服不了的困难,才可以用“请示”行文。请示上级机关给予指示、决断或答复、批准。所以请示的行文具有很强的针对性。

2. 呈批性

请示是有针对性的上行文,上级机关对呈报的请示事项,无论同意与否,都必须给予明确的“批复”回文。

3. 单一性

请示应一文一事,一般只写一个主送机关,即使需要同时送其他机关,也只能用抄送形式。

4. 时效性

请示是针对本单位当前工作中出现的情况和问题,求得上级机关指示、批准的公文,如能够及时发出,就会使问题得到及时解决。

(三)请示的种类

根据内容、性质的不同,请示分为以下三种。

1. 请求指示的请示

此类请示一般是政策性请示,是下级机关需要上级机关对原有政策规定做出明确解释,对变通处理的问题做出审查认定,对如何处理突发事件或新情况、新问题做出明确指示等请示。

2. 请求批准的请示

此类请示是下级机关针对某些具体事宜向上级机关请求批准的请示,主要目的是解决某些实际困难和具体问题。

3. 请求批转的请示

下级机关就某一涉及面广的事项提出处理意见和办法,需要各有关方面协同办理,但按规定又不能指令平级机关或不相隶属部门办理,需要上级机关审定后批转执行,这样的请示就属于此类。

(四)请示与报告

(1) 请示用于向上级机关请求指导、批准,上级接文后一定要给予批复;报告则用于向上级机关汇报工作、反映情况、提出建议,供上级了解情况,为上级提供信息和经验。上级机关接文后,不一定给予批复。

(2) 请示内容具体单一,要求一文一事,必须提出明确的请求事项。报告内容较广泛,可一文一事,也可反映多方面情况,但不能在报告中写入请示事项,也不能请求上级批复。请示起因、事项和结语缺一不可;报告行文较长,结构安排不拘一格,因文而异。

(3) 请示涉及事项是没有进行的,等上级批复后才能处理,必须事前行文,不能先斩后奏;报告涉及事项大却已过去或正在进行中,可以事后行文,也可以事中行文。请求时间性要求强,报告时间性要求一般较差。

(4) 批准性请示,上级未作出答复前,成文单位无权安排和办理;批转性报告在上级未作答复前,成文单位即可进行安排和部署。

(5) 请示与报告的联系:请示与报告虽然文种不同,但两者之间仍有某些相同之处。

① 主送单位相同。请示、报告的主送单位都是上级机关。因此,两者都是上行文,都是下

级机关向上级机关呈送的报请性公文。

② 行文手法相同。请示、报告都是用具体的事实和确凿的数据行文，禁言过其实，弄虚作假，混淆上级机关视听。

③ 表达方式相同。请示、报告都要求把有关事实叙述得清楚明白，这种叙述并非记流水账式的罗列材料，而是对有关事实进行系统归纳和概括。

④ 用语要求相同。请示、报告都是处理问题、指导工作的依据，使用语言时都要求通俗易懂，一目了然。

(五) 请示的写法

请示一般由首部、正文和尾部三部分组成，其各部分的格式、内容和写法要求如下。

1. 首　部

首部主要包括标题和主送机关两个项目内容。

(1) 标题。请示的标题一般有两种构成形式：一种由发文机关名称、事由和文种构成，如《××县人民政府关于××××××的请示》；另一种由事和文种构成，如《关于开展春节拥军优属工作的请示》。

(2) 主送机关。请示的主送机关是指负责受理和答复该文件的机关。每件请示只能写一个主送机关，不能多头请示。

2. 正　文

正文的结构一般由开头、主体和结语等部分组成。

(1) 开头。主要交代请示的缘由。它是请示事项能否成立的前提条件，也是上级机关批复的根据。原因讲得客观、具体，理由讲得合理、充分，上级机关才好及时决断，予以有针对性的批复。

(2) 主体。主要说明请求事项。它是向上级机关提出的具体请求，也是陈述缘由的目的所在。这部分内容要单一，只宜请求一件事。另外请示事项要写得具体、明确、条项清楚，以便上级机关给予明确批复。

(3) 结语。应另起段，习惯用语一般有“当否，请批示”“妥否，请批复”“以上请示，请予审批”或“以上请示如无不妥，请批转各地区、各部门研究执行”等。

3. 落　款

落款一般包括署名和成文时间两个项目的内容。标题写明发文机关的，这里可不再署名，但须加盖单位公章，成文时间××年×月×日。

【例文 2】

×××化工厂关于贯彻按劳分配政策两个具体问题的请示

省劳动厅：

按劳分配，是社会主义分配的基本原则，也是社会主义优越性之一。几年来，我厂认真贯彻了按劳分配政策，极大地激发了广大职工的社会主义劳动积极性，使得生产率成倍乃至几倍地增长。

为全面贯彻按劳分配原则，进一步调动职工的劳动积极性，现就两项劳资政策问题请示如下：

(1) 拟用去年全厂超额利润的10%为全厂职工晋升工资。其中，去年4月30日在册职工每人晋升一级，凡班(组)长和车间先进生产(工作)者及其以上领导和先进人物再依次晋升一级;全厂技术突击组成员每人浮动一级工资,组长每人浮动两级工资。

(2) 拟用去年全厂超额利润的10%一次性为全厂职工每人增发奖金平均100元,具体金额按劳动出勤率和完成定额计算。

以上请示,妥否,请批示。

×××化工厂
××年×月×日

【例文3】

省经济研究中心关于嘉奖刘××的请示

省总工会:

我中心是省政府的事业机构,负责全省的经济研究工作。由于中心尚无工会组织,故未能及时参加工会的有关活动。近闻总工会正在全省开展评奖活动,故将为我中心刘××同志立功一事请示如下。

刘××,男,52岁,××年大学毕业,现为副研究员。该同志长期从事农业经济的研究工作,做出了许多卓著成绩,多次受到领导的好评,并为农业生产创造了显著效益。其中《×××××××》和《××××××××》两篇论文分别荣获全国农学会一、二等奖,《×××》一书被评为全国科普鼓励奖,其本人已被编入中青年科学家辞典。

根据×总发【××××】××号文件精神,刘××同志符合立功条件,望予嘉奖。

以上,妥否,请批示。

省经济研究中心
××年×月×日

语言表达与运用

第一单元　基础口语训练

第一节　普通话基础知识

普通话是“以北京语音为标准音，以北方话为基础方言，以典范的现代白话文著作为语法规范”的现代汉民族共同语。这是在1955年的全国文字改革会议和现代汉语规范问题学术会议上确定的。这个定义实质上从语音、词汇、语法三个方面提出了普通话的标准。

（1）“以北京语音为标准音”，指的是以北京话的语音系统为标准，并不是把北京话的一切读法全部照搬，普通话并不等于北京话。

（2）就词汇标准来看，普通话“以北方话为基础方言”，指的是以广大北方话地区普遍通行的说法为准，同时也要从其他方言吸取所需要的词语。

（3）普通话的语法标准是“以典范的现代白话文著作为语法规范”，这个标准包括四个方面的意思：“典范”就是排除不典范的现代白话文著作；“白话文”就是排除文言文；“现代白话文”就是排除五四运动以前的早期白话文；“著作”就是指普通话的书面形式，它建立在口语基础上，但又不等于一般的口语，而是经过加工、提炼的语言。

普通话是中华人民共和国的官方语言，也是联合国六种官方工作语言之一。《中华人民共和国宪法》第19条规定：“国家推广全国通用的普通话”。《中华人民国家通用语言文字法》确立了普通话和规范汉字的“国家通用语言文字”的法定地位。

【小知识】普通话的历史演变

【汉代时期】　在汉代，共同语有了进一步发展，当时把共同语叫作通语。各地讲不同方言的人可以用通语进行交际。从秦汉开始，黄河沿岸的中原人陆续向南方迁移，把河洛古语带到南方。

【晋代时期】　晋代五胡乱华、衣冠南渡以后，中原雅音南移。不同的政权都按照其首都的方言为标准音。北方朝代建都各有不同，但是传统上以洛阳话为标准音；南方一般建都在建康（今南京），故以建康话为标准音。

【隋代时期】　隋朝统一，定都长安。隋文帝命陆法言等编著《切韵》，审定比较经典、纯正的汉语。《切韵》音系为参考洛阳话和建康话为主。

【唐代时期】　唐代在《切韵》的基础上，制定《唐韵》作为唐朝标准音，规定官员和科举考试必须使用唐韵。

【宋代时期】　宋代在《唐韵》的基础上，制定《广韵》。后来由于《广韵》和当时的语音差别很大，南宋时代的刘渊又著《平水韵》。

【元代时期】 中国元朝以首都大都(北京)话为基础,制定《中原音韵》,作为标准音。

【明代时期】 明太祖朱元璋命乐韶凤、宋濂参考典籍中的中原音韵和当时的南京话,编著《洪武正韵》作为官方韵书。

【清代时期】 1728年,雍正帝确定北京官话为官方用语,这是中国历史上的第一次由政府主导的推广标准音。到清中后期,北方的大多数地区(包括四川)都向以北京话为基础的新官话靠拢,其影响已经超过基于《洪武正韵》的南京话,成为在全国范围内流通最广的语言。江南地区流行吴语,岭南地区多使用粤语。

【民国时期】 以北京语音为"基础",同时吸收其他方言的语音特点(主要参考南京语音),如区分尖团音和保留入声。国音统一会议审定的汉字读音被后人称之为"老国音",并从1918年开始推行。

【新中国成立后】 1956年2月6日,国务院发出关于推广普通话的指示,把普通话的定义增补为"以北京语音为标准音、以北方话为基础方言、以典范的现代白话文著作为语法规范的现代汉民族共同语。"这个定义从语音、词汇、语法三个方面明确规定了普通话的标准,使得普通话的定义更为科学、周密了。"普通话"一词开始以明确的内涵被广泛应用。

第二节　普通话综合训练

一、 语音的基本概念

(一) 音素和元音、辅音

音素是最小的语音单位,它是从音色的角度划分出来的。例如,汉语里的 a、i、u 都是音素。一种语言的语音系统大都是由几十个不同的音素组成的。

音素分为元音和辅音两大类,元音如 a、o、e、i、u;辅音如 b、p、d、t、g、k、s、r。元音和辅音的区别主要是:

(1) 元音发音时,气流不受阻碍;辅音发音时,气流通过口腔、鼻腔时要受到阻碍。

(2) 元音发音时,发音器官各部位保持均衡的紧张状态;辅音发音时,构成阻碍的部位比较紧张,其他部位比较松弛。

(3) 元音发音时,气流较弱;辅音发音时,气流较强。

(4) 元音发音时,声带要颤动,发出的声音比较响亮。辅音发音时,有的声带颤动,声音响亮,如 m、n、l、r;有的不颤动,声音不响亮,如 b、t、z、c。

(二) 音　节

音节是听觉上最容易分辨出来的语音单位,如"建设"是两个音节,"图书馆"是三个音节,"社会主义"是四个音节。汉语音节和汉字基本上是一对一的,一个汉字也就是一个音节,只有少数例外,如"花儿、盆儿"都写成两个汉字,可是读成一个音节 huār、pénr。

音节是由音素构成的。北京话里一个音节可以只有一个音素,例如"啊"(ā)、"鹅"(é);也可以有两个或三个音素,例如"搭"(dā)、"地"(dì)、"人"(rén)、"民"(mín);最多可以有四个音素,例如"交"(jiāo)、"先"(xiān)。

(三) 声母、韵母、声调

汉语音韵学的传统办法是把一个音节分为声母、韵母和声调三个部分。声母指音节开头的辅音,韵母指音节里声母后面的部分。例如 dā(搭)的声母是 d,韵母是 ā;jiǎ(甲)的声母是 j,韵母是 iǎ;rǎng(嚷)的声母是 r,韵母是 ǎng。

元音、辅音和声母、韵母是从不同的角度分析语音得出来的概念。元音、辅音是音素的分类,适用于一切语言;声母、韵母是对汉语的音节进行分析得出的概念,只适用于汉语和与汉语有相同的音节结构的语言。在普通话中,声母都是由辅音充当的,韵母主要由元音来充当,有的韵母中也有辅音,但只限于 n 和 ng。换一个角度说,元音只用在韵母中,辅音主要用在声母中(只有 ng 不作声母)。辅音 n 既用在声母中,也用在韵母中,如音节 niān(蔫)里的前一个 n 是声母,后一个 n 是韵尾。辅音 ng 不用在声母中,只用在韵母中,如 gāng(钢)里的 ng。

声调指整个音节高低升降的变化。普通话里 dū(督)、dú(毒)、dǔ(赌)、dù(度),这四个音节的声母和韵母都相同,只是声调不同,表示的意思也就不同。

二、 声 母

(一) 基础知识

普通话的音节由声母、韵母和声调三部分组成。声母是音节的开头部分,传统的名称叫"字头"。声母由辅音充当,而辅音的特点是时程短,音势弱。所以声母的发音,应该努力做到"咬得准,发得清",使整个音节完整、清晰。

声母可以按发音部位分成七种:双唇音、唇齿音、舌尖中音、舌根音、舌面音、舌尖后音、舌尖前音。

1. 双唇音:b、p、m

双唇音,指上唇与下唇接触构成阻碍后发出的一种辅音,共有三种:b、p、m。发音时应注意,力量集中在双唇中央,唇部收紧,接触有力,并注意与气息的配合。

b ——

播 布 北 宾 班 标 贝 别 崩 笨

百倍 本部 板报 包办 奔波 辨别 北部 蚌埠

半路出家 包罗万象 悲欢离合 闭关自守 不约而同 博采众长

p ——

平 盘 胖 排 批 漂 盆 坡 砰

澎湃 乒乓 偏旁 平盆 婆婆 拼盘 偏僻 琵琶

旁观者清 匹夫有责 抛砖引玉 平心静气 破釜沉舟 普天同庆

m ——

妈 慢 门 米 谬 满 谋 美 灭

明媚 美满 茂密 埋没 面貌 秘密 买卖 麻木

满城风雨 马到成功 茅塞顿开 美不胜收 面目全非 莫名其妙

2. 双唇音:f

唇齿音,指上齿与下唇接触构成阻碍后发出的一种辅音。普通话语音中只有 f 一个唇齿音。发音时注意，上齿与下唇形成的阻碍要自然接触，不要上齿咬住下唇发音，接触面积也不要太大，否则易产生杂音，要调理好气息，除阻后紧接元音，这样字音就清楚了。

f ——

发　房　奋　佛　风　法　分　否　翻　冯

非凡　芬芳　丰富　方法　反复　发放　仿佛　奋发

发扬光大　翻来覆去　防患未然　飞沙走石　风尘仆仆　风平浪静

3. 舌尖中音：d、t、n、l

舌尖中音，指舌尖抵住上齿龈，气流在这一部位受到阻碍后发出的音。练习时注意部位要准确，舌尖要有力度。调整好气息，使受腹部控制的气流，不断地冲击成阻部位，让舌尖灵活有力地弹击上齿背，不要拖泥带水。平时我们无意识地用舌尖打嘟噜，也可以锻炼出舌尖的这种力度。

d ——

搭　担　到　得　灯　叨　丢　斗　多　肚

等待　单调　断定　当代　道德　大地　顶端　抵挡

大刀阔斧　点石成金　调虎离山　德高望重　单刀直入　动人心弦

t ——

吞　坛　淌　逃　铁　图　停　特　台　团

天堂　探听　跳台　团体　梯田　体贴　推托　吞吐

谈虎色变　铁证如山　同甘共苦　偷天换日　脱颖而出　突如其来

n ——

奴　奶　闹　难　能　农　娘　内　南　您

牛奶　南宁　难弄　男女　能耐　恼怒　泥泞　扭捏

南腔北调　难分难解　难能可贵　能说会道　弄假成真　怒发冲冠

l ——

拉　铃　来　列　驴　楼　罗　老　领　刘

理论　流利　玲珑　罗列　留意　绿柳　勒令　嘹亮

来者不拒　劳而无功　冷若冰霜　两全其美　炉火纯青　落花流水

4. 舌根音：g、k、h

舌根音，指舌根和软腭相接，气流在这一部位受到阻碍后发出的一种辅音。它们是 21 个声母中发音部位最靠后的三个音，音色也属于最暗的一组。

g ——

哥　钢　耕　姑　干　公　关　广　工　高

改革　巩固　高贵　光顾　规格　灌溉　骨骼　梗概

感人肺腑　高歌猛进　歌功颂德　纲举目张　功德无量　光彩夺目

k ——

考　坑　课　口　空　枯　坎　宽　卡　框

开垦　宽阔　刻苦　空旷　坎坷　困苦　慷慨　亏空

开卷有益　侃侃而谈　刻骨铭心　口蜜腹剑　苦尽甘来　宽大为怀

h——

海　哈　杭　好　河　湖　欢　画　吼　很

欢呼　荷花　航海　绘画　浑厚　红花　黄昏　含混

海阔天空　骇人听闻　汗马功劳　和平共处　含糊其词　豪情壮志

5. 舌面音:j、q、x

舌面音,指舌前面部抵住或接近硬腭前部,气流在这一部位受到阻碍后形成的辅音。

j——

江　机　家　街　景　金　炯　居　捐　俊

加紧　交际　简洁　经济　集结　积极　艰巨　倔强

假公济私　解放思想　尽心竭力　精益求精　炯炯有神　见景生情

q——

欺　桥　枪　球　去　全　缺　穷　前　恰

亲切　恰巧　请求　轻巧　秋千　崎岖　气球　铅球

取之不尽　千载难逢　岂有此理　气吞山河　求同存异　恰如其分

x——

香　兴　凶　修　小　宣　许　雪　休　校

细问　学习　相信　虚心　新鲜　先行　休息　形象

熙熙攘攘　下马观花　先声夺人　相敬如宾　心心相印　谢天谢地

6. 舌尖后音:zh、ch、sh、r

舌尖后音,指舌尖后移与齿龈后部接触构成阻碍后发出的一种辅音。这组音又叫翘舌音,它发音时易和舌尖前音相混。发音时,舌尖要尽量后移,顶住硬腭前部,注意下巴松弛,牙关打开,气息通畅。

zh——

赵　郑　知　中　专　庄　周　抓　追　摘

庄重　主张　支柱　转折　战争　郑重　制止　招展

掌上明珠　招兵买马　振振有词　争先恐后　珠圆玉润　咫尺天涯

ch——

吵　陈　程　冲　除　船　吹　春　揣　床

超产　长城　船厂　车床　出产　乘车　拆穿　沉重

触类旁通　畅所欲言　陈词滥调　沉默寡言　成竹在胸　愁眉不展

sh——

沙　蛇　筛　省　双　书　上　顺　山　水

山水　双手　闪烁　神圣　赏识　少数　设施　首饰

深入人心　神采奕奕　史无前例　世外桃源　适得其反　势如破竹

r——

日　如　忍　软　荣　让　然　若　柔　仍

柔韧　容忍　荣辱　扰攘　如若　荏苒　软弱　忍让

若无其事　仁至义尽　燃眉之急　人定胜天　日落西山　如梦初醒

7. 舌尖前音:z、c、s

舌尖前音,指舌尖平伸抵住或接近上齿背,气流在这一部位受到阻碍后发出的音,又叫平舌音。发音时一定要部位准确,舌尖要与上齿背成阻而不是舌前部整个贴在上齿背上,成阻面要小,力量要集中。另一个要注意的问题是,避免舌尖伸到两齿中间变成齿间音。

z ——

栽 遭 贼 怎 增 宗 资 嘴 尊 钻

藏族 宗教 自尊 钻洞 祖宗 造作 组织 最早

再接再厉 责无旁贷 左右为难 罪魁祸首 字里行间 孜孜不倦

c ——

猜 擦 参 仓 策 岑 粗 摧 村 凑

层次 粗糙 摧残 措辞 苍翠 草丛 参差 猜测

惨不忍睹 草木皆兵 侧目而视 蚕食鲸吞 藏龙卧虎 寸步难行

s ——

撒 桑 涩 思 苏 孙 扫 塞 酸 梭

色素 琐碎 松散 三思 思索 搜索 诉讼 送死

司空见惯 丝丝入扣 死里逃生 俗不可耐 所向无敌 随机应变

(二)声母辨正

方言区的人学习普通话声母时要注意以下三个问题。

1. zh、ch、sh、r 和 z、c、s

zh、ch、sh、r 是舌尖后音,发音时舌尖卷起来对着硬腭;z、c、s 是舌尖前音,发音时舌尖对着上齿背。先发 z、c、s ,然后把舌尖卷起来对着硬腭,发出的音就是 zh、ch、sh。普通话里 zh、ch、sh、r 和 z、c、s 能区别意义,而吴方言、闽方言、粤方言,还有北方方言的部分地区,都没有 zh、ch、sh、r 这套声母。北方方言里有些地区虽然有这两套声母,但是分合情况也和普通话不完全相同。因此,这些方言区的人学习普通话时就要学会 zh、ch、sh、r 的发音,还要知道普通话里哪些字要读 zh、ch、sh ,哪些字要读 z、c、s,这是这些方言区的人学好普通话声母的关键。比较下列各组词语:

① 诗人(shī rén) 私人(sī rén);

② 主力(zhǔ lì) 阻力(zǔ lì);

③ 木柴(mù chái) 木材(mù cái);

④ 新春(xīn chūn) 新村(xīn cūn)。

2. f 和 h

f 是唇齿音,发音时下唇和上齿构成阻碍;h 是舌根音,发音时舌根和软腭构成阻碍。南方有些方言没有 f 这个声母,普通话的 f 在闽方言多数读成 b、p 或 h,湘方言有些地区把 f 读成 hu,而粤方言则相反,把普通话里一些读 h 的字(大都是和 u 结合的字,如虎 hǔ、花 huā)也读作 f。比较下列各组词语:

① 发生(fā shēng) 花生(huā shēng);

② 废话(fèi huà) 会话(huì huà);

③ 公费(gōng fèi) 工会 (gōng huì);

④ 三伏(sān fú) 三壶(sān hú)。

3. n和l

n是鼻音,发音时气流通过鼻腔,由鼻孔呼出,不由口腔呼出;l是边音,发音时气流从舌头的两旁呼出,不从鼻腔呼出。普通话里n和l能区别意义,而闽方言、北方方言里的西南话和部分江淮话里n和l是不分的。有的有n没有l,有的l没有n,有的n、l随便读。例如“男制服”和“蓝制服”不分,“女客”和“旅客”不分。这些方言区的人除了要学会n和l的发音外,还要记住在普通话里哪些字的声母是n,哪些字的声母是l。比较下列各组词语:

① 你想——理想;　②水牛——水流;

③ 年代——连带;　④无奈——无赖。

三、韵母

(一) 基础知识

韵母是音节中后面的部分,也是音节的主要部分。韵母由韵头、韵腹和韵尾三部分组成,韵母发音是普通话字正腔圆的基础。

普通话有38个韵母,分为三类:(1)单元音韵母,也叫单韵母。韵母是由一个元音构成的。普通话有9个单元音韵母。(2)复元音韵母,也叫复韵母。韵母是由两个或三个元音构成的。普通话有13个复元音韵母。(3)带鼻音韵母,也叫鼻韵母。韵母是由元音和鼻辅音构成的。普通话有16个鼻韵母。

1. 单韵母

普通话单韵母有10个。其中有7个是舌面元音:a、o、e、ê、i、u、ü;有3个是特殊元音:-i(前),-i(后)、er。

a——

他　哪　拉　嘎　喀　炸　叉　杂　擦　撒

发达　打靶　喇叭　大妈　哈达　爸爸　拉萨　沙发

八面玲珑　跋山涉水　茶余饭后　煞有其事　飒爽英姿　马不停蹄

o——

播　泼　摸　佛　坡　摩　婆　迫　膜　墨

薄膜　磨破　伯伯　菠萝　薄弱　破获　萝卜　泼墨

默默无闻　模棱两可　博学多才　迫在眉睫　破涕为笑　破釜沉舟

e——

哥　渴　喝　遮　奢　热　瑟　德　乐　策

特赦　折合　特色　客车　色泽　哥哥　苛刻　社科

责无旁贷　何去何从　可歌可泣　刻骨铭心　何乐不为　革故鼎新

i——

戏　笔　器　泥　低　李　批　梯　基　士

地理　机器　激励　霹雳　袭击　离奇　立即　秘密

比比皆是　毕恭毕敬　低声下气　急中生智　奋起直追　历历在目

u——

布　促　入　路　哭　书　木　姑　祖　服

突出　互助　图书　出路　读书　糊涂　出租　孤独

古色古香 入情入理 不亦乐乎 触景生情 顾此失彼 如梦初醒

ü——

迂 女 吕 虚 菊 取 鞠 句 旭 玉

聚集 聚居 语句 区域 豫剧 序曲 旅居 曲剧

举世无双 据理力争 聚沙成塔 屈指可数 取长补短 嘘寒问暖

er——

儿 耳 二 尔 而 洱

而且 耳朵 儿戏 二胡 儿童 尔后 耳语 洱海

耳目一新 耳濡目染 尔虞我诈 接二连三 出尔反尔 取而代之

2. 复韵母

复韵母有13个，是由两个或三个元音结合而成的韵母，根据开口度大、声音响亮的那个元音所处的位置分为三类。

(1) 前响复韵母(韵腹在前面)：ai、ei、ao、ou。

ai 例字：哀 来 该 爱戴 白菜

ei 例字：每 类 黑 配备 肥美

ao 例字：熬 涝 靠 烧烤 报告

ou 例字：欧 漏 扣 口头 守候

(2) 后响复韵母(韵腹在后面)：ia、ie、ua、uo、üe。

ia 例字：呀 家 下 加价 假牙

ie 例字：耶 姐 谢 结业 贴切

ua 例字：蛙 刷 瓜 挂画 花袜

uo 例字：窝 说 活 骆驼 错过

üe 例字：曰 学 决 约略 雀跃

(3) 中响复韵母(韵腹在中间)：iao、iou、uai、uei。

iao 例字：腰 聊 叫 巧妙 逍遥

iou 例字：忧 流 救 悠久 绣球

uai 例字：歪 怀 帅 摔坏 外快

uei 例字：威 回 睡 追随 摧毁

① 字词练习。

ai——

白 拍 买 柴 开 来 摘 改 海 载

彩排 买卖 灾害 海带 白菜 晒台 拍卖 爱戴

塞翁失马 爱憎分明 拍手称快 开诚布公 开门见山 唉声叹气

ei——

杯 梅 胚 内 非 贼 黑 累 给 雷

配备 肥美 蓓蕾 黑煤 妹妹 北美 北非 贝类

飞扬跋扈 费尽心机 废寝忘食 悲欢离合 杯弓蛇影 背道而驰

ao——

猫 刀 掏 脑 老 考 绕 招 抄 糟

报告　逃跑　高考　早操　号召　劳保　操劳　牢靠

劳而无功　老态龙钟　草草了事　稍胜一筹　老成持重　饱食终日

ou ——

凑　邹　柔　候　沟　扣　偷　楼　谋　剖

收购　抖擞　欧洲　喉头　口头　丑陋　豆蔻　漏斗

手舞足蹈　愁眉不展　厚古薄今　手无寸铁　首当其冲　守口如瓶

ia ——

俩　家　恰　瞎　压　下　牙　峡　哑　虾

假牙　加价　恰恰　假设　下辖　压下　佳人　洽谈

驾轻就熟　物美价廉　恰到好处　狭路相逢　虾兵蟹将　假仁假义

ie ——

爹　铁　列　聂　茄　洁　借　瘪　节　写

贴切　借鞋　结业　斜街　姐姐　铁鞋　谢谢　结节

铁面无私　夜长梦多　别出心裁　喋喋不休　切磋琢磨　借题发挥

ua ——

夸　褂　花　抓　刷　垮　袜　耍　剐　华

花袜　耍滑　扮花　娃娃　瓜分　挂画　刷牙　抓紧

花好月圆　画饼充饥　哗众取宠　夸夸其谈　寡见少闻　瓜田李下

uo ——

多　托　罗　郭　窝　阔　所　错　若　绰

蹉跎　啰唆　过错　没错　错过　活泼　硕果　过火

脱颖而出　落落大方　脱口而出　过河拆桥　缩手缩脚　多多益善

üe ——

决　掠　虐　靴　雪　略　珏　薛　岳　月

乐章　悦耳　雪夜　学界　决策　跃进　约束　月亮

绝无仅有　略胜一筹　确凿不移　学以致用　雪中送炭　穴居野处

iao ——

飘　秒　挑　刁　交　巧　小　表　叫　标

巧妙　苗条　逍遥　小鸟　教条　脚镣　娇小　叫嚣

调兵遣将　摇摇欲坠　雕虫小技　调虎离山　焦头烂额　挑肥拣瘦

iou ——

丢　牛　谬　刘　修　优　秋　朽　久　有

绣球　牛油　悠久　舅舅　求救　优秀　妞妞　谬论

咎由自取　袖手旁观　有声有色　流连忘返　休戚与共　求同存异

uai ——

怪　衰　块　槐　揣　拐　拽　甩　外　歪

外快　怀揣　摔坏　乖乖　甩卖　率领　衰败　外宾

歪风邪气　外强中干　拐弯抹角　快马加鞭　率由旧章　宽大为怀

uei ——

愧　规　推　堆　追　吹　水　催　嘴　威

回归　回味　摧毁　溃退　水位　翠微　垂危　醉鬼

对答如流　微乎其微　岁岁平安　绘声绘色　瑞雪丰年　灰心丧气

② 对比训练。

ai 与 ei：

千百——东北　麦子——妹子　埋没——媒介　胜败——后备

稗子——被子　分派——分配　改了——给了　买的——美的

uai 与 uei：

里外——保卫　胸怀——来回　一块——崩溃　好坏——小会

草率——纳税　乖张——规章　奇怪——宝贵　很快——惭愧

ao 与 ou：

布告——采购　潮湿——筹备　稻子——豆子　很少——很丑

燃烧——回收　抄写——抽血　哨子——瘦子　抛弃——剖析

iao 与 iou：

消息——休息　烧窑——烧油　交通——纠察　小桥——小球

推敲——春秋　医疗——交流　学校——优秀　手脚——长久

3. 鼻韵母

鼻韵母，是由元音和鼻辅音构成的韵母，根据所带鼻辅音的不同，分为两类。

前鼻韵母是以 n 为韵尾的韵母，有 8 个：an、ian、uan、üan、en、in、uen、ün。

an　　例字：安　单　罕　感叹　展览

ian　　例字：烟　颠　先　前线　片面

uan　　例字：弯　端　欢　贯穿　转换

an　　例字：冤　捐　宣　渊源　全权

en　　例字：恩　痕　深　认真　根本

in　　例字：因　亲　今　殷勤　信心

uen　　例字：温　昏　春　论文　馄饨

ün　　例字：晕　群　熏　均匀　军训

后鼻韵母是以 ng 为韵尾的韵母，有 8 个：ang、iang、uang、eng、ing、ueng、ong、iong。

ang　　例字：昂　郎　常　帮忙　厂房

iang　　例字：央　江　腔　想象　响亮

uang　　例字：汪　荒　庄　状况　狂妄

eng　　例字：烹　登　蒸　更正　丰盛

ing　　例字：英　丁　星　命令　平定

ueng　　例字：翁　嗡　瓮　蕹

ong　　例字：工　东　通　隆重　从容

iong　　例字：雍　兄　窘　汹涌　穷凶

an ——

兰　干　反　满　坎　占　寒　然　产　餐

汗衫　展览　散漫　漫谈　淡蓝　感染　反叛　难堪
闪闪发光　昙花一现　攀龙附凤　按兵不动　半信半疑　三言两语

en ——

本　喷　门　焚　阵　粉　跟　痕　沈　人
深沉　认真　根本　愤恨　人参　振奋　分神　本分
分门别类　耐人寻味　门庭若市　身临其境　奋不顾身　身心交瘁

ian ——

扁　片　棉　点　天　念　联　坚　牵　鲜
电线　简便　偏见　年限　鲜艳　牵连　减免　棉签
恋恋不舍　见利忘义　变幻莫测　鞭长莫及　颠沛流离　箭在弦上

in ——

音　彬　品　民　您　凛　尽　琴　辛　聘
亲近　拼音　信心　濒临　金银　亲信　殷勤　贫民
饮水思源　引经据典　隐姓埋名　彬彬有礼　宾至如归　心心相印

uan ——

端　暖　乱　款　欢　转　川　贯　钻　酸
贯穿　软缎　婉转　专款　乱窜　专断　转换　传唤
欢欣鼓舞　冠冕堂皇　环环相扣　短兵相接　宽大为怀　专心致志

uen ——

温　吞　轮　棍　昏　谆　准　润　村　损
春笋　馄饨　温顺　昆仑　论文　温存　滚滚　吞吐
茅塞顿开　浑然一体　文过饰非　滚瓜烂熟　寸草春晖　稳扎稳打

üan ——

员　全　原　娟　绢　眩　劝　选　倦　泉
源泉　圆圈　捐献　劝说　渲染　涓涓　全权　全选
全心全意　鸡犬不宁　旋转乾坤　喧宾夺主　轩然大波　南辕北辙

ün ——

晕　俊　群　训　匀　骏　讯　韵　巡　允
军训　云雀　熏陶　运动　军队　群体　功勋　迅速
循序渐进　运用自如　群策群力　循循善诱　训练有素　人云亦云

ang ——

胖　忙　方　档　躺　浪　抗　舱　脏　让
厂房　沧桑　帮忙　党章　肮脏　昂扬　烫伤　当场
不卑不亢　长期共存　畅所欲言　胆大妄为　纲常目张　孤掌难鸣

eng ——

崩　猛　冯　冷　耕　横　彭　拯　赠　扔
风筝　猛增　生产　风声　逞能　猛烈　丰收　丰盛
不胜枚举　成年累月　瞠目结舌　成人之美　乘人之危　称王称霸

ong ——

东　痛　浓　龙　巩　空　虹　中　重　聪

隆冬　洪钟　共同　隆重　葱茏　笼统　匆忙　松柏

耸人听闻　洪水猛兽　百孔千疮　毕恭毕敬　不共戴天　博古通今

iang ——

央　酿　良　江　抢　项　阳　凉　强　乡

想象　亮相　湘江　强将　像样　强项　长江　香料

将功赎罪　将错就错　将计就计　江河日下　两全其美　量力而行

ing ——

硬　冰　平　名　丁　庭　凝　另　京　青

宁　静　倾听　晶莹　明星　英明　兵变　聆听　明镜

顶天立地　惊天动地　井底之蛙　萍水相逢　情至义尽　迎头痛击

uang ——

望　光　况　慌　妆　装　创　广　双　爽

状况　双簧　狂妄　光芒　汪洋　往返　往年　忘怀

亡羊补牢　狂风暴雨　光怪陆离　望尘莫及　光明正大　广开言路

ueng ——

翁　嗡　瓮

渔翁　老翁　嗡嗡　水瓮

瓮中捉鳖

iong ——

拥　永　用　迥　窘　琼　雄　熊　勇　穹

汹涌　炯炯　穷困　兄长　雄壮　庸医　迥然　踊跃

庸人自扰　穷则思变　用兵如神　永垂不朽　一穷二白　汹涌澎湃

(二) 韵母辨正

方言区的人学习普通话声母时要注意以下两个问题。

1. i 和 ü

i 和 ü 都是舌面前高元音，差别只是发音时 i 不圆唇，ü 要圆唇。先发 i 的音，舌位保持不变，慢慢把嘴唇收圆就是 ü。闽方言、客家方言和西南一些地区的方言没有单元音 ü，这些地方的人常常把普通话里的 ü 读成 i。注意分辨下列各组词语的发音：

① 名义(míng yì)　　　名誉(míng yù)；

② 前面(qián miàn)　　全面(quán miàn)；

③ 季节(jì jié)　　　拒绝(jù jué)；

④ 盐分(yán fèn)　　　缘分(yuán fèn)。

2. 鼻韵尾 n 和 ng

n 和 ng 发音不同。n 是舌尖浊鼻音，发音时由舌尖和上齿背构成阻碍；ng 是舌根浊鼻音，发音时由舌根和软腭构成阻碍。普通话里由鼻韵尾 n 和 ng 组成两套鼻韵母，区别意义。有些方言却不能分辨，有的有 n 没有 ng，有的有 ng 没有 n。南京话不能区分 an 和 ang，ian 和 iang，uan 和 uang，“天坛”等于“天堂”，“平凡”等于“平房”。更多的地区不能区分 en 和 eng，in

和 ing,“人民”等于“人名”,“老陈”等于“老程”。注意分辨下列各组词语的发音:

① 赞颂 (zàn sòng)　　葬送(zàng sòng);

② 陈旧 (chén jiù)　　成就(chéng jiù);

③ 山口 (shān kǒu)　　伤口(shāng kǒu);

④ 亲近(qīn jìn)　　清静(qīng jìng)。

四、 声　调

声调指整个音节高低升降的变化。汉语的声调可以区分意义。普通话里“山西”(shān xī)和“陕西”(shǎn xī)的不同,“主人”(zhǔ rén)和“主任”(zhǔ rèn)的不同,就是由于声调的不同。

声调包括调值和调类两个方面。调值指声调的实际读法,也就是高低升降变化的具体形式。调值是由音高决定的,音乐的音阶也是由音高决定的,但是调值和音阶不同。音阶的高低是绝对的,调值的高低是相对的。在音乐里,如 C 调的 1,不管谁来唱,也不管用什么乐器来演奏,音高都是一样的;调值则不同,用普通话读“天”字,成年男人的调值比女人和小孩儿的低,同一个人情绪平静时的调值比情绪激动时低。

描写调值常用五度制声调表示法。把一条竖线四等分,得到五个点,自下而上定为五度:1 度是低音,2 度是半低音,3 度是中音,4 度是半高音,5 度是高音。一个人所能发出的最低音是 1 度,最高音是 5 度,中间的音分别是 2 度、3 度和 4 度。一个音如果又高又平,就是由 5 度到 5 度,简称为 55,是个高平调;如果从最低升到最高,就是由 1 度到 5 度,简称为 15,是个低升调;如果由最高降到最低,就是由 5 度降到 1 度,简称为 51,是个全降调。五度制声调表示法如图 3 - 1 所示。

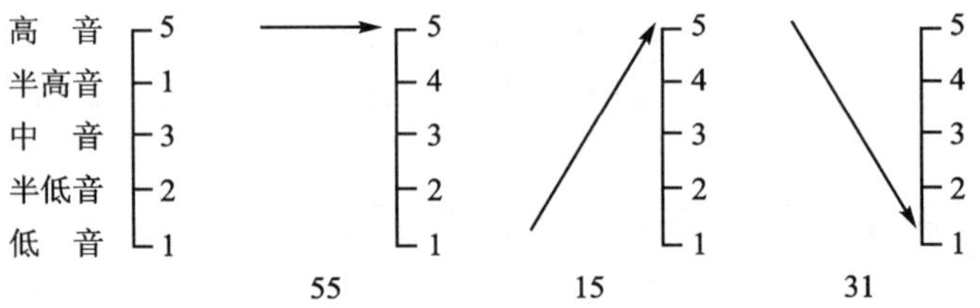

图 3 - 1

(一) 普通话的调值和调类

普通话有四种基本调值,可以归并为四个调类。根据古今调类演变的对应关系,定名为阴平、阳平、上声和去声。具体描写如下。

(1) 阴平。高而平,叫高平调。发音时由 5 度到 5 度,简称 55。例字:妈、督、加、先、通。

(2) 阳平。由中音升到高音,叫中升调。由 3 度到 5 度,简称 35。例字:麻、毒、荚、贤、铜。

(3) 上声。由半低音降到低音再升到半高音,叫降升调。由 2 度降到 1 度,再升到 4 度,简称 214。例字:马、赌、甲、显、桶。

(4) 去声。由高音降到低音,叫全降调。由 5 度到 1 度,简称 51。例字:骂、度、价、县、痛。

普通话声调的调类和调值如表 3 - 1 所列。

表 3-1

调　类	调　值	调　型	调　号	例　字
阴　平	55	高　平	ˉ	咪(mī)　身(shēn)
阳　平	35	中　升	ˊ	迷(mí)　神(shén)
上　声	214	降　升	ˇ	米(mǐ)　审(shěn)
去　声	51	全　降	ˋ	密(mì)　慎(shèn)

① 阴阴：

参加　西安　播音　工兵　拥军　丰收　香蕉　江山　咖啡　班车　单一

② 阴阳：

资源　坚决　鲜明　飘扬　新闻　编排　发言　加强　星球　中国　签名

③ 阴上：

批准　发展　班长　听讲　灯塔　生产　艰苦　歌舞　公款　签署　根本

④ 阴去：

庄重　播送　音乐　规范　通信　飞快　单位　希望　快乐　中外　失事

⑤ 阳阴：

国歌　联欢　革新　南方　群居　农村　长江　航空　围巾　营私　原封

⑥ 阳阳：

直达　滑翔　儿童　团结　人民　模型　联合　驰名　临时　吉祥　灵活

⑦ 阳上：

华北　黄海　遥远　泉水　勤恳　民主　情感　描写　难免　迷惘　平坦

⑧ 阳去：

好卖　辽阔　模范　林业　盘踞　局势　革命　通知　连续　雄厚　行政

⑨ 上阴：

指标　统一　转播　北京　纺织　整装　掌声　法医　演出　广播　讲师

⑩ 上阳：

指南　普及　反常　谴责　讲究　朗读　考察　里程　起航　软席　领衔

⑪ 上上：

古典　北海　领导　鼓掌　广场　展览　友好　导演　首长　总理　感想

⑫上去：

改造　舞剧　主要　访问　考试　想象　土地　广大　写作　典范　选派

⑬ 去阴：

下乡　矿工　象征　地方　贵宾　列车　卫星　认真　降低　印刷　气温

⑭ 去阳：

自然　化学　措辞　特别　电台　会议　政权　配合　未来　要闻　调查

⑮ 去上：

耐久　剧本　跳伞　下雨　运转　外语　办法　信仰　戏曲　电影　历史

⑯ 去去：

日月　大厦　破例　庆贺　宴会　画像　示范　大会　快报　致意　建造

⑰ 阴阴阴：

中关村　公积金　西瓜霜　攀枝花　收音机　新加坡　氨基酸　初中生

⑱ 阳阳阳：

圆明园　形容词　重阳节　联合国　文言文　同龄人　尼罗河　泥石流

⑲ 去去去：

报告会　录像带　恶作剧　信用社　放大镜　纪念册　介绍信　备忘录

⑳ 阴阳上去：

中流砥柱　精神百倍　花红柳绿　天然宝藏　心明眼亮　开渠引灌　高扬转降

㉑ 去上阳阴：

过眼云烟　刻骨铭心　异曲同工　四海为家　万里河山　细雨和风　热火朝天

㉒ 去去去去：

澳大利亚　跃跃欲试　社会万象　万籁俱静　万事俱备　热切盼望　社会进步

(二) 轻　声

每个音节都有它的声调，可在句子或词里，有的音节失去它原来的调，变成较轻较短的调子。

① 语气词“吧、吗、啊、呢”等。

“就要开喽！”司机一面催我上车，一面安慰车里那些不耐烦的乘客。

汽车呜呜震响着，奔驰着，如一匹激怒了的巨兽。遇到拐角处，乘客时常会脱口喊嚷出来：“司机，司机，慢点儿开！”然而这嚷叫早被马达声吞没了，喊的人只好无助地向车窗外看，越是怕越想看啊！

② 助词“着、了、的、地、得、们”等。

我一辈子只看见了这么一回大热闹：男女老少喊着叫着，狂跑着，拥挤着，争吵着，砸门的砸门，喊叫的喊叫，咔嚓，门板倒下去，一窝蜂似的跑进去，乱挤乱抓，压倒在地的狂号，身体利落地往柜台上蹿，全红着眼，全拼着命，全奋勇前进，挤成一团，倒成一片，散走全街。背着、抱着、扛着、拽着，像一片战胜的蚂蚁，昂首疾走，去而复归，呼妻唤子，前呼后应。

③ 名词的后缀“子、儿、头”等。

走上楼梯口，由一堆稻草垛里闪出一个满面红光的小伙子，穿着一身崭新如纸糊的长褂，微笑地迎接我们。

④ 重叠式名词、动词的后一个音节，双音节形容词重叠，第一个音节重叠部分轻读(后一音节及其重叠部分变成阴平，也可不变)。

严严实实　马马虎虎　客客气气

⑤ 表示趋向的动词、方位词或词素。

但在满纸红点的世界地图上，中国领域里还有两个红点，即是两个红十字会中心。

(三) 儿　化

儿化又称儿化韵，是普通话和某些汉语方言的一种语音现象，即后缀“儿”字不自成音节，而同前面的音节合在一起，使前一音节的韵母成为卷舌韵母。

① 音节末尾是 a、o、e、u 的，儿化时只在原韵母后加卷舌动作。

a——*ar*　　　　腊八儿　号码儿　油渣儿　板擦儿

ia——iar	脚丫儿 豆芽儿 摸瞎儿 人家儿
ua——uar	香瓜儿 雪花儿 胖娃儿 牙刷儿
o——or	山坡儿 薄膜儿 粉末儿 歪脖儿
uo——uor	心窝儿 花朵儿 糖果儿 干活儿
ao——aor	熊猫儿 毡帽儿 没跑儿 小道儿
iao——iaor	填表儿 线条儿 末了儿 豆角儿
e——er	山歌儿 风车儿 文科儿 吃喝儿
u——ur	里屋儿 队部儿 火炉儿 括弧儿
ou——our	网兜儿 小偷儿 水沟儿 顺手儿
iou——iour	加油儿 蜗牛儿 踢球儿 套袖儿

② 韵母为 ai、ei、an、en、in、ün(包括 uei、uen、ian、uai、uan 和 üan)的，儿化时失落韵尾，在主要元音上加卷舌动作。

ai——ar	小孩儿 冒牌儿 锅盖儿 窗台儿
ei——er	宝贝儿 眼泪儿 刀背儿 摸黑儿
an——ar	被单儿 竹竿儿 心肝儿 门槛儿
ian——iar	唱片儿 冒烟儿 琴弦儿 心眼儿
en——er	树根儿 书本儿 窍门儿 赔本儿
uei——uer	墨水儿 香味儿 跑腿儿 小鬼儿
uen——uer	嘴唇儿 花纹儿 打盹儿 冰棍儿
uai(uan)——uar	好玩儿 打转儿 纸船儿 花环儿
üan——üar	汤圆儿 手绢儿 转圈儿 打旋儿
in——ier	脚印儿 树荫儿 手心儿 没劲儿
ün——üer	喜讯儿 合群儿 围裙儿 一群儿

③ 韵尾为 ng 的，儿化时失落 ng，并将前面的主要元音变为鼻化元音，加卷舌动作。

ang——ar	迷藏儿 帮忙儿 秘方儿 哑嗓儿
iang——iar	透亮儿 瓜秧儿 花样儿 官腔儿
uang——uar	村庄儿 眼光儿 蛋黄儿 橱窗儿
eng——êr	田埂儿 门缝儿 板凳儿 现成儿
ing——iêr	电影儿 花瓶儿 小名儿 山顶儿
ueng——uê	小瓮儿 嗡嗡儿
ueng——ōr	小工儿 胡同儿 闲空儿 果冻儿
iong——iōr	叫穷儿 小熊儿 蚕蛹儿 白熊儿

④ 韵母为 i、ü 的，儿化时韵母不变，加卷舌动作。

i——ier	玩意儿 封皮儿 眼皮儿 警笛儿
ü——üer	金鱼儿 小雨儿 有趣儿 毛驴儿

⑤ 韵母或韵尾为 ê 以及韵母为 -i(前)、-i(后)的，变为央 e 加卷舌动作。

ie——ier	树叶儿 菜碟儿 台阶儿 锅贴儿
üe——üer	正月儿 拔橛儿 皮靴儿 空缺儿
-i(前)——er	瓜子儿 识字儿 歌词儿 铁丝儿

-i(后)——er　　橘汁儿　夜市儿　戒指儿　汤匙儿

(四) 变　调

我们平常说话,总是一个一个音节连在一起发音的。音节和音节相连时,有的音节的调值会发生有规律的变化,这种变化叫作变调。变调是汉语许多方言都有的现象,最常见的变调是后面音节的调值影响前面音节的调值。

1. 上声变调

(1) 上声音节但年或在句尾时不变,仍读本调。

(2) 上声音节在阴平、阳平、去声和轻声音节前。其调值从214变为21,也记作211(即所谓"半上")。

① 阴平:

始终　老师　指标　北京　广播　体操　广西　有些　产生　指挥　统一

② 阳平:

朗读　改革　普及　解决　考查　可能　以前　仿佛　总结　举行　保持

③ 去声:

稿件　舞剧　主要　想象　主义　准备　伟大　只要　主任　改变　反映

④ 轻声音节:

手巾　奶奶　姐姐　姥姥　我们　你们　母亲　懂得　好了　里头　码头

(3) 上声音节与上声音节相连,前面一个音节的调值有214变为35(即所谓"阳上")。

捧场　百米　组织　指使　景点　也许　所以　影响　所有　只好　品种

彼此　手指　小组　小姐　老鼠　雨伞　饮水　小雨　岛屿　早晚　审美

2. 去声变调

去声音节在非去声音节前一律不变。在去声音节前则由全降变成半降,即调值有51变为53。

魅力　控制　过去　冒昧　记录　摄像　赞颂　救护　制胜　创造　荡漾

3. "一"的变调

① 非去声音节前变去声。

一针见血　一厢情愿　一刀两断　一穷二白　一鸣惊人　一毛不拔

② 去声音节前变阳平。

一日千里　一塌糊涂　一笑而过　一目了然　一望无际　一念之差

③ 夹在重叠词中间念轻声。

看一看　想一想　说一说　笑一笑　走一走　试一试

④ "一"单念或在序数词中仍读本调阴平。

第一　五一　十一　统一　三七二十一

4. "不"的变调

① "不"字单用或在词句末尾,以及在阴平、阳平、上声前念本调。

不安好心　不甘示弱　不遗余力　不学无术　不可救药　不懂装懂　不可思议

不管不顾

② 在去声音节前念阳平。

不置可否　不共戴天　不计其数　不动声色　不义之财　不大不小　不见不散

③ 夹在重叠词中间念轻声。

要不要　行不行　走不走　好不好　能不能　看不看

5. 语气词“啊”的发音变化

“啊”是一个表达语气感情的基本声音，作为叹词用在句前，仍发“a”的发音。如果是语气组词，用在句尾，因受它前面音节收尾音素的影响会发生不同的音变。

① 前一音节收尾音素是 a、o(ao、iao 除外)、e、ê、i、ü 时，“啊”读作 ya。

原来是他啊！

风一直在刮啊！

你怎么还不回家啊？

② 前一音节收尾音素是 u 时(包括 ao、iao)，“啊”读成 wa。

那是一只老虎啊！

真是没想到啊！

这堆旧报纸你还要不要啊？

③ 前一音节收尾音素是 n 时，读成“na”。

这个人可真不简单啊！

一方水土养一方人啊！

④ 前一音节收尾音素是 ng 是，“啊”读成 nga。

光发愁没用啊！

迟到可不行啊！

⑤ 前一音节收尾音素是-i(舌尖后特殊元音)、r 和 er(包括儿化韵)时，“啊”读成 ra。

老李，所长没应下你什么差事啊？

⑥ 前一音节收尾音素是-i(舌尖前特殊元音)时，“啊”读成 za。

我说了三次啊？这是四次啊？

第二单元　复述训练

一、　复述的概念

口头复述文章是在理解文章的内容及其结构联系的基础上对文章进行加工和整理后，能动地使用某种记忆策略和方法，通过口头表达文章内容的言语过程。

复述富有创造性，能把记忆、思考、表达三者有机地结合起来，使之融为一体。

1. 记　忆

记忆是复述的基础。要想复述好，在阅读时，必须要快速记住语言材料里的一些重要词语、结构层次以及它的具体内容，边读边记，养成口脑并用的良好习惯。反复阅读的过程就是记忆的过程，记忆就是复述的准备，复述反过来又能进一步加深记忆。

2. 思　考

复述不是照搬原材料，必须按照一定的要求，对原材料的内容进行综合、概括，适当取舍，并要认真选词，组织安排材料，这就是在记忆的基础上进行思考的过程。经常这样复述，不仅可以训练思维能力，还可以培养思考问题的习惯。

3. 表　达

复述的特点就是要连贯地叙述原材料，无论口头还是笔头，都要围绕一定的中心内容去思考，然后准确而明晰地说出或写出来，这有利于培养和提高表达能力。

二、　复述的种类

1. 详细复述

详细复述要求保留文章的主要内容、主要观点和主要情节，基本上保持原貌，但是详细复述不同于背诵，复述要把复杂的长句改成简单的短句，将难懂晦涩的书面语词改成通俗晓畅的口语词。

【例文 1】

掩耳盗铃

【原文】 范氏之亡也，百姓有得钟者。欲负而走，则钟大不可负；以椎毁之，钟况然有音。恐人闻之而夺己也，遽掩其耳。恶人闻之，可也；恶己自闻之，悖矣。

【复述】 晋国的大夫范氏家族灭亡的时候，有个老百姓得到一只钟，想要把它背走。只是钟太大，没法背。于是就用锤去把它打碎，这样钟又轰轰地响起来，那个老百姓怕别人听到响声来抢这只钟，赶忙把自己的耳朵堵起来，以为自己听不见，别人也就听不见了。这个成语比喻骗人的人所用的办法非常笨拙，他自己却以为能骗得了人。

2. 摘要复述

摘要复述又叫概要复述，是对材料作浓缩概括，要求在保留原材料中心意思的前提下，简明扼要地讲述原材料的内容，截取主要观点。

【例文 2】

扁鹊见蔡桓公

【原文】 扁鹊见蔡桓公，立有间，扁鹊曰："君有疾在腠理，不治将恐深。"

桓侯曰："寡人无疾。"扁鹊出，桓侯曰："医之好治不病以为功！"

居十日，扁鹊复见，曰："君之病在肌肤，不治将益深。"桓侯不应。扁鹊出，桓侯又不悦。

居十日，扁鹊复见，曰："君之病在肠胃，不治将益深。"桓侯又不应。扁鹊出，桓侯又不悦。

居十日，扁鹊望桓侯而还走。桓侯故使人问之，扁鹊曰："疾在腠理，烫熨之所及也；在肌肤，针石之所及也；在肠胃，火齐之所及也；在骨髓，司命之所属，无奈何也。今在骨髓，臣是以无请也。"

居五日，桓侯体痛，使人索扁鹊，已逃秦矣。桓侯遂死。

【复述】 病情：皮肤上→ 皮肉之间→ 肠胃里→骨髓→病死。

扁鹊：站了一会儿→又来拜见→再一次拜见→掉头就跑→逃到秦国。

蔡桓公：不高兴→很不高兴→非常不高兴→奇怪→派人去请。

治病的方法：热水敷烫→扎针→服几剂汤药→无药可医→等死。

3. 扩展复述

扩展复述是在不改变原材料主题和重点的基础上根据表达的需要对原材料进行合理加工、大胆想象，使内容更生动、更完整的一种表达形式。所谓的"合理"，指的是加工、想象的内容与原材料的内容吻合，不发生矛盾；所谓的"加工"，指的是对原材料中没有展开的内容有选择地进行发挥，其目的是更好地表现主题和重点。改变顺序、改变角度、变换结构、改变人称、改变体裁、增删内容等都是创造性复述的具体方法。

【例文 3】

赠汪伦

【原文】 李白乘舟将欲行，忽闻岸上踏歌声。桃花潭水深千尺，不及汪伦送我情。

【复述】 李白在汪伦家住了数日，突然接到消息，老母病危。李白心急如焚，来不及向汪伦告别，就匆匆离去。

此时正值春季，花开茂盛，李白远远地就闻到了一阵阵花香，一眼望去桃树一颗挨着一颗，密密层层，整个桃花林犹如一片粉红的"海洋"。桃花开得那么灿烂、美丽，姹紫嫣红，鲜艳娇美。可李白早已无心观赏美景，直奔桃花潭。突然，岸上响起了边用脚拍打地面边唱歌的声音。李白心头一热，循声望去，只见汪伦边唱边走了过来。"天下茫茫，知己难寻啊！"李白高呼："我这一生有你这么一个知己，真是我的福气，可是我们这么匆匆分别，又不知何时才能相见！""只要我们有缘就一定可以相见，如果没缘我们也会在心中想念对方的。"汪伦大声喊道。

李白心想：桃花潭水固然很深，但也比不是上汪伦对我的情谊深呀！于是，李白诗兴大发，高声吟到："李白乘舟将欲行，忽闻岸上踏歌声。桃花潭水深千尺，不及汪伦送我情。"

汪伦注视着李白的船，一直到小船消失在他的视线中……

三、 复述的方法

1. 理解文章

理解文章是复述的重要条件。理解不仅包括对文章中每个句子、每个词的正确理解和正确运用,而且包括对文章和段落整体结构的正确分析。

(1) 初步理解与复述。为了一开始就从宏观入手,纵观文章整体,可采用"整体—分段—整体"的方法。根据文章的题材和体裁的特点,通过阅读或听说等途径帮助学生掌握文章的完整信息和内容,把握各段各层次间的联系和文章中心。

阅读整篇文章与复述。在接触文章前或后,就文章内容提出一些问题。然后,把答案串成复述内容。问题不仅要紧扣文章内容,要体现其主要线索和事件,而且问题不宜过多过细。对于采取倒叙和描叙手法的文章,可根据其主要事件列出若干句子,排列其先后顺序。先理清故事发生、发展的线索,然后按所展示的句子进行复述。根据文章特点,还可通过判断正误题、填写文章插图和划分段落等手段初步理解和复述文章。

(2) 分段讲解与复述。在初步理解和复述整体文章的基础上,再进行分段讲解和复述。可采用"抓重点、化难点"和"精讲多练"的方法,通过替换(同义代替或反义否定)、完成句子、造句和改变句型(如主动语态与被动语态、直接引语与间接引语、复合句与简单句之间的相互转换)等多种形式,不断以旧引新,使知识前后贯通。

2. 编制提纲

编制复述提纲是进一步理解文章,进行分析、整理和概括文章以及寻找各段的中心词汇、核心句子的过程。提纲的编制视文章的特点而定,其形式是多种多样的,只要能有效地唤起追忆文章内容就行。它可以是表格、文章的结构,各段意的概括,还可以是关键词。

3. 复述方法

(1) 机械复述。借助文字、图、物等进行有控制的复述文章活动。常用下列形式:

① 借助启发性词语复述。用文章每句的句首词,或谓语动词,或每段的重点词语和特殊句式作提示,用词串句,用句串段,由段及篇,层层扩展。

② 按表复述。把文章的脉络制成图表,根据表中的提示复述。

③ 根据文章概要复述。先概括每个段落的中心思想,再根据中心思想来复述,这样可以使理解系统化,复述条理化。

(2) 活用复述。指自由、独立地进行复述,并且复述中对原文章加以改造、更新。常用下列两种形式:

① 变更性复述。复述时对文章中的人称、时态、语态和体裁等加以变化。如对话改为故事、直接引语变为间接引语等,使复述更灵活多样,生动有趣。

② 缩述与扩述。复述时自由地扩展文章的段落或浓缩文章。

【例文4】

水饺的制作

【原文】 水饺,是中国的传统美食。以前只能在大年三十晚上吃到一顿;如今,人们的生活水平提高了,要是爱吃,天天都可以做。现在我把它的制作过程说一说。

做饺子的第一步是和面。面要用温水和,和得不能太软也不能太硬。和好后把面用盆盖住,让面粉变得稍微柔软一点。

接下来就是制馅了。制馅可是做好饺子的重要一步,因为饺子味道的可口与否,完全取决于馅的味道。馅可分为荤馅和素馅,做什么样的馅,这得根据个人的喜好来定。例如做白菜馅饺子,得先把白菜洗好,之后切成碎末,并挤出部分汁水。再把绞好的肉和切好的菜一起放入盆中，加入适量的葱末、姜末、精盐、花椒、味精等搅拌均匀。调味料一定要放适量，过多或过少都会直接影响饺子的口感。

然后是包饺子。包饺子先要学会擀皮，把和好的面拿出来，切下一小块，揉成像擀面杖粗细的长棒。然后切成2～3厘米长的小块，洒上面粉，一块一块地擀，要擀得中间稍厚，四周稍薄。下面开始包饺子，左手掌心放一片饺子皮，右手用筷子夹一些馅，放在饺子皮中间，馅放得不能太多，要适量。然后把饺子皮对折，馅在中间。再用两只手各一边，同时用劲捏紧，一定要捏紧，不然就露馅了。这样，就算包好一个饺子了。手巧的可以包出好多不同的形状，如老鼠形、狗耳朵形、麦穗形等。

包好饺子以后就该煮了。先把水烧开，然后把饺子下入锅里，一次不可下得过多。待水沸腾后，添上一点凉水，这样反复两三次饺子才能熟透。

终于等到吃饺子了。把煮好的饺子用漏勺盛到盘子里，然后在每个人的小碟子里倒点醋，放点辣子。吃时蘸一下，真是要多香有多香。怎么样，你也试着包一回！

【复述】

(1) 简单复述：制作水饺—首先—接着—第三步—第四步。

(2) 详细复述：围绕之前的简单复述内容，提问其中未曾涉及的细节问题，将简单复述扩展为详细复述。如："和面要注意什么？""制馅有什么馅？""擀皮要注意些什么？"

(3) 个性复述：在复述内容里加上自己的一两句评论，复述时根据内容和感情的需要和变化配以表情、动作等，从而使听者能更深刻理解其中的思想情感。如：当在煮饺子时，闻到什么味道；在做饺子时想象饺子煮出来的味道。

【注意事项】

第一，把书面语转换为口头语；

第二，突出重点，准确地体现原材料的中心和重点；

第三，条理清楚，反映各部分内容的内在联系，如果叙述一件事情，复述时一定要交代清楚时间、地点、人物及事情的起因、经过、结果等；

第四，语言力求准确；

第五，必要时可以加入个人想象。

第三单元　朗读训练

第一节　朗读的作用

朗读就是把书面语言转化为响亮的口头语言。这是一种眼、口、耳、脑多种生理机能共同参与、协调动作的阅读，它能训练语音，再现文章情境，加深理解，培养记忆力、语言感受力、口头表达力，增强语感。

1. 培植母语情结，陶冶思想情操

我们的语言文字蕴涵着浓厚的民族情感。通过朗读可以激发对母语的炽热感情，唤醒溶解在血脉中的母语文化，在心灵上建构起牢不可破、永不遗忘的母语情结。

2. 积累精品语言，奠定语文基础

古今中外的名篇，是经历代淘洗后的精品。语言经典，情感丰厚，意蕴深远，语言更讲究平仄起伏、抑扬顿挫；结构更讲究起承转合，宜于诵读。积累下来，终身受益。

3. 积淀人文功底，张扬个性品质

我们的诗文语言规范，有强烈的人文意识，本身就是一个个最富于个性化的言语现象，诵读过程也是一个展示个性的活动过程。

4. 落实整体认读，提高综合素养

语言不同于一般的知识，它的特点是整体性、综合性。通过诵读，可以正音正字、整体识字、大量识字、有效识字；可以训练句读、体察语气、梳理层次、感悟语言、感悟艺术形象、领会思想感情、品味语言特色、体会意境意蕴。诵读可以出声显韵、表情传神、唤起联想想象、感受领悟、增强语感、积累语言，更利于渗透吸收，培养语感能力，提高鉴赏能力，有效地促进说话能力的提高。

第二节　朗读的基本要求

朗读，是把文字作品转化为有声语言的创作活动，也就是朗读者在理解作品的基础上用自己的语音塑造形象，反映生活，说明道理，再现作者思想感情的再创造过程。在“普通话水平测试”中，朗读是对应试者普通话运用能力的一种综合检测形式。日常朗读活动中，决定朗读者朗读水平高低、朗读效果优劣的因素是多方面的。本文就普通话水平测试中影响应试者成绩的几个主要因素，谈谈朗读的几个基本要求，目的是帮助应试人把握难点，在测试中减少失误，更好地发挥水平。

一、　用普通话语音朗读

普通话朗读是一门学问，它除了要求应试者忠于作品原貌，不添字、漏字、改字外，还要求朗读时在声母、韵母、声调、轻声、儿化、音变以及语句的表达方式等方面都符合普通话语音的规范。朗读一篇作品，如果连普通话都读不准确，甚至读错了，那就会影响听众对原文的理解，甚至会闹笑话。要使自己的朗读符合普通话的语音规范，必须在以下几个方面下功夫。

1. 注意普通话和自己的方言在语音上的差异

普通话和方言在语音上的差异，大多数的情况是有规律的。这种规律又有大的规律和小的规律，规律之中往往又包含一些例外，这些都要靠自己去总结。单是总结还不够，要多查字典和词典，要加强记忆，反复练习。在练习中，不仅要注意声韵调方面的差异，还要注意轻声词和儿化韵的学习。

2. 注意多音字的读音

一字多音是容易产生误读的重要原因之一，我们必须十分注意。多音字可以从两个方面去注意学习。第一类是意义不相同的多音字，要着重弄清它的各个不同意义，从各个不同的意义去记住它不同的读音。第二类是意义相同的多音字，要着重弄清它不同的使用场合。这类多音字大多数情况是一个音使用场合"宽"，一个音使用场合"窄"，只要记住"窄"的就行。

3. 注意由字形相近或由偏旁类推引起的误读

由于字形相近而甲字张冠李戴地读成乙字，这种误读十分常见。由偏旁本身的读音或者由偏旁组成的较常用的字的读音，去类推一个生字的读音而引起的误读，也很常见。所谓"四川人认字认半边"，闹出笑话，就是指的这种误读。

4. 注意异读词的读音

在普通话词汇中，有一部分词(或词中的语素)，意义相同或基本相同，但在习惯上有两个或几个不同的读法，这些被称为"异读词"。为了使这些读音规范，国家于 20 世纪 50 年代就组织了"普通话审音委员会"，对普通话异读词的读音进行了审定。历经几十年，几易其稿。1985 年，国家公布了《普通话异读词审音表》，要求全国文教、出版、广播及其他部门、行业所涉及的普通话异读词的读音、标音，均以这个新的审音表为准。在使用《审音表》的时候，最好是对照着工具书(如《新华字典》《现代汉语词典》等)来看。先看某个字的全部读音、义项和用例，然后再看审音表中的读音和用例。比较以后，如发现两者有不合之处，一律以审音表为准。这样就达到了读音规范的目的。

二、 把握作品的基调

基调是指作品的基本情调，即作品的总的态度感情、总的色彩和分量。任何一篇作品，都会有一个统一完整的基调。朗读作品必须把握住作品的基调，因为作品的基调是一个整体概念，是层次、段落、语句中具体思想感情的综合表露。要把握好基调，必须深入分析、理解作品的思想内容，力求从作品的体裁、主题、结构、语言以及综合各种要素而形成的风格等方面入手，进行认真、充分和有效的解析。在此基础上，朗读者才能产生真实的感情、鲜明的态度，产生内在的、急于要表达的律动。只有经历这样一个复杂的过程，作品的思想才能成为朗读者的思想，作品的感情才能成为朗读者的感情，作品的语言表达才能成为朗读者要说的话。也只有经历这样一个复杂的过程，朗读者才能以作品思想内容出发，把握住基调。

三、 语音变化处理

(一) 轻声的处理方法

作品中，句子里的语气助词读轻声，它们一般居于句尾，仅标示句子语气，不表征句子意义，只是一种辅助作用；另外句子中的结构助词、时态助词、方位助词均读轻声，它们也不是词的主要成分,仅对词义起辅助说明作用。

【例文1】

懒狮子抬起头来,慢吞吞地说:"我才不去吃那苦头呢!"

另外,朗读时句子中单音节重叠动词、有关称呼的重叠名词以及双音节单纯词的第二个音节也念轻声。

【例文2】

明明轻轻地走过去,扒开草一看,好大的一只蛐蛐。

朗读中,还会遇到个别相邻音节全是上声,如果照其声调原原本本朗读的话,就会既拗口又使人听起来不顺耳,为此,需要变调。

【例文3】

突然,四面八方响起了枪声。

朗读中,"一""不"也需要做变调处理。

【例文4】

油亮脖子金黄脚,要比漂亮我第一。……老马说:"因为他们懂得,美不美不光在外表,还要看能不能帮助人们做事。"

【例文5】

一只乌鸦口渴了,……乌鸦看见有一个瓶子。

(二)各类装饰音的处理

朗读中,为了强化文章的思想情感,还需要配有一定的色彩语音,即装饰音,包括颤音、气音、悄音、泣诉者、悦音、拟绘音、顿音、佯音、拖音。

颤音是表示某种特殊激动的情绪和神态的语音。

【例文6】

"亲爱的爷爷,发发慈悲吧,带我离开这儿,回到我们村子里去吧!我再也受不住了……我给您跪下了,我会永远为您祷告上帝。带我离开这儿吧,要不,我就要死了……"

气音是在说话或朗读时,为了表现惊讶、感叹、恐惧等语气或模仿某种声音的语音形式。

【例文7】

她的一双小手几乎冻僵了。啊,哪怕一根小小的火柴,对她也是有好处的!……哧!火柴燃起来了,冒出火焰来了!……第二天清晨,这个小女孩坐在墙角里,两腮通红,嘴角上带着微笑。她死了,在旧年的大年夜冻死了。

悄音是一种超低语音,力度介于气音和低语音之间,它是人在彼此交谈时唯恐别人听见或者自言自语时而使用的低语音。

【例文 8】

她忐忑不安地想:“他会说什么呢? 这是闹着玩的吗? 自己的五个孩子已经够他受的了……是他来啦? ……不,还没来! ……为什么把他们抱过来啊? ……他会揍我的! 那也活该,我自作自受。……嗯,揍我一顿也好!”

在朗读哀伤、悲痛等情感的内容时,为了使读音与内容情感融洽,使读音带有哽咽抽泣的色彩,这种语音叫泣诉音。

【例文 9】

芦花村里的人听到河沿上响了几枪。老人们含着眼泪,说:“雨来是个好孩子! 死得可惜!”

悦音是带有愉悦成分的语音,这种语音是在朗读中不由自主地流露出来的。表现为说中带笑、笑中含说,自然谐和。悦音的表现方法是边读边收缩喉部,使气流荡激喉头,产生一种浑厚的、颤动的声音。

【例文 10】

爸爸对妈妈说:“鬼子又‘扫荡’了,民兵都到区上集合,要一两个月才能回来。”雨来问爸爸说:“爸爸,远不远?”爸爸把手伸进被窝里,摸着雨来光溜溜的脊背,说:“这哪有准儿呢? 说远就远,说近就近。”

拟绘音就是在朗读时用自己的语音去模仿物品发生的声响或动物发出的声音。

【例文 11】

海底是否没有一点声音呢? 不是的。海底的动物常常在窃窃私语。你用水中听音器一听,就能听见各种声音:有的像蜜蜂一样嗡嗡,有的像小鸟一样啾啾,有的像小狗一样汪汪,有的还好像在打鼾。

在朗读中,有时并列的内容比较多,需要用很短的时间将这些内容罗列出来,使之既体现各自独立的特点,又体现彼此清晰连续的并列关系而采用的读音就是顿音。顿音的特点是急而短,表现方法为急读短停,适用于词与词之间。

【例文 12】

高楼里,也闪烁着无数的“星星”,红的、黄的、蓝的……光彩夺目,十分美丽。

朗读中根据情感需要,朗读人对所读的内容使用假声假气去表现,这种语音就是佯音。佯音常常用于表现反面角色的语言和呼喊语气的句子。

【例文 13】

青蛙说:“朋友,别说大话了! 天不过井口那么大,还用飞那么远吗?”

【例文 14】

敌人看到了这边的火把,扯着嗓子喊:“你们是哪个部分的?”我们的战士高喊答话:“是碰上了红军撤下来的。”

朗读中为了突出某种情感或语气,也往往会将末尾章节的音素拉成较长的平音,即拖音,它一般表现在否定、肯定、强调、疑问、赞叹、欢呼、应答、命令等口气的句子和表现沉思、迟疑、欢欣等情感的内容中。

表示肯定、否定的语气用拖音。

【例文15】

不,那不是树,那是大伞。

表示垂危、艰难的语气用拖音。

【例文16】

我扑到指导员身上大声地喊:"指导员,指导员……"好半天,他才微微睁开眼睛,嘴里叨念着:"书……书……"

表示哀叹的语气用拖音。

【例文17】

唉,寡妇的日子真难过啊!进去看看吧!

表示恳切的语气用拖音。

【例文18】

他们望着这位身材高大的红军首长,恳切地说:"伯伯,我们也要当红军,收下我们吧!"

表示疑惑的语气用拖音。

【例文19】

"是吗?"魏王信不过自己的耳朵,问道,"你有这样的本事?"

表示强调的语气用拖音。

【例文20】

那个人感到很奇怪,他说:"什么?叶子上的虫还用治?我要的是葫芦。"

表示命令、呼喊、庆贺的语气用拖音。

【例文21】

他刚要拧开盖子,班长抢前一步,夺过手榴弹插在腰间,猛地举起一块磨盘大的石头,大声喊道:"同志们!用石头砸!"……"中国共产党万岁!"

表示央求或应答的语气用拖音。

【例文22】

燕子飞来了。棉花姑娘说:"请你帮我捉害虫吧!"

表示赞美的语气用拖音。

【例文 23】

漓江的水真静啊，静得让你感觉不到它在流动；漓江的水真清啊，清得可以看见江底的沙石；漓江的水真绿呀，绿得仿佛那是一块无瑕的翡翠。

表示迟疑的语气用拖音。

【例文 24】

"我？"桑娜脸色发白，说："我嘛……缝缝补补……风吼得这么凶，真叫人害怕。我可替你担心呢！"

拖音仅适合慢语速朗读。拖音不仅取决于语言情感，还取决于朗读的速度。如果形势需要快速朗读，这种拖音就不能再使用了。否则的话，情感的表达将会因语音的造作拖延而失谐。

第三节　掌握朗读的基本技巧

一、停　顿

（一）停顿的种类

朗读中的停顿，主要包括语法停顿，逻辑停顿和结构停顿三种。

（1）语法停顿是句子中一般的间歇，反映句子语法关系和地位。平时所说的标点符号，是指标号和点号两个内容。点号包括句号、问号、叹号、逗号、顿号、分号、冒号七种。其停顿时间的长短排序一般是

句号（二拍）、问号（二拍）、叹号（一拍至二拍）＞分号（一拍半）＞冒号、逗号（一拍）＞顿号（半拍）。

【例文 1】

美术课上，老师教同学们画风景，要画上树、房子和小山。

除了点号停顿以外，标号中的破折号、省略号、连接号、括号也有标示停顿的作用。破折号、省略号的停顿时间依句子的具体情况而定，一般为一拍、二拍和三拍。连接号和括号的停顿时间为一拍。

【例文 2】

乌鸦听了狐狸的话，得意极了，就唱起歌来。"哇……"他刚一张嘴，肉就掉下来了。

【例文 3】

那是一双很大的拖鞋——那么大，一向是她妈妈穿的。

朗读带括号的内容时，一般是读完括号前边的内容后做短暂的停顿，之后改用慢语速，弱力度读括号内的内容，读完之后做短暂的停顿，紧接着再改换用括号前边内容的朗读速度和力度去读括号后边的内容。这些括号的每半幅要各停一拍。但如果括号内容很长，不便朗读，要等到读完括号前后的完整内容之后再读括号中的内容，否则的话，括号前后的句意就连不起来了。

【例文 4】

我家只有一个忙月(我们这里给人做工的分三种:整年给一定人家做工的叫长年;按日给人做工的叫短工;自己也种地,只在过年过节以及收租时候来给一定的人家做工的称忙月),忙不过来,他便对父亲说,可以叫他的儿子闰土来管祭器的。

(2) 句子中的语法停顿不能完全以标点符号为全部依据,有些句子没有标点符号,但根据表情达意的需要,也需要作些停顿,这就是逻辑停顿。逻辑停顿又叫感情停顿,或者叫作强调停顿。逻辑停顿是为了适应一定语言环境的需要,而在不是语法停顿的地方做适当停顿,或在语法停顿的地方做时间上的变动,目的在于突出某一事物、某种感情或某个特定的语意。

【例文 5】

圆圆的月亮像大玉盘似的挂在天空中。

【例文 6】

乌鸦看见旁边有许多小石子,想出办法来了。

(3) 结构停顿是段落层次间的停顿,是指每读完一个自然段以后停顿一下,以表示朗读的某一个意思到此告一段落。这种停顿的时间要长,一般以三拍为宜。段落层次之间停顿时间的长短,主要根据段落结构情况而定。通常情况下是

段落>层次>句子,或意义段>自然段>句子。

(二) 停顿的处理

1. 句　尾

句尾停前,声音要收住,然后有平稳的较长停顿。主要把握三点:

(1) 话将要说完时,气也将用完;话语声音停止,气息也呼出完毕。

(2) 收音音节要处于落势,有时,停前的整个词组都要下落。

(3) 收要收住,或急收,或缓收,都要停住,不能失去控制。

【例文 7】 急收

狼不想再争辩了,龇着牙,逼近小羊……说着就往小羊身上扑去。

【例文 8】 缓收

小兴安岭一年四季景色诱人,是一座美丽的大花园,也是一座巨大的宝库。

2. 句中(有时也指一个小层次、一个段落)

(1)停前扬收:扬收,要看停前的词、词组的轻重格式、末一个音节的声调调值、全句重音位置以及全句语气,目的在于造成行进感。

(2)停前徐收:在停前音节稍稍拖长的时候,有一种声断气连、藕断丝连之感。词尾如国家、祝福等,词头如轻快、美好等。徐收和扬收可并用,扬收音节也可同时徐收。

(3)停后缓起:停后开头的音节、词或词组,从容发声,缓缓出口,叫作缓起。缓起时,一般使用较低的声音,不但要把停前的"收"稳稳托住,而且要推动后面的词语。

(4)停后突起:停顿时急吸气,停后急发声、快吐字,叫作突起。它不论使用较高的声音还

是较低的声音,都要改变停前的声音形式。

(5)停而紧连:句中虽有停顿,但需要紧连时,应缩短标点符号的停顿时间,甚至某些句子之间、段落之间也可以紧连。

【例文9】

草地上盛开了各种各样的野花,红的、白的、黄的、紫的,真像个美丽的大花坛。

(6)停而缓连:停顿是要有声音空隙的。有时,连接处可以吸气,有时,停顿中可以屏息。

【例文10】

可是,瓶子里的水不多,瓶口又小,乌鸦喝不着水。怎么办呢?

二、重　音

文章中对表现内容、情节和表达思想情感有突出作用的音节叫重音,对表现内容、情节和表达思想情感起突出作用的句子叫重点句,为突出重点句的朗读叫作重音。重音是通过朗读的力度和速度并且配以拖音实现的。

(一)重音的种类

重音包括语法重音和逻辑重音两类。在一定的语言环境里,语法重音要服从逻辑重音。

1. 语法重音

所谓语法重音,是根据词语在句子中所处的地位所确定的重音。

【例文11】　主语重音

谁来放哨呢?

【例文12】　谓语重音

风停了,雨住了,太阳出来了。

【例文13】　定语重音

不久,棉花姑娘的病好了,长出了碧绿碧绿的叶子,吐出了雪白雪白的棉花。

【例文14】　状语重音

它挓挲着全身的羽毛,绝望地尖叫着。

2. 逻辑重音

所谓逻辑重音,又叫作强调重音,还叫作感情重音。逻辑重音不像语法重音那样大体上有规律可循,它是根据一定的语言环境需要而临时确定的重音。有时候,甚至是同一个句子,在不同的语言环境和不同的感情支配下,就有不同的重音处理方法。

【例文15】

他喜欢打篮球

(谁喜欢打篮球?)他喜欢打篮球!

(他喜不喜欢打篮球?)他喜欢打篮球!

(他喜欢打篮球还是看篮球?)他喜欢打篮球。

(他喜欢打排球吧?)他喜欢打篮球!

(二)重音的处理

处理重音的办法主要有两种:重音重读和重音轻读。根据教材的思想内容和词语所处的语言环境来确定。

1. 重音重读

重音重读是在朗读中对某个音节或某个句子成分以及某个句子加强语势,甚至拉长音节,给人以深刻的印象。

【例文16】

过了好几天,这个蛋才慢慢裂开,钻出一只又大又丑的鸭子。它的毛灰灰的,嘴巴大大的,身子瘦瘦的,大家都叫它"丑小鸭"。

【例文17】

"先生既然救了我,就把好事做到底,让我吃了你吧!"

【例文18】

他慢慢地数:"一,二,三,四……"一边数一边用手打着拍子。

2. 重音轻读

重音轻读是在朗读时用减轻读音力度和放轻朗读语气的方法来表现内容的情感特征的。它的特点是语音轻淡,语势轻缓。轻读一般表现体贴、疼爱、流连、怀念、怜悯等温情内容或表达悲伤、沮丧、痛苦、惊恐等闷情的内容。

【例文19】

人们还是面向灵车开去的方向,静静地站着,站着,好像在等待周总理回来。

【例文20】

她死了,在旧年的大年夜冻死了。新年的太阳升起来了,照在她小小的尸体上。小女孩坐在那儿,手里还捏着一把烧过了的火柴梗。

【例文21】

"不,没有人!上帝,我为什么要这样做?"

三、语气

语气一词,由"语"和"气"合成。"语",指有声语言,指通过声音表现出来的语句;"气",指朗读时支撑有声语言流露出来的气韵。

(一)语气的色彩

爱的感情一般是"气徐声柔",有温和感。口腔松宽,气息深长。

恨的感情一般是"气足生硬",有挤压感。口腔紧窄,发音器官紧张,气流不畅,语气急促生硬。

喜的感情一般是"气满声高",有跳跃感。说话时声音脆亮,气息顺畅,音调高,语速快,发声偏于口腔靠前部，语气欢快短促，声音甜润，给人以兴奋感。

悲的感情一般是“气沉声缓”，有阻滞感。气息沉重，出声缓慢，说话时气息在先而出声在后，气息阻滞声音，发声被气息隔断，给人以呜咽的感觉。

惧的感情一般是“气提声抖”，有衰竭感。说话时，发声迟疑，语流不顺，气息似积存于胸，出气强弱不匀。

急的感情一般是“气短声促”，有紧迫感。说话时，吐字弹射有力，气息急迫，出语停顿短暂，断断续续，给人以催促感。

冷的感情一般是“气少声平”，有冷寂感。口腔松懒，气息微弱。

怒的感情一般是“气粗声重”，有震慑感。说话时，发音力度加大，语势迅猛，气息粗重，纵放不收，语气粗重沉实。

疑的感情一般是“气细声缓”，有踟蹰感。说话时，气息似断又连，吐字迟缓，以降升调收尾，字尾拖长，给人以迟疑不定感。

（二）语　调

朗读中的语调，表现为朗读时语句读音的升降曲直形势。朗读必须根据语言环境、人物性格、情感变化等需要，将读音的形势做适当的调配。

1. 平直调

整个句子语气平直舒缓，语句从头到尾一直读平语音，使用中力度。一般性的说明和叙述，以及表示冷漠、悲痛、庄严的感情用平直调。

【例文 22】

天快亮了，周总理走出人民大会堂。他又工作了整整一夜。

2. 升语调

语句的读音从低向高逐渐上升，力度从弱到强。升语调一般表现为呼唤、祈使、疑问、反问、惊讶、惊异、愤怒、命令等语气或情感的语句。

【例文 23】

狼忙打招呼说：“好朋友！为了我们的友情，帮帮忙吧！”

【例文 24】

小猴子叫起来：“糟啦，糟啦！月亮掉在井里啦！”

【例文 25】

“同志们！为了党的事业，为了最后的胜利，冲呀！”

3. 降语调

语句的读音由高向低逐渐下降，力度渐次减弱。降语调一般表示赞扬、祝愿、坚决、自信或失望、悲伤等情感。有的语句被强调的重点在其开头部分，也用降语调。

【例文 26】

雨越下越大。往窗外望去，树呀，房子呀，都看不清了。

4. 曲折调

语句读音高低和力度不定交变。曲折调一般表示惊讶、怀疑、讽刺、双关、犹疑等情感。它有两种形式,有的句子被突出强调的重点在其中间部位,故这部分内容的朗读力度要强,语音要高;有的语句被强调的重点在其两端,故两端的力度和读音要高,这两类语句读音力度的趋势均呈高低曲折变化。

【例文 27】

花喜鹊拍拍翅膀,说:"骄傲的孔雀,湖里的那只鸟就是你自己的影子呀!你骄傲得连自己也看不起了!"

【例文 28】

一会儿细钩也不见了,整个月亮只留下个红铜色的圆影子,像一面锣。

5. 语调的综合应用

在朗读中涉及的并不是像例句那样单独存在的语句,而是一组一组相互牵连在一起的句群,这其中的每一句话不能都用同一个语调,那样的话会使人听起来单调乏味,产生厌烦情绪,降低朗读的效果。所以应该根据具体情况对句群中每句的语调进行恰当的调配,以使之和谐悦耳。

【例文 29】

他们都来看伽利略的试验,都来看在这个问题上谁是胜利者:是古代哲学家亚里士多德呢,还是 25 岁的数学教授伽利略?

【例文 30】

四面都有小丘,平地是绿的,小丘也是绿的。……这种境界,既使人惊叹,又叫人舒服,既愿久立四望,又想坐下低吟一首奇丽的小诗。

(三)节　奏

1. 节奏的处理

在朗读中,要立足于作品的全篇和整体来把握语流速度,即节奏。节奏不仅包含抑扬顿挫和轻重缓急的特点,也包含声音行进、语言流动中的回环往复的特点。朗读中语速的快慢主要起决定作用的因素依然是作品的内容和感情。

一般说来,情绪紧张、热烈、激动、兴奋、愤怒、急躁、惊慌以及愤怒、斥责、申辩等内容,朗读的速度宜快。

【例文 31】

水手们的笑声更大了,孩子的脸红了。他脱了上衣,爬上桅杆去追猴子。不一会儿,他已经顺着绳子爬到第一根横木上了。就在孩子想去抓帽子的时候,猴子又往上爬了,爬得比孩子更快,更灵巧。"你逃不了!"孩子一边喊一边往上爬,猴子不时回过头来逗孩子,孩子气急了,不停地往上追,他们两个眼看就要爬到桅杆的顶端了……

叙述、写景、沉痛、悲伤、思念、自省、行动迟缓、气氛庄严、行为困苦或凄惨等内容,要读得慢一点。

【例文 32】

桑娜把马灯举得更近一些，不错，是西蒙。她头往后仰着，冰冷发青的脸上显出死的宁静，一只苍白僵硬的手，像要抓住什么东西似的，从稻草铺上垂下来。就在这死去的母亲旁边，睡着两个很小的孩子，都是卷头发，圆脸蛋，身上盖着旧衣服，蜷缩着身子，两个浅黄色的小脑袋紧紧地靠在一起。显然，母亲在临死的时候，拿自己的衣服盖在他们身上，还用旧头巾包住他们的小脚。

表达喜爱、兴奋、愉快、惊喜、威胁、恐吓、惊惶等情绪要快读。

【例文 33】

兔子吓了一跳，拔腿就跑。小猴儿看见了，问他为什么跑。兔子一边跑一边叫："不好了，'咕咚'可怕极了！"

【例文 34】

狼气冲冲地说："就算这样吧，你总是个坏家伙！我听说，去年你在背地里说我的坏话！"

表达畏惧、悲痛、祈求、悠然自在、思念、失望、犹豫、遗憾、惋惜、沮丧、懊悔、哀怜、蔑视、幽默、讽刺等情感要慢读。

【例文 35】

青蛙说："朋友，别说大话了！天不过井口那么大，还用飞那么远吗？"……青蛙笑了，说："朋友，我天天坐在井里，一抬头就看见天。我不会弄错的。"

【例文 36】

小马吃惊地问："水很深吗？"松鼠认真地说："深得很哩！昨天，我的一个伙伴就是掉在这条河里淹死的！"

此外，语速的快慢还和作品的体裁以及人物的年龄性格等有关。就作品的体裁和散文相比，诗歌的速度要慢一些。散文中，抒情散文比叙事散文的速度要慢一些。就人物的年龄和性格说，年轻人的话较快，老年人的话较慢；性格豪爽、作风泼辣的人话语较快；性格憨厚、作风懒散的人话语较慢。

2. 节奏的综合运用

朗读中，对于节奏的处理除了关注文中角色情感、年龄以及作品的体裁外，有时也要整体把握作品以做特殊处理。如作品基调低沉的，不能一低到底，同样要表现出抑扬顿挫，尽量做到起伏有致。

【例文 37】

天灰蒙蒙的，又阴又冷。长安街两旁的人行道上挤满了男女老少。路那样长，人那样多，向东望不见头，向西望不见尾。人们臂上都缠着黑纱，胸前都佩着白花，眼睛都望着周总理的灵车将要开来的方向。一位满头银发的老奶奶，双手拄着拐杖，背靠着一棵洋槐树，焦急而又耐心地等待着。一对青年夫妇，丈夫抱着小女儿，妻子领着六七岁的儿子，他们挤下了人行道，探着身子张望。一群泪痕满面的红领巾，相互扶着肩，踮着脚望着，望着……

……

灵车缓缓地前进,牵动着千万人的心。许多人在人行道上追着灵车奔跑。人们多么希望车子能停下来,希望时间能停下来!可是灵车渐渐地远去了,最后消失在苍茫的夜色中了。人们还是面向灵车开去的方向,静静地站着,站着,好像在等待周总理回来。

【例文38】

有一天,孔雀昂着头,挺着胸,拖着美丽的长尾巴,沿着湖边散步。树上的花喜鹊很有礼貌地向它问好,它理也不理。

忽然,孔雀发现湖里有一只鸟,跟它一模一样,也十分漂亮。它立刻停住脚步,展开尾巴。美丽的尾巴抖动着,像一把五彩洒金的大扇子。谁知湖里的那只鸟也停住脚步,展开尾巴。美丽的尾巴也抖动着,像一把五彩洒金的大扇子。骄傲的孔雀有点儿生气了,它睁大圆圆的眼睛,抖了抖头上的翎毛。湖里的那只鸟也睁大圆圆的眼睛,抖了抖头上的翎毛。骄傲的孔雀可真生气了,它昂着头,挺着胸,向前迈了一大步,没想到一下子掉进了湖里。